原爆体験と戦後日本

記憶の形成と継承

原爆体験と戦後日本

記憶の形成と継承

直野章子
Naono Akiko

岩波書店

目次

序　章　被爆体験の継承と戦後日本——「体験」から「記憶」へ

子供たちが成人するまでは被爆者だとかは話はしない。八月六日のテレビも見ない。やっと子供たちが結婚し、孫が生まれ、また孫が子を生み、それぞれ被爆者姿でなく喜ばしい事。被爆体験のカタリをとたのまれますが、そんな話が出来ますか。私の奥底まで六〇年間被爆死の姉の悲しい思いがあるのに。毎日毎日お水を上げて仏様にお参りしています。〔中略〕核兵器の悲惨さは語られてきた、でも生き残った人々がどんな思いで戦後を生きたかはあまり語られることがなかった。誰れも語っても八月五日の元の姿にはもどらないのでガマン、ガマンの六〇年だったと思う。六一年も同じ事。

広島被爆、当時一七歳、女性(1)

共同的な歴史的体験としての戦争とは、敗戦に続いて行なわれたさまざまな言説（ディスクール）活動の所産だったと言うべきだろう。〔中略〕共同的な歴史上の「出来事」としての戦争とは、一定の歴史的語りの文脈で一連の命題から構成された「出来事」であり、あたかも言説（ディスクール）上の事態である「出来事」が、そうした語りの実際の生み出しに先行すると想定ないし想像される体験と同一視できるとされるとき、共同的な体験として登録されたのだった。

酒井直樹(2)

被爆体験の風化と継承

被爆七〇年を目前に、今まで以上に切迫感をもって「被爆体験の継承」が取り上げられている。被爆者の平均年齢が八〇歳を超えようとする今、被爆者団体のなかには高齢化によって解散を余儀なくされるところも増え、体験を証言できる被爆者が年々減り、「被爆体験の風化」が加速しているようにみえる(3)。しかし、「被爆体験の風化」が懸念されたのは今が初めてではない。

一九六〇年代後半から七〇年にかけて、すでに風化の危機が指摘され、体験を継承することの重要性がうたわれていた。それは、体験者がいなくなるという危機感によるというよりは、佐藤栄作内閣や自民党によって「国民の核アレルギー」の解消が目論まれ、教科書から原爆被害に関する記述が削除されるなどの動きを受けてのものだった(4)。当時は、ベトナム戦争で米国が核兵器を使う可能性も示唆されており、世界大戦勃発の不安が高まるなかで被爆体験継承の重要性がうたわれたのである(5)。

以後、今日に至るまで幾度となく「風化と継承」について議論されてきたが、風化が懸念されたのは、被爆体験を継承することが核戦争の防止や平和擁護につながると考えられたからであり、核兵器反対と反戦平和という理念が戦後日本社会において重視されてきたからに他ならない。しかし、二一世紀を迎えようとする頃から、戦後日本的な理念を問い直す動きが活発になってきている(6)。もはや「被爆体験の継承」の重要性を当然視することはできないのである(7)。

「戦争体験の継承」の前提

被爆体験に限らず、戦争体験を根拠に反戦平和を訴えるという論理は、憲法に制度化されただけでなく、戦後日本社会に広く浸透した。「もう戦争はこりごり」という厭戦感情は、戦争で被害を受けた国民の大多数が共有したものであろう[8]。体験に根差した厭戦感情は「体現平和主義」(小田実)の強みを持つ反面、体験の風化とともに薄れるものであり、体験のない世代には共有されない[9]。しかし、戦後生まれが多数派となった七〇年代半ば以降も、戦争を肯定する者は社会の少数派にとどまってきた[10]。二〇世紀の終わりに行われた世論調査の結果を見ても、若い世代を含めて、戦争に対してはマイナスイメージを持つ人が大多数を占めているし、戦争が起こっても国のために戦おうという人の割合は他国に比べて圧倒的に低い[11]。吉田裕が指摘するように、「被害者としての戦争の記憶の根強さ」による平和意識の持続とみてよいであろう[12]。

「戦争体験の継承」という言葉には、体験を語り伝えることで反戦平和への意思を引き継ぐという願いが込められているが、体験を語ることが反戦平和の理念と結びつくという前提は、けっして普遍的ではない[13]。戦争体験を語り伝えることは、復讐心を育むことにもなるが、世界の歴史をひもとくと、そうした事例に事欠かない。第一次世界大戦は、あまりにも多くの被害者を生み出したことで、それまでの戦争観を——少なくともヨーロッパにおいては——転換させたといわれるが、総力戦を経た後であっても、継承すべき戦争体験の教訓とは、必ずしも「反戦平和」の理念ではなかった[14]。むしろ、次の戦争で同じ轍を踏まないようにするための軍事戦略や政策を指すことが少なくない[15](たとえば、米国の「ベトナム戦争の教訓」を思い出されよ)。

米文学者のエレイン・スカリーが指摘するように、戦争の本質は敵を殺傷することである[16]。つまり、「戦争体験の継承」とは元来、いかにして多くの敵を殺して味方の被害を少なくするかという戦術上の問題意識を表現したものであった[17]。橋川文三が指摘するように、「戦争体験の継承作業の専門家」は「職業的軍人の組織としての軍部」だったのであり、戦争体験を継承する過程で「死を賭した体験を統帥のための技術に転化せしめる作用」が働いていたのである[18]。

しかし、「戦争体験の継承」を論じるにあたって、「同じ過ちを繰り返さないために」という目的は変わらないとしても、アジア太平洋戦争後の日本では、「過ち」の捉え方が以前とは異なっていた[19]。戦争体験を被害体験として捉えて非武装・反戦平和の教訓を引き出すという点において、戦後日本における「戦争体験の継承」という問題意識は、長い人類の歴史のなかでは例外的なものなのである。

「被爆体験の継承」と集合的記憶

私たちが語る「戦争体験」とは戦後の言説活動の所産であると酒井直樹は喝破したが、「共同的な体験として登録された」戦争体験のなかでも、原爆に被爆した体験は、戦後日本において特別な位置を占めてきた。成田龍一が「「体験」の時代」と呼ぶ敗戦後二〇年の間には「「個」の凝視」がみられた一方で、それぞれの体験の固有性が表象を通して失われ、厭戦意識や平和主義に接合されながら「戦争体験」として集約されていった[20]。なかでも被爆体験は、保守革新を問わず、日本が「被爆国」を標榜しながら原水爆禁止と平和を訴える根拠として機能するようになった。原爆の被害に遭った体験が、反原爆や反戦平和の思想と接合されながら国民的な共同体験として登録されたからこそ、その風化が懸念され、継承の重要性が幾度となく指摘されてきたのである。

「国民的受難」を代表する被爆者は、戦後日本の「反核・平和」理念を体現する象徴として日本国憲法と並んで掲げられるようになる[21]。だからこそ、冷戦体制が崩壊し、戦後日本の社会編成が大きく変わって「反核・平和」の訴えが求心力を失った現在、被爆者に対して厳しい視線が注がれるようになったのである。

六〇年代後半から七〇年代初の戦争体験をめぐる「世代間対立」の時代には、被爆体験をめぐっても体験者批判が散見されたが、それ以降も、被爆者はしばしば批判の対象となってきた。戦争体験が、ある年齢以上の世代に共通する体験として認識されたのに対して、被爆体験は、広島と長崎の被爆者だけに限定されるために、被爆者の「特権性」が目についたという面はあるが、それだけではない。核時代を生きる者にとって、被爆体験を過去の出来事として葬り去ることはできない。自分もいつ被爆者になるやもしれないからである。[22]他人事として済まされないからこそ、被爆者は、畏怖と強い反発の対象となってきたといえる。[23]

原水爆禁止運動や反戦平和運動のなかで、体験に根差して発言する被爆者に対して反発の声が挙がることはめずらしくなかったが、日本の戦争責任を追及する運動のなかでも、被爆者の語りは「日本の典型的な被害者意識」と揶揄されるようになった。被爆者が被害者意識に閉塞しているという批判は六〇年代後半ごろから表面化していたが、八〇年代以降、アジア近隣諸国から日本の戦争責任や植民地支配責任を問う声が突きつけられるなか、被害体験に立脚した戦後日本の平和主義が批判され、それを代表する存在として、被爆者に非難の矛先が向けられるようになったのである。二〇一一年の原発事故以降は、かつて原子力の「平和利用」を楽観視していたことや、明確に反原発を掲げてこなかったことで、被爆者や被爆者運動が批判にさらされている。

こうした事態は、被爆者がいかに戦後日本の「反核・平和」の象徴的存在であったかということを逆説的に示しているのだが、批判の前提には、被爆者が核兵器廃絶と平和、さらには反原発を訴えるのは当然という認識がある。しかし、被爆者であることと、それらの理念を信奉することの間に必然的な相関関係はない。[24]原爆による攻撃を受けたからこそ、核兵器による報復を支持することは論理的に十分ありうるし、海外での証言活動において「なぜ核武装して再発防止に努めないのか」と被爆者が問われることもある[25]。戦争体験が反戦思想や非武装平和主義と結びつくのは、戦後日本における戦争の集合的記憶の形成によるものであって、原爆に遭った体験が核兵器反対の立場に帰結すると当然視されるのも、戦後日本における言説活動の所産なのである。さらに、原子力の軍事利用で被害を受けたからといって、原子力エネルギーの産業利用に反対する必然的な理由はない。日本社会の構成員の大多数がそうであったように、原子力の産業利用がもたらす「輝く未来」を提示されて、少なくない被爆者が原子力の「平和利用」に夢を抱いたのも不思議ではない[26]。知識人や政治家のなかには、被爆体験があるからこそ、日本は積極的に原子力の「平和利用」を推進すべきであると説いた者もいた[27]。

「平和利用」推進の根拠とされた際の主張からみられるように、すでに五〇年代初めにおいて、被爆体験は国民の受難として想起されるようになっていたが、被爆体験を国民の被害体験として登録した決定的な出来事は、五四年の第五福竜丸事件だった。福竜丸事件が「三度目の被害」として語られるなかで、広島と長崎の被爆という過去が「国民の被害」として想起され、被害者意識を基盤とした連帯心が形成された。国民（ネイション）を単位とする「共感の共同体」（酒井直樹）が、被爆の記憶の編成を通して成立したのである[28]。

五〇年代半ばに成立した国民的な被爆の記憶は、かつてほどの強度は持ち合わせていないにせよ、原爆を想起する際に参照する枠組みとして今でも有効である。集合的記憶の持続として「被爆体験の継承」を捉えるならば、それは、懸念されるほどには危機に瀕していない。少なくとも、新聞やテレビなどのオールド・メディアにみられる言論を見る限り、「被爆国」と表現される記憶の枠組み（集合的記憶）は健在である[29]。ただし、被爆者に同一化しながら成立した「共感の共同体」は、被爆者や核兵器に関する問題が社会問題としての存在感を薄めるとともに解体しつつある。過去を認識する枠組みとしての集合的記憶は維持されていても、感情的な同一化を促す情動装置としての記憶は風化しているのである[30]。

「被爆ナショナリズム」

戦後日本で成立した被爆の集合的記憶は、被爆者に共感することを通して自らも「原水爆被害者」になるという投影的な同一化を促しながら、国民的な「共感の共同体」を構築してきたが、こうした記憶の在り方は「被爆ナショナリズム」として批判されてきた[31]。被爆体験を国民的な被害体験として記憶することで、旧植民地出身者をはじめとする非日本人原爆被害者の存在や植民地支配と軍事支配の過去を忘却することに寄与し、植民地暴力を受けた人びとに対する正義の回復を妨げていると問題提起したところに、そうした批判の意義がある。しかし、近年の「被爆ナショナリズム」批判は「唯一の被爆国」という言明を見るや否や「被爆ナショナリズム」であると糾弾し、それが日本国家に対して異議申し立てを行う際に用いられてきた歴史をみようとしない[32]。そうではなく、「被爆ナショナリズム」による連帯感や運動がどんな可能性を拓き、どんな可能性を閉ざしてきたのか、そして、その結果、何が起こったのかを検討に含めながら、批判を行うべきであろう。

憲法や被爆体験を日本の「反核・平和」理念の象徴として掲げてきた社会運動は、不充分ながらも一定の成果を挙げてきた[33]。しかし、それは、米国の東アジア戦略下において韓国や台湾に軍事的な反共国家としての役割を担わせ、沖縄に米軍基地を集中させながら、アジアの「熱戦」を梃子に日本が経済成長を遂げたなかでのことであった[34]。「被爆ナショナリズム」は、原爆被害者への共感を促しながら日本国家に対する責任追及を後押しした反面、国民共同体の外部に打ち棄てられた被害者たちの痛みに想像力が及ぶのを妨げてきた。朝鮮人被爆者をはじめ、植民地暴力を受けた被害者に対する正義の回復と、日本国家と日本国民の責任追及に力を尽くしてきたのは、ナショナリズムの機制に抗った少数の日本人にとどまる。だからこそ、正義回復と責任追及が二一世紀の現在においても、未完の課題として残されているのである。

さらに、「被爆ナショナリズム」で生成された共感は、逆説的ではあるが、被爆者を疎外することにもつながった。酒井直樹が言うように、同情や憐憫という感傷的な共感は「個人の主体的な在り方や、社会編制との関係を変えずに、集団的に共有されたと想像された情緒」であって、被爆者が他者の位置に留まる限りにおいて維持される[35]。だから、自らが投影的に同一化する対象としてではなく、自己を揺るがす存在として被爆者が現前するとき、被爆者を他者化する衝動が顕わになるのである。

「被爆ナショナリズム」批判は「被爆ナショナリズム」を解体するのではなく、ときに強化してしまうことになった。「日本の被害者意識」を体現していると被爆者を糾弾することで、被爆者を国民国家の成員として再統合するだけでなく、「被爆ナショナリズム」の感傷的な同一化の機制——自己を「被害者」として形成しながら、被爆者の痛みを領有する——を批判の俎上に載せることに失敗している。それどころか、糾弾という感傷的な反共感は、自己の在り方や社会編制を変えることなく問題を解決しようとする点で、皮肉なことに、批判の対象とする「被爆ナショナリズム」と共犯関係を結ぶことになるのである[36]。

「被爆ナショナリズム」も、その批判も、原爆を生き残った者が「どんな思いで戦後を生きたか」（エピグラフ）に目を向けてはこなかった。だから、被爆者は時に「遭うたもんにしかわからん」と言い放つことで「共感の共同体」に亀裂を入れてきた。しかし、そうした発話は、体験者の「特権意識」として受け止められることが多く、被爆者批判として跳ね返ってきた。本書では、「遭うたもんにしかわからん」を拒絶の言葉としてではなく、〈原爆後〉を語る言葉として読み解いてみたいと思う。

本書の目的

原爆に被爆した体験は、戦後の日本社会のなかで「反核・平和」理念と結びつけられながら記憶されてきたが、初めからそうだったわけではない。誤解を恐れずにいえば、「被爆体験」は戦後日本という言説空間のなかで形成されたものであって、原爆に遭った体験がただちに「被爆体験」として成立したわけではない。酒井直樹の指摘を踏まえるならば、「一定の歴史的語りの文脈で一連の命題から構成された」体験が「被爆体験」として言説上に登録されたのである。

原爆に被爆した体験は、医科学、法制度、社会運動、国民主義などの諸言説を通して形成されており、それがどのような体験を指すのかは、時代によって変化してきた。いいかえるならば「被爆体験の有無」という境界線は、通常考えられているほど明確に引けるものではないし、揺るぎないものでもない。そうであるならば、被爆者という主体性も——それが「被爆体験」に根差したものであると考えるならば——言説の作用を経て構築されていることになる。つまり、誰が被爆者に該当するのかは決して自明のことではなく、どのような言説作用によって被爆者とそうでない者との間に境界線が引かれているのか、そして、境界線が何を意味するのかを問うべきなのである。

「被爆体験」は、いつ、どのようにして成立したのか。「被爆者という主体性」は、どのように形成されたのか。体験者が法で定められた「被爆者」として主体化されることで、どのような体験が「被爆体験」として記憶され、あるいは忘却されたのか[37]。本書では、戦後日本という言説空間のなかで、どのようにして「被爆体験」や「被爆者という主体性」が形成され、変容してきたのかを検討する。そして、被爆者として主体化された人びと——その多数が法で定められた「被爆者」に該当するとしても、そうでない者も含む——が、どのように被爆体験や被爆者の境界線を揺るがしながら戦後を生きたのかを描きたいと思う。

「体験」から「記憶」へ

本書では、原爆に被爆した体験を分析の対象とするが、「体験」ではなく「記憶」という概念を中心に据えて考察を進めたい。実際に使われてきた言葉は「戦争体験」や「被爆体験」であり、「戦争の記憶」や「被爆の記憶」は二〇世紀末ごろから頻用されるようになったにすぎない。本書で分析の対象とする時期は、敗戦後の一〇年間を中心として、八〇年代にかけての時期であるために、「記憶」よりは「体験」という言葉を使う方が、歴史描写としてはより精確である。同時に、「体験」という言葉は、それが言説活動の所産であるという点を見えづらくする。それに比べて「記憶」は、過去の出来事や体験が、それを語る現在の文脈に依拠しており、まさに「言説活動の所産」であるという点を明示することができる概念であり、方法論的観点から、本書では「記憶」を採用したいと思う。(38)

現在における過去の表象を指す概念として「記憶」という言葉を使うことにするが、それだけであれば、「語り（ナラティヴ）」という歴史記述の方法論を採用することで事足りるだろう。「記憶」にこだわりたいのは、それが感情の強度を含みこんでおり、意識が飼いならすことのできない力に対する主体の被傷性を示唆する概念だからである。過去の表象が成立するときに作用する知と権力の力学だけでなく、そこに蠢く情動を、記憶という概念装置は浮き彫りにすることができるのである。(39)

ほかに、記憶という概念にこだわりたい理由が二つある。一つは、生き残りが在る時空間を浮かび上がらせたいからである。特に、「トラウマ記憶」と「集合的記憶」という二つの側面から捉えることによって、生き残りが死者とともにあり続ける時空間と、生者たちのなかで生きる時空間とをともに考えることができる。トラウマ記憶については第六章で詳述するが、トラウマ記憶と集合的記憶という二つの概念を通して原爆に遭った体験を考察することで、「遭うたもんにしかわからん」という呟きを、体験の表象不可能性や共有不可能性の主張としてではなく、体験を証言する現在における象徴秩序や政治の作用に注意を促す言葉として聞くことが可能となる。「記憶」にこだわるもう一つの理由は、集合的記憶という概念が示唆するように、記憶行為の主体を出来事の体験者に限定する思考から距離を置くことができるからである。「記憶」を導きの糸とすることで、「被爆体験」が戦後日本において共同体験として成立するメカニズムを明らかにすることができるだけでなく、記憶の重荷から、体験者をほんの少しだけ解き放つことができるのではないかと考える。「被爆体験」を被爆者の体験として囲い込んでしまわないことによってこそ、体験の共有や継承の糸口が見えてくるのではないだろうか。

戦争体験は戦後日本の思想的な基盤となってきたが、敗戦から七〇年を経て、「戦争体験の継承」という問題設定の前提は、もはや若い世代には共有されていない。戦争の記憶を喚起することは、次の戦争を防ぐ手立てとして効力を持たなくなりつつあるのである。被爆体験を想起して、反戦や核兵器廃絶の主張を支えることも難しくなってきている。体験者が死に絶える日は、そう遠くない。体験と政治的・思想的な立場を無媒介に結びつけながら、体験に寄りかかって非戦や反核を訴える思考から自由にならない限り、「体験の風化」を食い止めることはできないのである。

原爆体験に関わる先行研究との関連

被爆者の語りに焦点を当てつつ、原爆の記憶の形成過程から戦後日本を照らし出そうとする本書は、歴史学研究を中心とした近年の戦後史研究[40]、戦争の記憶研究[41]、そして社会学的な記憶研究[42]に連なるものであるが、第一義的には、原爆被爆体験に関する一研究として位置づけたいと思う[43]。

原爆体験に関する人文・社会科学の先行研究は、一般に知られている以上に層が厚い。中野清一、久保良敏、山手茂、伊東壮、ロバート・J・リフトン、米山桂三ら慶應義塾大学グループ、湯浅稔、青木秀男ら広島修道大学グループ、石田忠と濱谷正晴ら一橋大学グループ、宇吹暁、米山リサなど、五〇年代初から現在に至るまで多くの研究者たちが取り組んできた(44)。なかでも、リフトンの心理学研究、石田と濱谷による被爆者社会調査、宇吹の歴史学研究と米山リサの人類学研究は、本書が展開する議論にとって欠かすことのできない重要な先行研究である。

アメリカの精神分析医であるリフトンは、一九六〇年代初頭に行った被爆者に対する面接調査を通して、被爆生存者の心理を分析した。被爆者に色濃く残る「罪意識」を抽出しながら、リフトンは、ホロコーストや原爆によって作り出された大量死を生き延びた生存者に共通する心的現実を描いてみせた。リフトンが手掛けた規模での被爆者の心理学研究は、その後行われていない。

石田と濱谷は、長崎の被爆者生活史調査や日本原水爆被害者団体協議会（日本被団協）と共同で行った全国調査の分析を通して、戦後社会における原爆体験の展開を提示し、原爆に対峙しながら生きてきた被爆者の生の軌跡を読み解いていった。被爆者の同伴者として被爆者運動にも関与しながら研究を遂行した石田と濱谷は、リフトンが抽出した「罪意識」を、人間性の回復の徴として読み替え、被爆者を社会的な行為主体として位置づけた。

若き日に広島県史編纂を担った宇吹は、「被爆体験の戦後史」の第一人者として、原爆体験記をはじめ、被爆者運動と原水爆禁止運動、原爆報道、日本政府の被爆者対策、広島市の平和行政など、広範囲にわたる領域を視野に入れながら、占領期も含めて被爆体験の戦後史を実証的に描いてきた。宇吹の調査で発掘された資料群は、本書をはじめ、原爆に関する社会人文学研究に欠かせないものとなっている。

人間主義（ヒューマニズム）の立場から被爆者の同時代人として研究を行ったリフトン、石田、濱谷や実証主義に徹しながらも被爆者を歴史の主体として描いた宇吹に対して、ポストモダンという知の文脈において「ヒロシマの記憶」を研究対象とした米山は、被爆体験や被爆者の戦後史を実証的に描くことよりも、「ヒロシマ」を言説上の出来事として位置づけながら、普遍主義や進歩主義的な歴史観、国民国家の物語といった知のヘゲモニーを揺るがす批判知として「ヒロシマの記憶」を提示することに主眼を置いた。カルチュラル・スタディーズの手法を用いて「ヒロシマの記憶」の政治学を分析した米山の研究は、二一世紀の原爆研究において一つの潮流となった記憶研究の先鞭をつけるものである[45]。

「記憶」という方法論を採用し、構築主義的視座から分析を行うという点で、本書は米山の研究に多くを負っているが、米山が、被爆者の記憶行為が現代社会において持ちうる批判性に着目して分析を進めるのに対し、本書は、生き残りが〈原爆後〉をどう生きたのかにより強い関心を持つものである。その点で本書は、リフトン、石田、濱谷、宇吹の研究に連なるものであり、行為者による意味づけを重視する。同時に、原爆をめぐる集合的記憶の形成と変容を、行為者の意図した結果としてではなく、言説編成の問題として扱うという点においては、米山の研究により近い[46]。

すでに「ヒロシマ」を語る言葉が陳腐化していた八〇年代後半から九〇年代初にかけての時代を扱った米山に対して、本書は歴史社会学の視座に立ち、占領期から五〇年代を中心に、八〇年代までを視野に入れながら、原爆体験の記憶がどのように形成され、変容したのかを、戦後日本社会との関係におきながら浮かび上がらせることを目的としている。

本書では、被爆者運動と日本国家による被爆者対策を一つの主要な分析対象として扱うが、米山の研究はポスト構造主義理論を駆使した文化表象の分析に重点を置くために、国家や政策を扱っておらず、被爆者運動も視野に入れていない[47]。しかし、原爆体験や被爆者という主体性が成立し、変容する過程を分析しながら原爆体験の戦後史に迫ろうとする本書にとって、国家と被爆者運動を見過ごすことはできない。運動と国家の間の対立と交渉を、表象のレベルではなく主に社会政治的な観点から分析する本書は、石田、濱谷、宇吹の被爆者運動に関する研究を受け継ぐものである。

原爆体験の証言を主要な分析対象とするなかで、本書は米山が採用した方法論に多くを負っている。しかし、「原爆の体験とその心理的影響」に焦点を当てるリフトンの研究を批判しながら「証言行為の攪乱的で変革的な質」を強調する米山に対して、本書では、被爆者が「どんな思いで戦後を生きたか」に関心をもつために、生き残ったという事実にまつわる存在論的な問いと苦悩にも着目しながら証言の分析を行う[48]。この点で、本書はリフトン、石田、濱谷の関心を発展させるものである。体験を語りえないという苦悩や記憶に襲われる辛さについても、リフトンの洞察を手掛かりにしながらトラウマ論を採用することで考察していく[49]。

第一部

原爆体験と被爆者の間

——体験と主体の境界線

広島と長崎で原爆を体験した者が、初めから被爆者と呼ばれていたわけではなかった。原爆投下から十数年間は、罹災者、原爆被災者、被爆生存者、原爆障害者、原爆症患者、原爆被害者、被爆者など、多様な呼称で捉えられていた。広島の新聞『中国新聞』の原爆記事データベースによると、被爆者という言葉が紙面上に初めて現れたのは、一九四六年八月二一日の「原子爆弾被爆者調書」についての記事である。それ以降は、一九五〇年一月一九日から八月五日までに六件の記事があるのみで、原爆投下から五年間では、被爆者という言葉が七件の記事でしか使われていなかったことになる。(1) それが、五四年を境にぐんと増える。同年三月に第五福竜丸事件が起こり、放射性物質による被害を受けた福竜丸の乗組員たちを「被爆者」と呼んだためである。その後は原水爆禁止運動関連の記事で多用されるようになり、原水爆被害者を指す総称として定着していく。さらに、五七年には「原子爆弾被爆者の医療等に関する法律」（通称「原爆医療法」）が成立して国家援護の対象となる「被爆者」という法的地位が成立することで、「被爆者」が原爆被害者を指す言葉として頻用されるようになる。「被爆者」は、原爆被爆直後に生みだされたわけではないのである。(2)

被爆者とは誰なのだろうか。「広島、長崎で原爆に遭った人」「原爆の被害を受けた人」という答えがすぐに返ってくるだろう。では、原爆に遭った体験（原爆被爆体験）や原爆被害とは何なのかと改めて問われてみると、そう簡単には答えられない。原子爆弾の炸裂による熱線、爆風、初期放射線を浴びることが「原爆被爆体験」であり「原爆被害」であると考えられてきたからこそ、一九四五年八月六日に広島に、九日に長崎にいた人が「被爆者」と呼ばれてきた。さらに、残留放射線を浴びたことも「原爆被爆体験」

や「原爆被害」として捉えられてきたために、救援救護のために原爆炸裂後に被爆地に入った人も「被爆者」と呼ばれている。しかし、原爆で家族を奪われたという理由だけで、ある人が「被爆者」と呼ばれることは、まずない。(3) 家族を失った体験は「被爆体験」に該当しないからである。原爆による被害を受けたにもかかわらずである。「被爆者」とは、原爆の傷害作用を受けた者であって、必ずしも原爆被害者全てを含むわけではないのである。

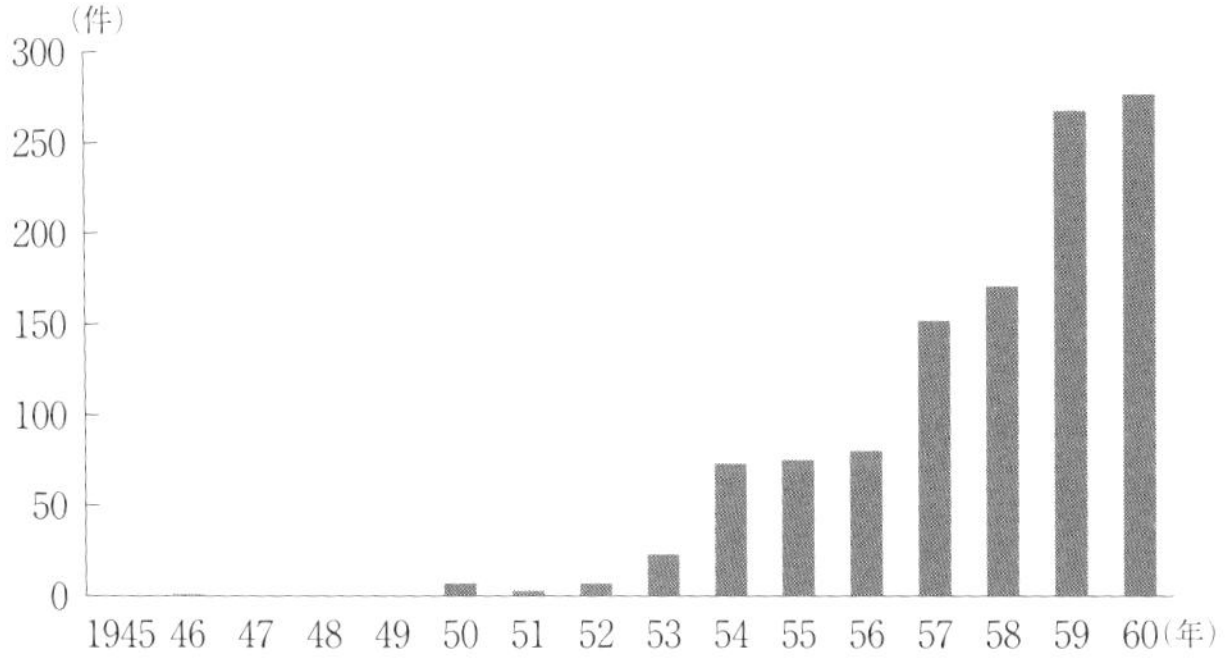

図1　『中国新聞』記事における「被爆者」の使用件数

「原爆被爆体験」が「原爆被害」と合致するわけではないことがわかったが、かりに「原爆被爆体験とは原爆による傷害作用を受けた体験である」と定義したとして、その体験を持つ者を特定するのは容易ではない。残留放射線も含む放射線の影響がどこまで及ぶのか、その時空間的な範囲を確定することは、最新の医科学的知見を駆使したとしても難しいからである。「広島、長崎で原爆の傷害作用を受けた」と一口に言っても、広島市や長崎市といった行政区域と放射線の影響が及んだ範囲とを同一視することはできない。「原爆被爆体験」や「原爆の傷害作用」の境界線ははっきりしないのである。つまり、誰が「被爆者」に該当するのかも、実は自明のことではないのである。

第二章で見るように、国家援護を受けることのできる「被爆者」という法的地位を定めるにあたっては、放射線の影響を考慮しながら「被爆」の時空間的な範囲が決められた。法律が成立したのは一九五七年であり、放射線が人体に与える影響については今と比べて未知の部分が多かった。「被爆者」の要件は幾度も改正されていくのだが、それは、科学の進歩による修正ではなく、政治的、社会的な要因による。放射線の傷害作用に関する調査は、米国の軍事戦略や日米安保体制、そして放射線防護という「核時代」における公衆衛生の関心事に基づくものであったが、それらが「被爆者」の範囲を変化させた主な要因であるとはいいがたい(4)。むしろ、戦後日本の国内政治（保革政党政治）や社会運動（被爆者運動や原水禁運動）によって「被爆者」の範囲が変化してきたといえる。

被爆者は原爆投下という過去の出来事によって即座に誕生したと考えられてきたが、実際には「原爆被爆体験」や「原爆被害」が成立していくなかで形成された主体性であり、その境界線も揺らいできた。第一部「原爆体験と被爆者の間」では、被爆者とはい
か
な
る主体であり、原爆被爆体験とはい
か
な
る体験として成立したのかについて原爆投下から一〇年間を中心にみていきたい。体験と主体の境界線がどのように引かれたのかを、「原爆体験」の語り、「原爆被害」調査、「被爆者」を形成した法制度、冷戦下における国内外の政治と被害者による社会運動を主たる分析対象として考察する。

第一章では、爆心地を中心として同心円状に配置された被害のイメージが、「原爆体験」の語りを規定し、体験の境界線を引いていく過程をみていくことにする。体験者の語りは、初めから同心円のイメージに規定されていたわけではないのだが、医科学調査の視座が記憶を媒介していくなかで鮮明になっていく。そのことが翻って被爆者という主体性を同心円のイメージによって規定することにつながっていったのである。「被爆」という言葉の意味作用の変容からも、こうした変化を跡付けることができる。

体験と主体の境界線は、原爆の傷害作用の分布図に沿って引かれていくが、それは、医科学の言説と法

律によって「被爆者」という地位が規定されることによって決定的となった。第二章では、「被爆者」という法主体の誕生を描いたうえで、「被爆者」の境界線が揺らいでいくことの意味を考察する。「被爆者」が誕生することによって、原爆被害者と空襲被害者は分断されることになったが、原爆被害者の序列化をも引き起こした。それは、同心円の想像力が体験者の記憶に組み込まれたことを示唆する。同時に、運動を通して原爆被害を発見するなかで「原爆被害者としての被爆者」という政治行為体が誕生し、「原爆被害」や「原爆被爆体験」の領域を広げていった。被害者の運動は、戦争被害としての側面を強調しながら原爆被害に対する国家の責任を問うようになっていくのである。

資料について

本書では多くの「原爆体験記」を分析の対象として扱うが、どのような資料を分析対象としたのかについては、本書の課題と関わる根本的な問題であるために、ここに論じておきたい。

「体験」とは、身をもって経験したことを指す言葉であることから、体験記は、通常、体験した当人によって書かれるものである。しかし、誰が「体験者」に該当するかは自明ではなく、時期によっても変化してきた。そのために、あらかじめ誰が体験者に該当するのかを定義したうえで体験記を選別して分析を行った場合、「原爆体験」の成立と変容を追うことができなくなってしまう。原爆体験を「原爆の傷害作用を身をもって受けた体験」であると仮に定義したうえで、それを語るものを「原爆体験記」として扱うとしても、それだけでは、後に体験者として自己認識するようになる人びとの体験記を除外してしまうことになる。なにが原爆の傷害作用であるのかは、傷害を受けた当人にも直ちにはわからなかったために、放射線被害についての医学的知見が広まり、医科学研究が進歩するなかで、当初は被爆したと自覚していなかった人も体験者となっていく。[5] さらに、何が「原爆体験」に含まれるかについては、原爆の傷害作用を論じる医科学言説が大きな役割を果たしたことは確かだが、「原爆体験記」として刊行された手記の多くは、原爆炸裂後に市内に入って目撃した惨状を描いているし、疎開していた子どもが家族を失った悲しみや苦しみを中心に書いたものもある。[6] これらを総称して「原爆手記」として把握して、被爆後五〇年間に刊行されたものを特定したのが宇吹暁の労作『原爆手記掲載図書・雑誌総目録』(日外アソシエーツ、一九九九年)である。「救援・救護活動や調査活動に従事した人々の記録、原爆被害者の家族や被爆二世・三世の手記、また、原爆被害者の社会的発言や聞き書きも、「原爆体験記」と同様に扱われる場合が多い」と指摘して、宇吹は、それらも「原爆手記」に含めている。[7]

本書では、宇吹の総目録に記載された手記のうち、八〇年代までに刊行された二万六〇四四編を「原爆体験記」の母集団とした。「原爆体験」の成立期である昭和二〇年代に発行されたものに関しては、総目録に掲げられた八〇一編のうち、所在不明のものを除いた全七三〇編、それ以降に関しては、集合的記憶としての「原爆体験」の形成において影響力が大きいという理由で、マスコミ機関が発行した媒体に掲載された体験記と戦争体験記や原爆体験記のアンソロジーに収録された体験記を中心に分析した。[8] また、各章で展開される論点に応じて、朝鮮人原爆被害者の体験記、原爆死した動員学徒の追悼記などを取り上げて、計二三九二編の体験記を分析の対象とした。[9]

体験記などの資料の引用に際しては、新字体を用い、仮名遣いはそのままとした。句読点は必要に応じて加え、改行は原文に従わない場合もある。本文中の敬称は省略させていただいた。

第一章　原爆体験の成立——同心円の想像力と「被爆」の意味作用

1　同心円のイメージと原爆体験

同心円と原爆の記憶

被爆体験の語りにおいては、必ずといっていいほど、被爆地点や被爆の日時が示される。体験者の証言だけでなく、報道機関や運動体、広島市や長崎市による記述においても同様に、爆心地を中心とした同心円状の地図が参照される。

同心円のイメージは、爆弾を投下し観測した航空飛行士の視覚を具象化したものでもあった。この視覚こそが、生存者を含む眼下にある総てを対象化・物象化（objectify）し、命名し、決定づける優越的な位置であり、その後の広島の核被害に関する叙述を強力に条件づけるものとなった。この「上から」の視覚はその後の広島の語りに永遠に刻印され、誰もその空間的イメージの外部にたってその後の広島を語ることはできない[1]。

米山リサが指摘するように、「同心円のイメージ」は「爆弾を投下し観測した航空飛行士の視覚」をな

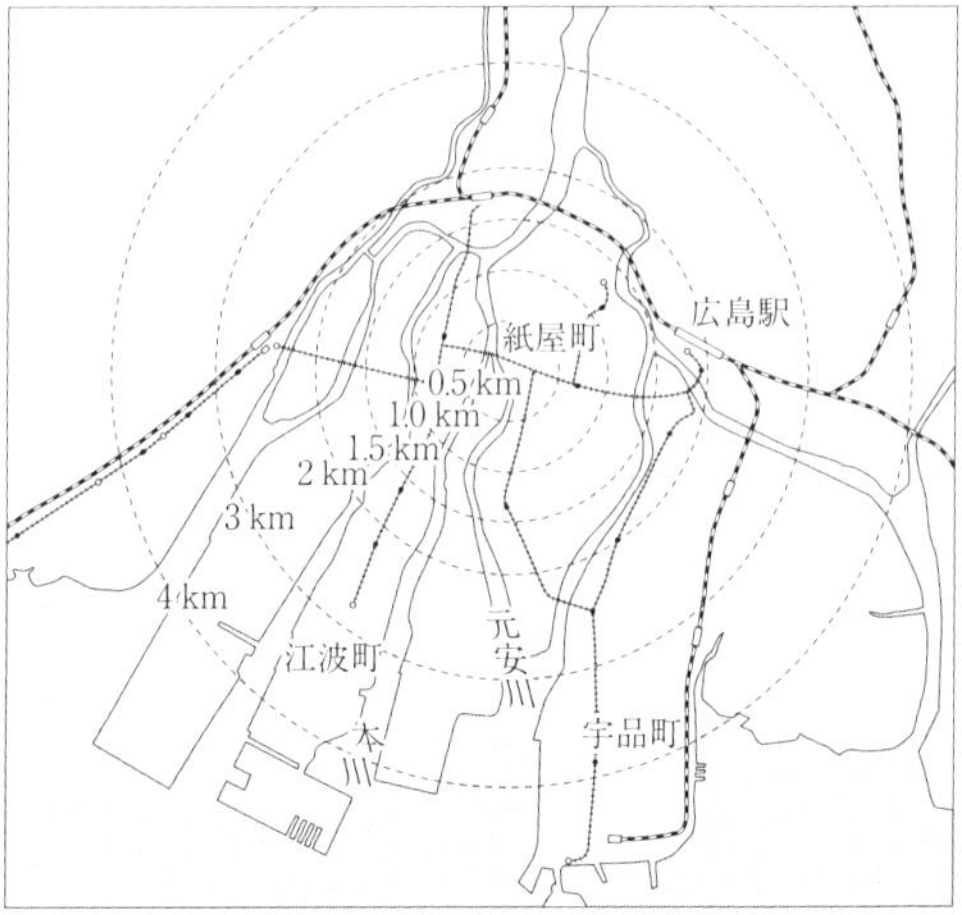

図 2　爆心地からの同心円地図(広島)

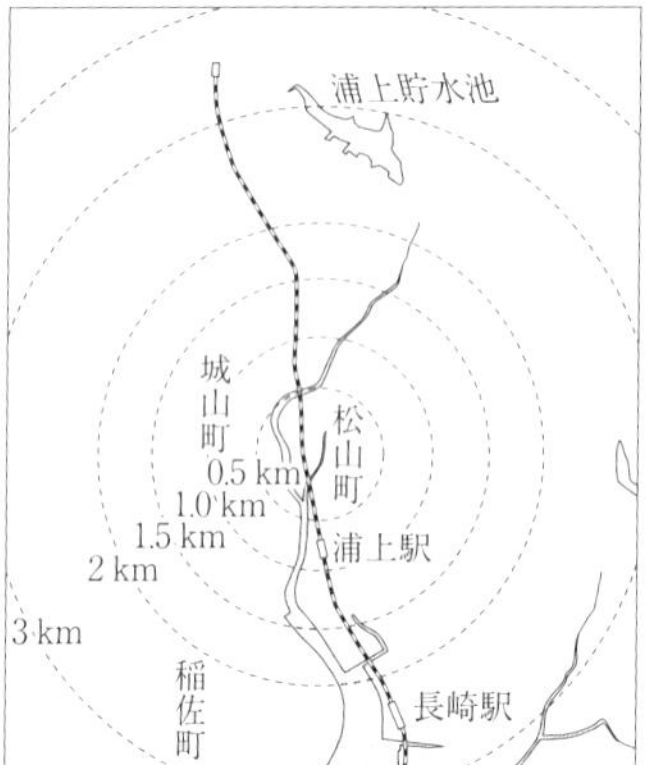

図 3　爆心地からの同心円地図(長崎)

ぞったものだが、原子力に関する医科学言説と軍事戦略の言説が作用して形成されるものであって、原爆を投下した者に特有のものではない[2]。米国だけでなく、原子爆弾という兵器が引き起こす破壊力を軍事戦略として、もしくは医科学的な観点から捉える者は誰でも共有する視覚だといえる。だが、それだけではない。被爆者自身の証言にも被爆地点を爆心地からの距離で表す「空間的設定が含まれて」おり、米山がいうように、「爆心地から放射状にひろがる同心円を重ねあわせた広島市の地図のイメージによって、被爆体験者の記憶が媒介されている」のである[3]。しかし、それは現在の証言に当てはまることであって、

「爆心地からの同心円」という尺度が、初めから体験者の記憶を捉えていたわけではない。

そもそも「被爆体験者」が誰を指すのかは、法による定義も含み、時代によって変化しており、米山が調査を行った八〇年代半ばのイメージを不変のものとして扱うべきではない。[4]「被爆体験者」とはいかなる体験をもつ者を指し、その記憶がどのようにして同心円状のイメージに媒介されるようになったのかを、歴史的に検討すべきなのである。そこで、まずは「被爆者」という法的地位が成立する以前である昭和二〇年代に刊行された「原爆体験記」を対象に、「原爆体験」がどのように語られていたのかをみてみることにしよう。[5]

医科学調査の報道

被爆地では、原爆投下直後から大本営の調査団が被害調査を行い、占領初期には日米の調査団が原爆の影響調査を行った。それらの調査報告が原爆に被爆した者の目に触れることはほとんどなかったであろうが、爆心地からの距離と被害との相関性については、敗戦から間もない時期に新聞報道を通して知らされていた。[6]

新聞紙上では専門家たちの見解が報じられていたが、原爆投下後間もない時期に、最も権威をもって原爆による身体被害について語りえたのは、外科医の都築正男・東大教授であった。「原爆症」を名づけた医師である。九月五日の『中国新聞』紙面は、原爆投下時に広島市内にいなかったとしても「爆発後数日間内に爆心から半径五百メートル以内の土地で働ゐたものには、ある程度の傷害が与へられてゐるものと考へてよからう」という都築の談話を載せている。一一月二五日には「広島市の場合爆心地から半径一キロ以内にゐた人は現代の医学では残念ながら救へない」「二キロ以上は大部分特別の治療をしなくても大丈夫である」「爆撃直後三日及至七日間くらい爆心地から半径五百メートル以内にずっとゐた人は、ある程度の放射能線を受けたと見られるので今後注意がゐる」といった都築の見解が報道された。

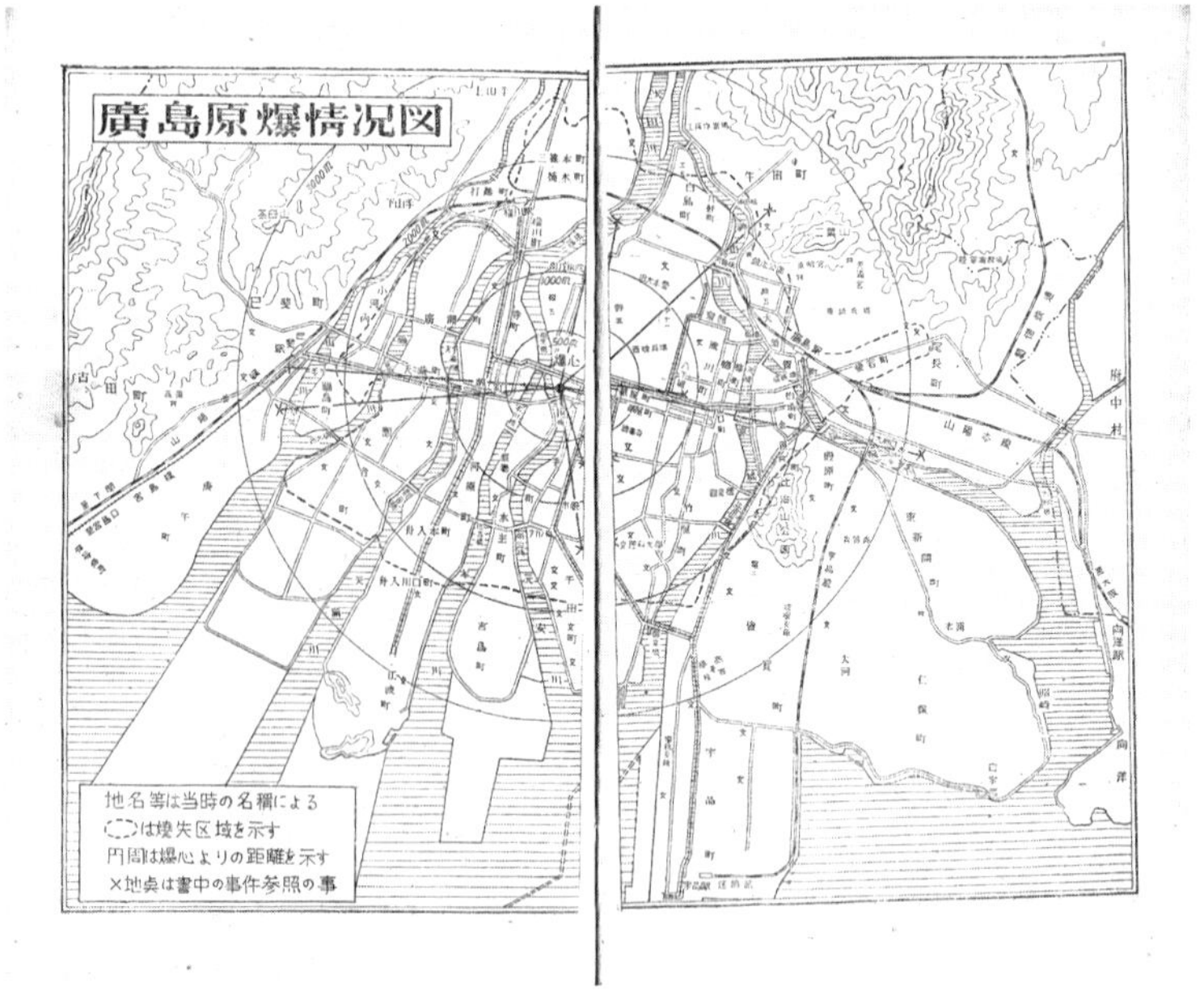

図 4 『絶後の記録』中の同心円地図

体験記のなかの「爆心」と同心円

新聞を通して知らされていた爆心地からの距離と症状との相関性は、直ちに原爆体験を語るうえで重要な参照枠として機能していたのだろうか。まずは、四六年と四七年に刊行された体験記をみてみよう（巻末の一覧表を参照）。

いずれの刊行物にも同心円を描いた地図はなく、被爆地点を爆心地からの距離で表現したものは六二編のうち四編（六％）に限られている。爆心地からの距離と被害の相関性を記したのは、大本営調査団の一員であった物理学者の仁科芳雄（『世界』四六年三月号）と広島赤十字病院院長・竹内釼による手記（『月刊中国』四六年八月号）と、京大理学部の清水栄ら京都の医学者たちによる座談会の記録（『最新医学』四六年九月）の計三編のみである。

次に四八年から五〇年にかけて書かれた体験記をみてみよう。二一九編のうち二五％にあたる五五編で「爆心地」に言及しているが、爆心地からの距離と被害の相関性に関しては一一％にあたる二三編でしか言及がない。特に、医師や知識人が書いた体験記に医科学的な知見が取り入れられており、同心円の想像力が作用していたことがわかる[7]。管見の限りでは、広島文理科大学教員・小倉豊文の『絶後の記録』が、同心円状の地図を載せた最初の体験記である。女学生の石田雅子と長崎地方裁判所所長だった父・寿による『雅子斃れず』と広島文理科大学教員・稲富栄次郎の『世紀の閃光』にも同心円状の地図が掲載されている[8]。

原爆投下から五年の間で少しずつ同心円の想像力が被爆の記憶を覆っていったことが伺えるが、そのほとんどは医科学研究者や大学人、職業作家などの知識人層によるものである。体験記の大半は、筆者の目撃した範囲で被害を詳細に描写しており、上空からの視線に媒介されながら当時の体験を想起しているとは言い難い。

2　「原爆体験」の成立――昭和二〇年代の体験記より

それでは、原爆体験がどのような体験として語られていたのかを検討してみたい。

被爆後五年間の「原爆体験」

「原子爆弾の体験」「原爆体験」という言葉は早い時期から使われていた。「原爆体験記」として提示された手記の大部分を占めるのは、原爆炸裂直後から数日にかけての間に目にした惨状の描写である。サブタイトルに「原爆体験」を含む『ひろしま――原子爆弾の体験をめぐりて』と『長崎――二十二人の原爆体験記録』、タイトルがそのものずばりの『原爆体験記』をはじめ、体験記の多くは、原爆が投下される直前（原爆投下前夜や当日の朝）から始まっている。そして、原爆が炸裂した当時遠方にいたという筆者（引揚者を含む）以外は、ほとんど例外なく原爆炸裂の瞬間を描いている。

突然、眼前暗黒の中に、この世のものとも思はれない閃光を虚空に観た。複雑な異常の金属性の響きを聞いた……。（竹内釼『月刊中国』）

私は兵舎の中にいたが、窓外の明るさに、反射的に振り向いたとたん、淡紅色或いは橙々色の光線が、私の眼を射た。（村田亮介『天よりの』）

其の刹那……ピカッ……と白熱の尖光と共に身体に熱気を感じたかと思うと、瞬間、ドカンと爆発音……。私は無意識にからだを投げ出すように机の下にすべりこんだ。（高名麒久雄『長崎精機』）

全国に向けて公表された最初の「原爆体験記」は、宮田誠一の談話を引用した四五年八月一〇日の『朝日新聞』と『読売新聞』の記事だと思われるが、原爆炸裂の瞬間を次のように描写している。

ピカリと光つて全一面に強い閃光がした、それは丁度強い電光のやうだつた。
マグネシユーウムが燃えた時のやうな光だつた、つぎの瞬間風圧と熱い痛いといふ感じが顔にした。
爆風は丁度突風で雨傘をフワッと持ち上げられるときのやうだつた。続いてガーンといふ音がした。(9)

八月三〇日の『朝日新聞』に掲載された作家・大田洋子の寄稿文も「緑青色の海の底みたいな光線が瞼の上を夢ともうつつともなく流れた。へんな夢を見るのねと思つた瞬間、名伏し難い強烈な音が起つて、私はからだが粉々に砕け飛び散つたやうな衝撃をうけた」と原爆炸裂の瞬間を描写している。しかし、それが原子爆弾という「新型兵器」による攻撃であったとは、その瞬間には知る由もなかったために、想像の及ぶ範囲内で事態を把握しようとしたことがうかがえる。大田は「二十個も三十個もの焼夷弾が寝床のうへに降りかかつたのだと思ひ、きょろきょろとそれを探した」というが、自分の居た場所が焼夷弾や爆弾でやられたと思ったという者は多い。

あつ、しまつた!!直撃弾だ！この建物に当つたんだ。（野村英三『原爆体験記』）

目の前を通り過ぎた敵機に狙い討にされたのだ〔後略〕（金行満子『原爆体験記』）

あたりが桃色にクワッと熱く光りました。私は思わず目をつむりました。光つてから爆風が起るまでの一秒間、私は工場においてある魚雷でも破裂したのかと思いました。一体、これを誰が原子爆弾だと思つたでしようか。（石田雅子『雅子斃れず』）

石田が振り返るように、原子爆弾に攻撃されたなどとは思ってもみなかったのである。放射線医学研究者であった永井隆も「まさか原子爆弾とは知らないものだからこれはよほど大きなダイナマイト爆弾が私のいるすぐ側に落ちて、この建物がつぶれたんだと思った」と振り返っている（『長崎』[10]）。

自分の周りだけが攻撃されたと思っていたために、「唯一の希望は、妻の救援である」（手塚良道『原爆体験記』）、「救助隊が来るにちがいない」（高名麒久雄『長崎精機』）と、助けが来ることを期待した。しかし、作動すべき救援体制は機能しなかったために、「これだけの被害があるのに、何故役所から職員が一人もかけつけて来ぬのかと不思議に思」ったという者や（石田寿『雅子斃れず』）、「夕方になっても警察も軍隊も来ない。私はこれらの無責任についてプンプン憤慨していた」という者もいた（杉本亀吉『長崎』）。被害が甚大で広範囲に及んでいたことを俄かに知ることはできなかったのである。

一片づきしてホツとして、隣り近所を眺めると、屋根はペツタリと地面について、家と家との境は悉く毀れてしまい、見渡す限りの廃墟ではないか。「一体、これは、どうしたことだ……」、私は幾度見直しても同じ事なのに、全く呆気にとられてしまった。（伊藤文子『天よりの』）

伊藤のように、攻撃を受けたのが自分の近辺だけではないことを徐々に認識していく様子が多くの体験記には記されている。

私はこんな目に遭つているのは自分一人でない事を知り、石に挟まれながら、私の頭は走馬燈を見るように、この出来事のおゝよそのいきさつを、かろうじて理解した。（村本節子『天よりの』）

四周に眼を転じて私はあ然とした。市内の建物が殆んど倒壊して各所に濛々たる火災が発生している。雲は低く連なり、しかもそれが湧き上る火山の噴煙のようだ。（奥村昌司『原爆体験記』）

被害の甚大さは、建物の損壊だけでなく、負傷者や死者の悲惨な姿を目にするなかで認識されていく。

通りを見ると血だらけの人、手を折った人等がぞろぞろ通って行く。（中略）そのうちにどやどやと裸の人がはいって来て濠は満員になった。その人たちは原爆の中心地で怪我をし、山をこえてここまで来たので、みんな大変な怪我をしていた。頭のわれた人、足の折れた人、頭のひしゃげた人など、まともには見られない姿だった。着衣は一瞬に焼かれたので男女とも丸裸であった（立花君子『長崎』）

道にも一面の死骸だった。ごろごろしてゐる。死骸で道が埋まってゐるといった方が早いくらゐ。（玉井禮子『雄鶏通信』臨時増刊号）

ぞろぞろと幽霊のような姿で集った人たちが、拡がってゆく火をのがれるために足を引きずりながら、うめきあい叫びあって、市外の方へ進んでゆく。（アンナ・ドレイゴ『トルー・ストーリィ』）

ほとんどの筆者は自らも傷を負っていた。「左足を負傷して、血が泉の様に吹き出している、血管をやられたらしい」(小佐々八郎『長崎精機』)、「右手は第二関節から指の先までズル〳〵にむけてその皮膚は無気味にたれ下つている。左手は手首から先、五本の指がやっぱり皮膚がむけてしまつてズル〳〵になつている」(北山二葉『原爆体験記』)など、自分の怪我の状態に言及するものも少なくない。しかし、それ以上に、目にした負傷者や死体に関する記述が圧倒的に多い。

被爆後五年の間に刊行された体験記では、書き手が目撃した被爆直後の状況の描写が大半を占めている。誤解を恐れずに言うならば、被爆しながらも出来事に対して何らかの距離をとることができた者による記録といえる。流川教会の牧師・谷本清が、「広島の生存者は彼らの実感から「ピカドン」と命名した。然しこれも比較的傍観者の印象で広島悲劇の真只中にいた人々には「ピカ」も「ドン」もなかったのである」と振り返るように(『ヒロシマの十字架を抱いて』)、戦後初期に「原爆体験」を成立させたのは、「比較的傍観者」でありえた体験者、つまり、出来事の只中にあっても目撃者たりえた者による証言だったといえる(11)。

被爆から間もない時期に書かれた体験記は、生々しいと形容されることが多い。作家の大田洋子や原民喜の作品がそうであったように、被爆直後からつけていたメモや日記を基にした体験記(『絶後の記録』や『長崎の鐘』など)は、たしかに、記憶が新鮮なうちに書かれた生々しい記録である。同時に、たとえ直後につけた記録を基にしていたとしても、事後的に得た知識を重ね合わせながら、自分の身に起こったことを想起しつつ体験記を書くことになる。投下されたのはたった一発の原子爆弾であり、自分の近辺だけでなく、広範囲にわたって被害が生じたことや、大した外傷のなかった者も放射線障害によって斃れていったことなど、事後的に得た知識に基づいて体験記を書いたのであって、原爆に遭った当時の体験を「ありって被害の状況を見わたすことのできた者は少数に限られていた。

のまま」描写したわけではない。同時に、被爆から数年しか経っていない時点では、同心円の想像力をも

編集者と読者の想像力

原爆被爆から五年の間に出された体験記を詳しく検討したが、それ以降に刊行された体験記にも被爆直後の描写が含まれている。同時に、五三年に刊行された『原爆に生きて――原爆被害者の手記』を端緒として、被災者の「その後」――とりわけ病気と貧困の悪循環や社会からの冷遇――に重きを置く体験記も少しずつ増えていく。これは、原爆被害者の集団が発行主体となっている体験記集において六〇年代に入ってから顕著になっていく傾向だといえる。マスメディアにおいても、五〇年代半ばごろから、原爆症に苦しむ原爆障害者や「原爆乙女」に焦点を当てて「その後」の一面を取り上げ始めたが、特に雑誌の場合、身体的な被害や被爆した女性の「結婚問題」に関するものが多かった。⑫死者追悼を主たる内容とする体験記は最も早い時期から書かれていたが、五〇年代半ばから遺族を中心として編纂された追悼記集が増えていく。⑬七〇年代後半からは、被爆者運動を中心に、生活史全体の中に原爆体験を位置づけて捉えなおそうとする動きも活発になっていく。

時期によって体験記の内容が違ったり、編集や発行の主体ごとに強調点が違うものの、初期の体験記にあった惨状描写は、その後書かれた体験記の多くにもみられる。昭和二〇年代に出版された体験記の多くが再版されたり、新たな書籍に収録されたりして読み継がれていったことからも、惨状の描写が「原爆体験」の中心をなしてきたことがわかる。『長崎の鐘』をはじめとする永井の著作はロングセラーとなり、『絶後の記録』『原爆体験記』『ヒロシマ日記』も版を重ねていく。⑭他にも『天よりの大いなる声』『長崎』

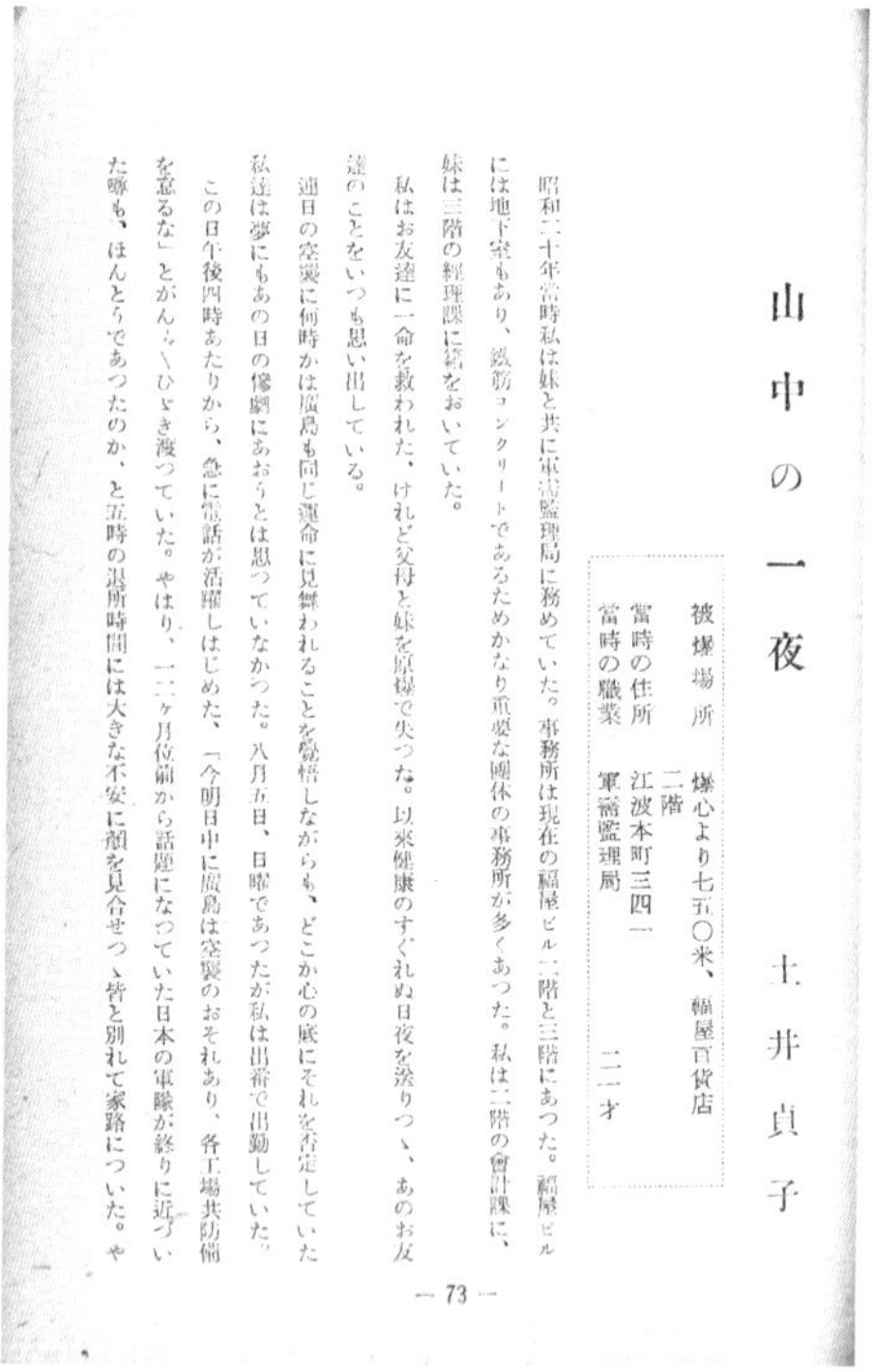

山中の一夜

土井貞子

被爆場所　爆心より七五〇米、福屋百貨店二階
當時の住所　江波本町三四一
當時の職業　軍需監理局　二一才

昭和二十年當時私は妹と共に軍需監理局に務めていた。事務所は現在の福屋ビル二階と三階にあつた。福屋ビルには地下室もあり、鉄筋コンクリートであるためかなり重要な團体の事務所が多くあつた。私は二階の會計課に、妹は三階の經理課に籍をおいていた。

私はお友達に一命を救われた、けれど父母と妹を原爆で失つた。以来健康のすぐれぬ日夜を送りつゝ、あのお友達のことをいつも思い出している。

連日の空襲に何時かは廣島も同じ運命に見舞われることを覺悟しながらも、どこか心の底にそれを否定していた私達は夢にもあの日の惨劇にあおうとは思つていなかつた。八月五日、日曜であつたが私は出番で出勤していた。

この日午後四時あたりから、急に電話が活躍しはじめた、「今明日中に廣島は空襲のおそれあり、各工場共防備を怠るな」とがん〳〵ひゞき渡つていた。やはり、一二ヶ月位前から話題になつていた日本の軍隊が終りに近づいた噂も、ほんとうであつたのか、と五時の退所時間には大きな不安に顔を見合せつゝ皆と別れて家路についた。や

— 73 —

図5　『原爆体験記』（爆心からの距離が記されている）

『長崎精機原子爆弾記』『白夾竹桃の下』『花の命は短かくて』などが、原爆体験や戦争体験に関するアンソロジーに再録された⑮。

一九五〇年に発行された『原爆体験記』は、代表的な原爆体験記集として版を重ね、いくつものアンソロジーに再録されることになるが、原爆炸裂直後に展開する惨状を克明に綴った体験記を集めたものである。五〇年五月下旬に広島市が「世界初の原爆の洗礼をうけた市民の貴重な体験を生かして世界平和運動に寄与するため」に体験記を募集したが、ひと月半ほどで一六五編が集まった⑯。『原爆体験記』に収録する二九編を選別するにあたって「被爆当時の環境、実態」のほか「（爆心からの）距離」を基準とした。それぞれの体験記には、タイトルがつけられ、筆者名と並んで「被爆場所、当時の住所、当時の職業」が記され、「被爆場所」には爆心地からの距離が記載されている。さらに、綴じ込みの地図には、筆者一人ひとりがどこで被爆したのかが印されている。

同心円の地図上に配置されたそれぞれの体験記は、どのように「原爆体験」を語っているのだろうか。

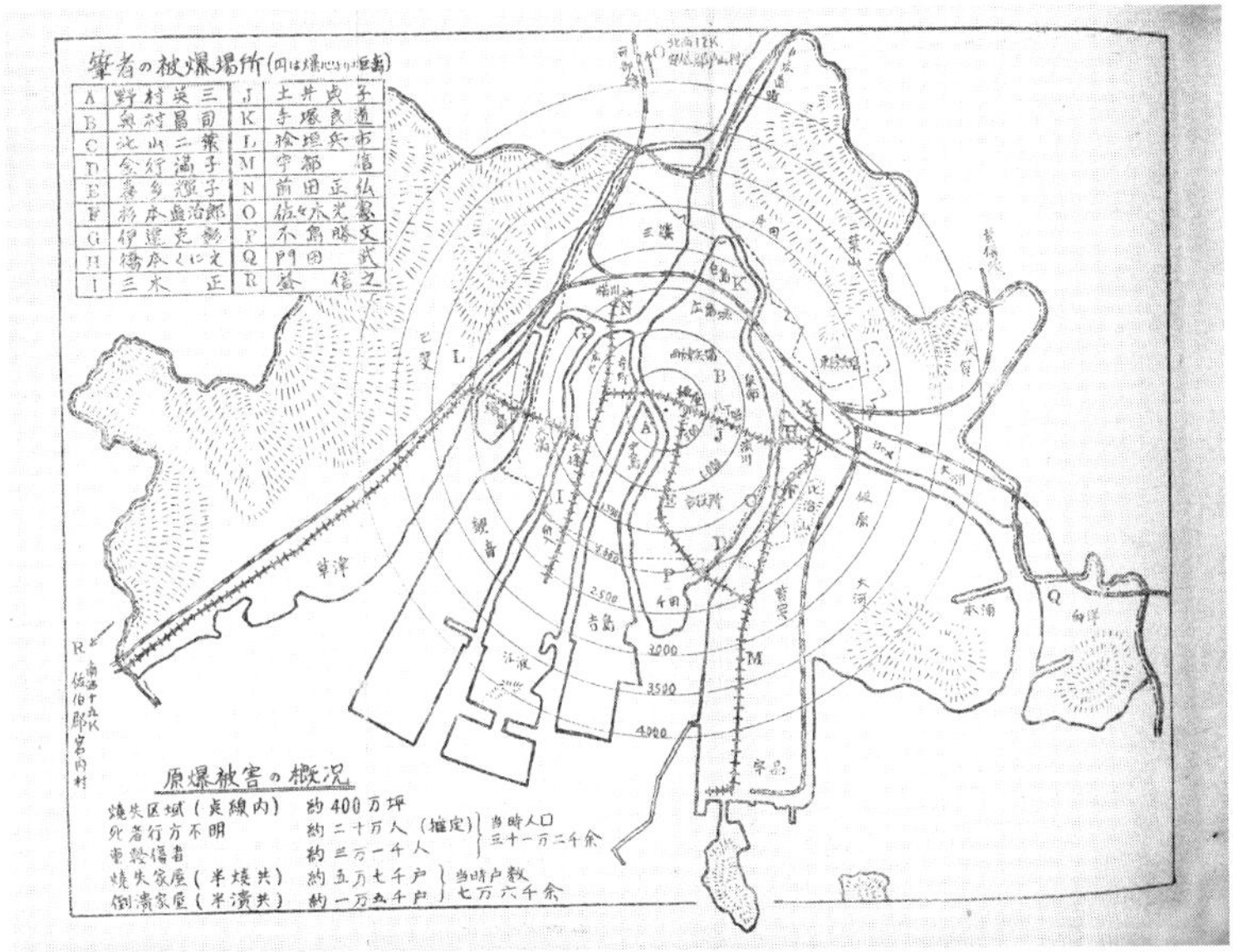

図6 『原爆体験記』綴じ込みの地図

土井貞子の体験記を例として検討してみたい[17]。妹とともに軍需管理局に勤めていた土井は、事務所があった福屋百貨店の二階で被爆した。「夢にもあの日の惨劇にあおうとは思つていなかつた」という土井は、八月六日の朝を描いていく。「オレンジ色のような紫のようなマグネシユウムの光よりもつと強烈な光に眼を射られ、頭上からのしかゝつたような熱気と圧力に体が一回転したように感じた」と、原爆炸裂の瞬間を描いた後、同じ建物の三階にいる妹を気にかけながらも、炎に囲まれつつある建物から同僚とともに脱出して目にした周囲の惨状や、泉邸(現・長寿園)に向かって逃げていく道中に目撃した負傷者の無惨な姿を記述していく。尾長に着いた後、山に登って一夜を過ごし、翌早朝、再び東練兵場を通って福屋に戻った土井を迎えたのは、焼死体となった同僚の変わり果てた姿であった。

自宅に戻って両親や妹との再会を喜んだのもつかの間、しばらくして三人とも土井を残して逝ってしまう。「二年程して福屋ビルが復活した時二階に上り、朝夕を共にした大金庫の焼けた姿の前にたつた時、感慨無量、いろ〳〵の思い出と悲しみがこみ上げ涙の湧いてくるのをどうすることもできなかった」と体験記は結ばれている(18)。

土井の体験記には、この時期に刊行された他の体験記と同じく、時の経過とともに被害に対する認識が広がっていく様子が描かれている。徐々に、自分の周りだけではなく広島市全体がやられたことを理解していくのだが、広島の地理に馴染みがない読み手にとっては、土井の体験記に出てくる「福屋」「泉邸」「尾長」や「東練兵場」が、どういう位置関係にあるのかがわからない。この「わからなさ」を少しでも解消して原爆体験に近づくために、私たちは広島の地図を参照する。だがそれは、通常の市街地図ではなく、実際に『原爆体験記』に附された地図のように、爆心地からの距離が同心円で示されたものでなければならない。なぜなら、米山が指摘するように、もはや同心円という心的地図の配置の外側で、私たちが原爆体験を想像することはできないからである。

土井の手記の冒頭には、筆者名とともに「被爆場所　爆心より七五〇米、福屋百貨店」とある。爆心地から近距離で被爆したとあらかじめ知ることで、逃避行の道中が「地獄絵そのまま」という状況描写に説得力が増す。

まわりに建ち並んでいた映画館や家はなく、ひつくり返つた電車、垂下つた電線、そしてその下には石、瓦、木等と折重なつて倒れている人〔中略〕家の梁におさえられて助けを呼んでいる人、半狂乱のようになつて、ゲラ〳〵笑つている子供、死せる幼子を抱きつゝ走つて行く母、負傷した者は血の流れるまゝ、着物もなく、身体は火傷をしてはれている人、泉邸への道は地獄絵そのまゝの行列だ。

土井の逃避行が爆心地からより遠くへ向かうものであったことも、地図を参照しながら確認することができる。しかし、原爆によって攻撃を受けた者は、落とされたのが「原子爆弾」という新しい兵器であることも、爆心地がどこであるのかもわからなかった。土井は「「あつ直撃だ。」と思つた」と書いている。しかし、読み手である私たちは、原爆の物理的威力や放射線による被害に関する事後的な知識を参照しつつ、土井の体験を「原爆被害の全体図」のなかに位置づける。つまり「「上から」の視覚」で被爆直後のヒロシマのただ中にいる被災者たちを見つめるのである[19]。

土井の体験記に限らず、『原爆体験記』には原爆炸裂の瞬間から周辺で展開した惨状を克明に記述したものが多く、それぞれの体験記から浮かび上がってくる状況を重ね合わせていくことで、原爆体験の全体像が見えてくるように思える。しかし、多数の体験を重ね合わせるにあたっては、何らかの指針が必要となってくる。それこそが、集まった体験記をまとめた編集者によって提示された同心円状の地図であり、そこに一人ひとりの体験を配置することで『原爆体験記』は「「上から」の視覚」を読者に向けて差し出した。

『原爆体験記』よりも一年早く、長崎では市民の体験記を募って『長崎』を刊行していた。同心円上の地図こそつけられていないが、「読者はこの本を読むことにより、当時の長崎市民の状態を、鳥瞰的に把握されるであろう」(序文)と「「上から」の視覚」を取り入れるよう読者に促している。『長崎』に収められた体験記も『原爆体験記』と同様に、原爆投下直後に自分の身の周りで起こった場面を記述しながら、徐々に周りの状況へと描写が移っていく。しかし、読み手の位置にある者は、序文が奨励しているように、それぞれの体験記を鳥瞰的に見渡して長崎の原爆被害の全体図を作っていきながら、そこに一つひとつの体験記を落としこんでいくことになる。それは、体験者には当時取りえない視点であった。しかし、『長崎』が刊行された四九年ごろから、同心円のイメージに媒介された記憶の在り方が、徐々にではあるが、支配的になっていく。

一つの契機としてジョン・ハーシーの『ヒロシマ』を挙げておきたい。被爆翌年に広島でインタビューした六人の被災者に焦点を当てたルポルタージュであるが、六人の体験を記述するなかで、原爆に遭った場所と爆心地との距離を示した。たとえば、閃光を目にした瞬間「恐怖のあまり反射運動的に動いた」という谷本清の行動について、「そうするだけの時間があったのだ。（なぜなら、ここは爆心地から三、五〇〇ヤード、即ち二マイル離れていたからである）」と解説している。クラインゾルゲ神父についても、「これは直撃弾を喰ったな、と、ちらりと考えるだけの余裕があった（中心から一、四〇〇ヤード離れていたからである）」と注釈をつけている。被爆時の行動が、爆心地からの距離によって説明されているのである。

四六年にハーシーのルポを載せた『ニューヨーカー』が刊行されると、たちまち三〇万部が売り切れ、単行本化された後も全米ベストセラーとなった[20]。『ヒロシマ』が翻訳されて日本で流通するには四九年四月まで待たなければならなかったが、初版五万部がすぐに売り切れたという[21]。作家の大田洋子をはじめ、原爆体験者も『ヒロシマ』を手にした[22]。『ヒロシマ』が、原爆体験記を執筆、編集するうえで、参照される作品となったであろうことは、想像に難くない[23]。

原爆炸裂時にいた場所を爆心地からの距離で表すという、『ヒロシマ』で採用された手法は、原爆体験を鳥瞰的に示そうとする書き手や編者によって採用されるようになる[24]。『原爆体験記』と並んで代表的な原爆体験記として読み継がれてきた『原爆の子』は、五一年の出版以降、ロングセラーとなったが、そこにも同心円が描かれた地図が付けられている。[25] しかし、爆心地からの距離に言及した体験記は、収録された一〇五編のうち九編しかなく、被害との相関関係については三編でふれているにすぎない。『原爆体験記』においても、収録された体験記のうち爆心地からの距離に言及しているものは四編のみで、被害との相関関係にいたっては一編もない。鳥瞰的に被害を把握するよう読者に促した『長崎』は、爆心地からの距離に言及したものが二二編中九編、被害との相関関係を語ったものが三編と、他の体験記集に比べると比較的多いが、それでも大勢を占めているわけではない。この時期に同心円の想像力をもって原爆体験を想起した体験者は、主に医者、ジャーナリスト、大学教員、学生といった知的エリート層に限られていた。「同心円のイメージ」に捉われているのは、原爆被害の全体像を俯瞰的に捉えようとする編集者やマスメディア関係者であった。「傍観者」として出来事を伝達することを職業とする人びとによって、原爆体験を語る形式が形成されたといえるのである。[26]

「同心円の想像力」は原子力に関する医科学および軍事的な言説によって準備されたものであり、原爆炸裂時に地上にいた者がその場で手にすることはできなかった。つまり、原爆に遭っていない者にしか、取り得ない視点であった。しかし、それが事後的な知識として獲得されるなかで、体験者たちの記憶さえも規定していくことになるのである。[27]

3　「被爆」の意味作用と原爆の記憶——空襲被害から放射線被害へ

「被爆」の指示対象

原爆被爆の記憶を覆った同心円の想像力は、原爆が「通常兵器」ではなく、核兵器であるからこそ成立したものである。しかし、体験者の記憶が上空からの視線を介しているという点は、一九七〇年代に書かれた空襲体験記にも当てはまる。[28]共通点は、それだけではない。放射線の影響を重視して被爆体験と空襲体験とを区別する議論が多いが、敗戦から一〇年近くは、原爆体験は空襲体験として捉えられていたのである。

そもそも「被爆」という言葉は、爆撃を受けることを意味する。『日本国語大辞典』（第二版、二〇〇一年）によると、「被爆」の第一の意味は「爆撃を受けること。航空機から爆弾・焼夷弾などを投下されること」である。『朝日新聞』のデータベース「聞蔵Ⅱ」で「被爆」というキーワード検索をすると、戦時期では「重慶要人宅被爆」、「駐独大使官邸被爆」などの記事が挙がってくる。[29]

「新型爆弾」による攻撃を伝える戦時中の記事でも「被爆」という言葉が使われていたが、[30]先に検討した体験記の中でも、戦中の用法と同じく、「空爆を受けた」という意味で「被爆」という言葉が使用されている例が少なくない。広島では、空襲を受けることが避けがたい――「被爆必至」である――と認識されていたと衣川舜子は振り返る（『ひろしま』）。医学的知識を駆使しながら原爆の被害を同心円に沿って解説している永井隆も、「一週間まえ大学が被爆した時」と、空爆を受けるという意味で「被爆」という言葉を使っている（『長崎の鐘』）。

「被爆者」という呼称については、昭和二〇年代の体験記七三〇編のうち、一二編でしか使用されておらず、ごくわずかである。[31]一二編すべてにおいて「被爆者」は原爆による空爆を受けた、もしくは閃光や爆風を浴びた者を指しており、原爆の炸裂を体験せずに残留放射線を浴びたという者は含まれていない。たとえば、土井精一は「爆心地附近で作業したものには被爆者でなくても死んだ者があった」と振り返っている（『原爆の子（特作映画シリーズ第四集）』）。『ヒロシマ日記』で有名な逓信病院院長の蜂谷道彦も、原爆の熱線や爆風と放射線とを浴びた者を「被爆者」と呼んだ。

「被爆」という言葉には、原爆と空襲との連続性が表現されていたのだが、「被爆」という言葉を使っていない体験記からも、原爆に被爆した体験が空襲体験として捉えられていたことがわかる。「広島も何時かは空爆を受けるだろうと予想はしていたものの、この惨状に接しては、盲目的に憤怒をさえ感じて来る」(井口鉄雄『天よりの』)、「私は少し前に、呉市の空襲の被害の状況を見ていた。そして、広島を見舞つた今度の空襲は、今迄のものとは異つていると云う事、しかも、恐ろしい被害であると云う事が、段々と判つて来た」(中尾一真『天よりの』)などの記述である。占領開始直前に『朝日新聞』に載った大田洋子の寄稿文「海底のやうな光」にも「原子爆弾の空襲に遭つて」というサブタイトルがついている[32]。また、広島県警察部、長崎県がそれぞれまとめた被害状況の報告書(一九四六年ごろ作成、四五年九月一日付)や厚生省がGHQに提出した報告書(四五年一一月作成)など、敗戦から間もない時期にまとめられた公的記録でも、広島と長崎の被害を「空襲被害」として扱っている[33]。

空襲との連続性は、空襲に遭った者を指す言葉として使われていた「罹災者」が、原爆に遭った者を指す言葉として体験記や新聞記事のなかで多用されていたことからもうかがえる[34]。「罹災者」という呼称は、戦時災害保護法の適用時に使用されていたものであるが、原爆投下翌日に広島県知事が出した「告諭」では、原爆投下を「惨悪極マル空襲」と非難しており、被爆した者に「罹災諸君」と呼びかけている[35]。実際に、原爆に被爆した「罹災者」は戦時災害保護法の適用を受けている。

消えた「戦争」――被爆から放射線被ばくへ

「被爆」という言葉は「空爆を受ける」ことを指していたし、原爆による攻撃は空襲として認識されていた。[36]核兵器という「新型爆弾」による攻撃であるにせよ、航空機から爆撃を受けたことに変わりはなく、原爆に被爆した体験が空襲体験として受け止められていたのは当然であろう。だから、原爆が炸裂した後に広島市や長崎市内に入った者の体験は「被爆」の体験には含まれていなかった。たとえば、『原爆体験記』で「被爆」という言葉が用いられる際、原爆投下時に広島にいなかった者の体験を指すことはないし、『ヒロシマ日記』の蜂谷が院長を務める広島逓信病院での座談会（五一年）においても、直接原爆の閃光や爆風を浴びなかった者は「被爆した」者として捉えられていない。[37]

「罹災者」として認識されなかった者（原爆投下直後に調査に入った科学者や軍関係者、報道関係者や救援に駆けつけた郊外の警防団員、家族を探して市内に入った人など）の体験は、昭和二〇年代においては「原爆体験」として提示されることはあっても「被爆体験」としては語られなかったし、その人たちが「被爆者」として認識されることも、「被爆者」としての意識を持つことも、まずなかった。[38]なぜなら、原爆による爆撃を受けていないからである。それが、昭和三〇年を前後して、「被爆」が「原水爆による放射線を浴びる」ことを指す言葉として使われ始めるなかで、徐々に、そうした人たちも「被爆者」になっていった。

少なくとも昭和二〇年代は、「原爆体験」と「被爆体験」とは同じではなく「原爆体験者」が「被爆者」であるとは限らなかったが、「被爆」の意味作用が変化するなかで、「被爆体験」と「原爆体験」とが重なっていき「原爆体験者」は一部を除いて「被爆者」に包摂されていく。[39]放射線の影響が原爆被爆の体験を考えるうえで圧倒的に重要な位置を占めるようになり、原爆被爆が戦争による空襲体験であるという側面が後景に退いていった結果、さまざまな政治的、社会的な可能性が閉ざされ、また開かれていったのである。

第二章　「被爆者」の誕生と原爆被害の広がり

原爆投下から数年の間、同心円の想像力は、医学関係者ら知識人の体験記にはみられたものの、多くの体験者の記憶を媒介していたわけではなかった。四九年ごろから変化がみられるようになるが、編集者の手によって同心円状のイメージに沿って体験記が配置されていたにすぎない。それが、国家援護の対象となる「被爆者」として主体化されていくことで、語り手自身も同心円的な想像力の外側から自らの体験や周りの状況を叙述することができなくなっていく。しかし、原爆を生き延びた者は、原爆の傷害作用だけでなく、原爆被害を多元的に把握していくなかで、原爆体験を「原爆によって受けた被害体験」として捉えかえし、「原爆被害者としての被爆者」という主体を成立させていくのである。

1　「被爆者」の誕生——医科学調査と法制度

被害調査と「被爆者」

原爆投下直後から占領期にかけて行われた一連の原爆被害調査が「被爆者」形成に大きな影響を与えることになる[(1)]。よく知られているように、日本においても原爆開発計画は遂行されており、その中心人物だった理化学研究所の仁科芳雄は、原爆投下から二日後に大本営調査団の一員として広島入りしている[(2)]。調査結果は、まず八月一〇日の陸海軍合同研究会議において、第二総軍、船舶司令部などの報告をあわせて検討したうえで「広島爆弾調査報告」としてまとめられた。そこには家屋火災の状況や「人畜ニ対スル被害」が中心部からの距離別に記載されている。(3)

日本占領が始まると、米国は直ちに原爆被害の調査を開始し、GHQの指令の下、四五年一〇月一二日に米日合同調査団を結成して、爆心地からの距離別に、遮蔽の状況を考慮しながら傷害を調査することになった。(4)日本側も九月に医学、物理学などを専門とする研究者たちの「原子爆弾災害調査研究特別委員会」(通称「原爆調査団」)が文部省学術研究会議に設置され、合同調査団に協力しながら調査を行った。原爆調査団の調査報告にも爆心地からの距離と被害についての記述がある。(5)

敗戦後間もない時期には「被爆」が空爆を受けるという意味で使われており、現在のように「原水爆の放射線を浴びる」ことを指していなかったと指摘したが、日米の調査報告では、現在のような意味合いで「被爆」という言葉が使われる場面もあった。早いものでは、日本が連合軍の占領下に置かれたその当日に発表された中国軍管区軍医部の「衛生速報　第二号」で「被爆地ノ人体ニ与ヘル影響」という項目に残留放射線による影響の有無について書かれており、放射線に汚染された地域として「被爆地」という言葉が用いられている。(6)また、GHQが発表した広島の被害報告において、「被爆者」として、死者、重傷者、行方不明、軽傷者の他に「一般罹災者」が列記されたが、「一般罹災者」には「爆撃後罹災したもの」が含まれており、原爆が炸裂した後に広島、長崎市内に入って何らかの障害を患った者を指していると思われる。(7)

このような被害調査における語法は「被爆」の指示機能に影響を及ぼしていく。それが被爆地の行政調査で踏襲され、調査結果を根拠として原爆被害者に対する援護が制度化されていく過程で、「被爆」の意味が大きく変化することになるのである。

原爆被害者の援護と実態調査

敗戦後、占領期を含む一二年間、原爆の被害を受けた者に対して、日本政府は援護と呼べる措置をほとんど取らなかった。原爆が投下された直後は、戦時災害保護法により負傷者救護などが行われたが、救急救護所は法の執行期限が切れた一〇月初旬に閉鎖された。

サンフランシスコ講和条約が発効して、日本本土が占領を解かれた直後の五二年四月末日、旧軍人軍属とその遺族を援護する「戦傷病者戦没者遺族等援護法」が成立した。占領下では、軍国主義を助長するという理由で軍人恩給が廃止され、軍事扶助法と戦時災害保護法は生活保護法に取って代わられていた。生活保護法をはじめとする占領下の援護施策は、無差別平等の精神を掲げていたため、戦争被害者も困窮の度合いに応じて援護されていたのだが、独立直後に大きな転換がもたらされた。国家との身分関係の有無によって待遇に大きな差が生じることになったのである。

遺族等援護法案が議論されていた頃、原爆被災者に対する国の援護を求める声が被爆地から届けられ始めた。政府が遺族等援護法案を国会に上程する準備を進めていた五一年秋、広島・長崎原爆都市連絡協議会は、動員学徒や義勇隊員の遺族を、軍人や軍属の遺族と同じように、国家補償の対象とするよう求めていくことに決めた(8)。要望の根拠資料を準備するため、翌五二年一月に、広島県が市町村に依頼して、国民義勇隊員、徴用工、動員学徒、女子挺身隊員として勤務作業中に亡くなった「原爆関係死亡者」の調査を行ったが、その際に、広島市は「原爆による傷害者調査」を行い、四〇三八人が障害を持っていることが判明した(9)。

調査結果を受けて、五三年一月、「原爆障害の研究、治療の対策を審議し、並にその推進を図る」ことを目的に掲げて広島市原爆被爆者治療対策協議会（原対協）が発足した[10]。同年五月、長崎でも、長崎市原爆障害者治療対策協議会（原対協）が発足した[11]。

原対協の事業を進めるうえで資金の調達が課題だったが、五二年一一月に原爆症調査研究協議会（原調協）が国立予防衛生研究所（予研）に設置されたことで、国費による治療の足がかりを得た。被爆後遺症に関する治療効果を総合的に判断し、治療方針を究明するための費用として原調協に対して一〇〇万円が計上された[12]。原爆被害者対策に初めて国家予算が支出されることになったのである。

第五福竜丸事件と被爆生存者調査

調査費という名目で、原爆投下から八年経って、ようやく原爆障害者の治療を目的として国家予算が執行されたのであるが、その直後、政府の原爆被害者対策を飛躍的に前進させるきっかけとなる事件が起こる。

一九五四年三月一日、マグロ漁船「第五福竜丸」が太平洋ビキニ環礁でアメリカの水爆実験による「死の灰」を浴び、乗組員たちが急性放射線障害を発症した。『読売新聞』のスクープで事件が発覚し、水揚げされた汚染マグロは大量に廃棄される[13]。九月二三日には福竜丸無線長の久保山愛吉さんが、治療のかいなく亡くなった。

「第五福竜丸事件」をきっかけとして、魚や雨が放射性物質に汚染されていることを知った日本の人びとは、原水爆実験を禁止すべく運動を起こしていく。原水爆禁止署名運動が広がるなかで、「広島、長崎の原爆被害」が「日本の被害」として注目され、それまでは、原爆の脅威の象徴として捉えられがちであった原爆被害者に対する共感が広がっていった。[14] 原水爆禁止の世論の昂揚を受けて、他の戦争被害者との均衡を理由に困難だと考えられていた原爆障害者援護が現実味を帯びてくる。

福竜丸事件の翌月、参議院会館において第五回広島市建設促進協議会が開催されたが、その席上で、厚生省の楠本正康・環境衛生部長が、原爆被害者に対する援護策について、前向きな発言をしたと報道された。[15] その後、広島・長崎両市は「原爆障害者」に対する援護の必要性を国に訴えていく。五四年九月に広島市が発表した「原爆障害者治療対策の概況」によると、原爆障害者の治療費を全額国庫負担すること、現時点では障害を発症していない「一般被爆者」(「原子爆弾被爆生存者」)についても、「いつ発病するかわからないという不安と焦燥の念」があるため健康管理を行うよう求めている。[16]

政府のほうでも、九月六日に厚生省が原爆障害者調査研究委託費の名目で、翌年度予算を要求することを決定した。さらに、九月三〇日、五四年度予算の予備費から広島市と長崎市に対して、三五二万円の調査研究委託費が支出されることになった。[17] 厚生省から依頼を受けた広島原対協は、五五年一二月から調査を行った。[18]

原爆医療法制定と「被爆者」の変遷

五六年八月には、広島県選出の山下義信・参議院議員(社会党)を中心に「原爆症患者援護法案要綱」(社会党私案)が作成され、「原爆症患者」の治療を国費で行うこと、および、「被爆者」の健康管理を行うことを要求する具体的な法案が示された。一一月には、広島と長崎の両市長、両市議会議長の四者連名で提出された「原爆障害者援護法制定に関する陳情書」に「原爆障害者援護法案要綱(試案)」が盛り込まれた。「原爆障害者」に対する医療の国庫負担と「被爆者」に対する健康管理を要求しているが、それぞれのカテゴリーを次のように定義している。

　原爆障害者とは、昭和二十年八月広島市又は長崎市に投下された原子爆弾の影響により受けた政令で定める障害を有する者をいう。

　被爆者とは、昭和二十年八月広島市又は長崎市に原子爆弾が投下された時又はそれに引続く政令で定める期間内に、政令で定める区域内にあった者及びその者の胎児であった者をいう。[19]

　五六年一二月一二日には、衆議院で「政府は、すみやかに、これらに対する必要な健康管理と医療とにつき、適切な措置を講じ、もつて障害者の治療について遺憾なきを期せられたい」とする「原爆障害者の治療に関する決議案」が採択された。これを受けて翌五七年一月七日、厚生省は原爆障害者援護法実施に必要な予算を大蔵省に要求した。そこには、生活援護費も含まれていたが、生活保護法体系を崩すものだという大蔵省の反対にあい、全て削除されてしまう。[20]二月二一日、政府が「原子爆弾被爆者の医療等に関する法律」（通称「原爆医療法」）案を国会に提出し、三月末に可決・成立したが、ここには、遺族に対する補償も生存者に対する生活援護費も含まれてはいなかった。つまり、原爆医療法は、放射線の影響を受けた可能性のある被爆生存者を医療面で援護する施策として制定されたのである。

　被爆から一二年を経てようやく「原爆医療法」は制定されたが、援護の対象となる「被爆者」の範囲は、法と施行令が改正されるたびに変化していく。医療法では、原爆に被爆した生存者の「健康の保持及び向上をはかることを目的」としたが、年に二回の健康診断と原爆症認定被爆者に対する医療給付を行うことが明記された。医療法の第二条で「被爆者」の要件が定められている[21]。

第二条　この法律において「被爆者」とは、次の各号の一に該当する者であって、被爆者健康手帳の交付を受けたものをいう。

一、原子爆弾が投下された際当時の広島市若しくは長崎市の区域内又は政令で定めるこれらに隣接する区域内にあった者

二、原子爆弾が投下された時から起算して政令で定める期間内に前号に規定する区域のうちで政令で定める区域内にあった者

三、前二号に掲げる者のほか、原子爆弾が投下された際又はその後において、身体に原子爆弾の放射能（ママ）の影響を受けるような事情の下にあった者

四、前三号に掲げる者が当該各号に規定する事由に該当した当時その者の胎児であった者[22]

医療法施行から三年後の一九六〇年八月、法が改正され、原爆症と認定された被爆者に対して、所得制限付きではあるが、医療手当が支給されることになる。また、新しく「特別被爆者」というカテゴリーが創設され、条件に当てはまる被爆者に対しては、医療保険適用時の自己負担分が一般医療費として支給されることになった。

当初「特別被爆者」は、三種類のサブカテゴリー（一号―三号）に分かれており、他の被爆者（「一般被爆者」）と区別された。「特別被爆者」とは、放射線を多量に浴びたと考えられる被爆者を指す。放射線の影響により負傷しやすく、疾病にかかりやすいこと、それらが治癒しにくいこと、そして発病した場合に原

爆症になるおそれがあるという理由で、健康診断に加えて「一般医療」が給付されることになった。

「特別被爆者」の範囲は施行令の改正ごとに拡大していく。「一号特別被爆者」の場合、当初「原子爆弾が投下された際爆心地から二キロメートルの区域内にあった者及びその当時その者の胎児であった者」と規定されており、「三号特別被爆者」は、直接被爆者で、かつ二週間以内に爆心地からおおむね二キロメートル以内の区域に入った者（入市被爆者）のうち、特定障害にかかっている者、と定められた[23]。それが、二年後（六二年）の施行令改正により、「一号」の要件は「三キロメートルの区域内」へ、「三号」の要件は直接被爆者「又は」入市被爆者であって、特定障害にかかっている者へと緩和される[24]。その後、六五年には「四号特別被爆者」（原爆投下後三日以内に爆心地からおおむね二キロメートル以内の区域にあった者およびその胎児）と「五号特別被爆者」（指定区域（残留放射能濃厚地区）で直接被爆した者およびその胎児）が創設され[25]、その後のさらなる要件緩和とともに「特別被爆者」の数は増えていく。六〇年には八万三三二三人だったが、七四年一〇月の法改正によってカテゴリー自体が廃止されるまで年々増え続け、七三年には三〇万七四二九人を数えた[26]。

「特別被爆者」だけでなく、「被爆者」の要件についても、いくつかの変化がみられる。六六年には、施行令改正により長崎市の被爆地域が拡大され、「被爆者」として認められる人が増えた。また、七二年に「五号特別被爆者」の要件が緩和されることによって、それ以前には「被爆者」にさえ該当しなかった人たちが、いきなり「特別被爆者」として認められることになった。

七四年の法改正によって、健康診断に関する規定のみ適用される区域として長崎県の一部が指定され、「健康診断受診者」（みなし被爆者）というカテゴリーが創られた。さらに、七六年の施行令改正で、「黒い雨地域」も「健康診断特例区域」となり、被爆時に広島と長崎の指定区域内で黒い雨を浴びた人は「健康診

表1　被爆者援護法等に基づく被爆者法区分の推移

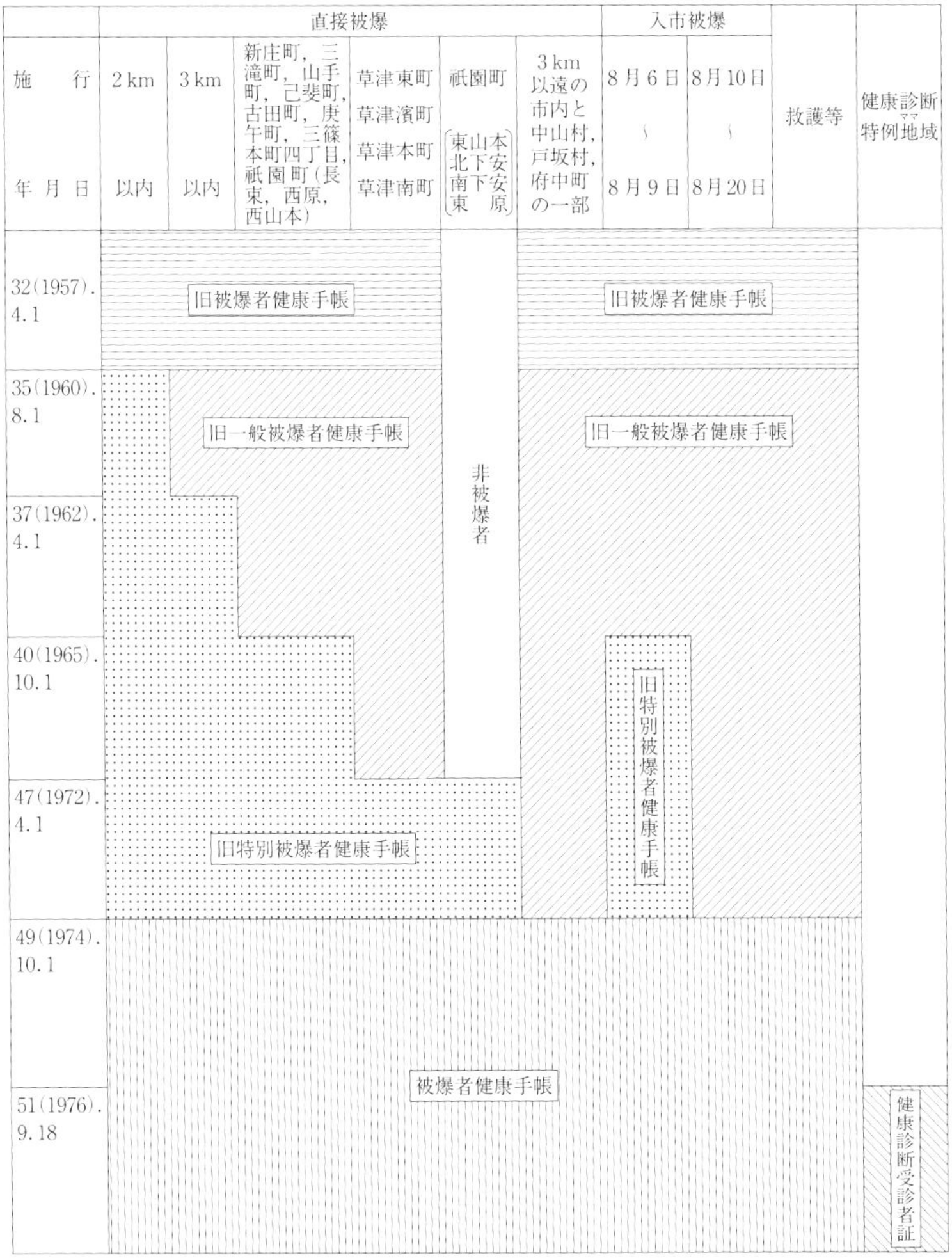

直接被爆
入市被爆
施行年月日
2 km以内
3 km以内
新庄町，三滝町，山手町，己斐町，古田町，庚午町，三篠本町四丁目，祇園町(長束，西原，西山本)
草津東町
草津濱町
草津本町
草津南町
祇園町
(東山本 北下安 南下安 東原)
3 km以遠の市内と中山村，戸坂村，府中町の一部
8月6日〜8月9日
8月10日〜8月20日
救護等
健康診断特例地域
32(1957).4.1
35(1960).8.1
37(1962).4.1
40(1965).10.1
47(1972).4.1
49(1974).10.1
51(1976).9.18
旧被爆者健康手帳
旧被爆者健康手帳
旧一般被爆者健康手帳
旧一般被爆者健康手帳
非被爆者
旧特別被爆者健康手帳
旧特別被爆者健康手帳
被爆者健康手帳
健康診断受診者証

出典：『平成26年(2014年)版 原爆被爆者対策事業概要』広島市健康福祉局原爆被害対策部

断受診者」として認められることになった。「健康診断受診者」は、指定された一一種類の疾病のどれかにかかった場合、被爆者健康手帳が交付されて「被爆者」となる。

2　放射線の影響と原爆被害の編成

原爆被害と放射線の影響

「被爆者」は法制度によって作られた主体位置であって、申請者が国家によって承認されて（具体的には「被爆者健康手帳」の交付をもって）初めて個人に割り当てられるものである。申請書には、被爆場所を記入することになっており、自身の詳しい被爆状況（原爆爆発時なにをしていたのか、誰と一緒にいたのか、その後の行動）や入市の状況（初めて入市した日時、入市の目的、入市したときの経路など）を記述することになっている。「被爆者」の境界線は「どこで被爆したのか」「いつ被爆地に入ったのか」という空間・時間的な基準によって引かれるのだが、原爆の放射線に起因する被害を受けた可能性があると国家に認められるか否かが決定的なのである。[27] 放射線が人体に与える影響に関する医学言説が「被爆者」誕生にあたって重要な役割を果たしたゆえんである。

米山リサが指摘するように、同心円という原爆被害の尺度は、原爆をめぐる法や医科学言説によって作り出されている。しかし、原爆投下時から現在に至るまで、言説の編成は変化しているし、法言説と医科学言説の編成を同一視することもできない。原爆医療法では「被爆者が今なお置かれている健康上の特別の状態」として原爆被害の特徴を表現したが、九四年に成立した「原子爆弾被爆者に対する援護に関する法律」では、「原子爆弾の投下の結果として生じた放射能（ママ）に起因する健康被害が他の戦争被害とは異なる特殊の被害である」と、放射線被害を特記している。こうした変化の背景にある政治、政策的思惑については後述するが、法文上に放射線被害を明記したことと、原爆症認定時に「原子爆弾の傷害作用」が「放射線の傷害被害」として読み替えられて運用されてきたこととは関連している。

原爆症認定制度の初期(五〇年代後半から六〇年代半ば)には、熱線、爆風、放射線の複合的な傷害作用と疾病との関係を前提に認定が行われていた。しかし、一九七〇年代以降は、放射線被害をめぐる医科学的な知見の変化(「科学の進歩」)とともに、放射線起因性が厳しく問われていくことになった(28)。

原爆症認定時に参照されるデータは、次のようなものである。ABCC(原子爆弾傷害調査委員会)調査(後には放射線影響研究所(放影研)調査)の対象となっている被爆者一人ひとりに、その被爆地点や被爆日時を米国で確立された放射線の線量評価(T65DやDS86)に照らし合わせながら、被曝線量を割り当てる。そのうえで、線量と疾病との関係を統計学的に処理して、放射線起因性の蓋然性(probability of causation)を割り出している。ここでは、推定被曝線量が放射線被害を測るための重要な基準となってくるのだが、線量評価は直爆による初期放射線(ガンマ線や中性子線)の線量しか考慮しておらず、誘導放射線や放射性降下物といった残留放射線は過小評価されている。だからこそ、六〇年代半ば以降、原爆症認定集団訴訟で原告が勝訴を重ねていく二〇〇〇年代後半までの間では、遠距離被爆者や入市被爆者で原爆症に認定された人はほとんどいなかった。

熱線や爆風、初期放射線による傷害作用については、地形を考慮に入れないとすれば、爆心地を頂点としてほぼ同心円状に広がっているといえよう(29)。しかし、残留放射線による影響は爆心地からの距離と必ずしも相関関係にあるとは限らない。だからこそ、医療法制定前から医療法制定後間もない時期は、被爆者の障害の実態から「原子爆弾の傷害作用」や「原爆症」を帰納的に把握しようとしていた。しかし、「科学の進歩」とともに、核実験やコンピューター・シュミレーションによる放射線量の計算によって演繹的に「原子爆弾の傷害作用」が規定されていくことになり、残留放射線や内部被曝による影響は軽視されていく。同時に、放射線物理学や放射線生物学の進展や被爆者に対する疫学調査の蓄積によって、残留放射線の傷害作用を否定することはできなくなってきている。とりわけ、二一世紀に入ってからの各種訴訟（原爆症認定訴訟、三号被爆者訴訟）や「黒い雨」の影響に関する調査・研究などにより、従来よりも広い範囲で放射線の影響が生じていた可能性が裁判所で認められるようになり、同心円状の尺度で「原子爆弾の傷害作用」が規定できるわけでは必ずしもなくなってきた。訴訟の動向によって「原爆症」や「被爆者」の範囲が左右されることからみても、政策的思惑や政治判断、世論の動向が、その定義をめぐって大きな影響を与えていることがわかる。

しかし、「原子爆弾の傷害作用」の範囲が変化してきたにせよ、それが必ずしも同心円状でないにせよ、米山が論じるように、爆心地を中心とした空間的イメージの外部で原爆被害を語ることは、被害者自身を含め極めて困難である。とりわけ「原子爆弾の傷害作用」の範囲を広げようとする法廷および政治闘争において、そうした傾向が顕著である。なぜなら、法に訴えて「被爆者」や「原子爆弾の傷害作用」の範囲を広げようとした場合、法によって規定された枠組みを踏襲せざるを得ないからである。だからこそ、法廷における原告の陳述では、被爆の状況を放射線の影響と結びつけ、放射線による後遺症と思われる健康被害を強調することになってしまうのである。

「被爆者」の境界線とＡＢＣＣ調査

被爆地を訪れた日がたった一日違っただけで、法の線引きによって「被爆者」とそうでない者とにわけられることになる。だからこそ、被爆地域を広げて、より多くの人が「被爆者」として認められ、国家援護の対象になるように、原爆被害者団体や被爆地自治体は陳情を重ねた。しかし、同じ疾病にかかったとしても「特別被爆者」は医療援護を受けられる一方「一般被爆者」は対象外であった時期があったように、「被爆者」の間に線が引かれ、原爆被害者も「被爆者」とそうでない者とに区分けされた結果、なぜ自分の被害が認められないのかと、かえって新たな苦しみをもたらした面がある[30]。制度上の線引きによって、被害者同士がいがみ合う結果をもたらしてしまったことは否めない。原爆の爆風や閃光を直接浴びた被爆者が、「あの人は火傷もしてないのに……」と、入市被爆者に対する違和感を吐露したり、後者が「原爆に遭っていないから」と体験を語ることを躊躇することもある。法制度に書き込まれた爆心地からの時空間的な距離に基づく序列が、体験者自身にも内面化されることになったのである。

法的地位として「被爆者」が規定されることで、原爆の炸裂に直接さらされなかった者も「被爆者」として援護の対象になった。昭和二〇年代には「被爆者」として自己認識しなかった者も「被爆者」に該当するようになり、そのことで「被爆体験」の範囲も広がることになったのである[31]。しかし、家族を奪われた体験が「被爆体験」に含まれるようになったわけではなく、遺族は「被爆者」として認められなかった。他方、かつては、空爆を受けるという意味で使われていた「被爆」という言葉が「放射線に被曝する」ことを意味するようになり、原爆体験と空襲体験のつながりが薄れてしまった。原爆と空襲の切り離しは、後述するように、国家による戦争被害者援護政策の方針によって決定的になった反面、特定の行為者の作為によってではなく、言説の編成によるものでもあった。

前述のように、原爆医療法制定の大きなきっかけとなったのは、第五福竜丸事件であった。福竜丸事件が広島と長崎の原爆被爆を喚起させたのだが、被災した乗組員たちが「被爆者」、その病状が「原爆症」、持ち帰った魚が「原爆魚」と呼ばれたことからも、両者が結びつけられていたことがわかる。しかし、福竜丸の乗組員たちは、たしかに水爆の炸裂によって生じた放射性物質を大量に浴びたのだが、原爆被爆者と違って、空爆を受けたわけではなかった。両者ともに核兵器炸裂による放射線を浴びたという共通点が前景化したのだが、それならば、「被爆者」ではなく「被曝(ばく)者」と表記すべきだっただろう。

福竜丸事件が起こり「被爆者」が突如として「原爆炸裂による放射線にさらされた者」を意味する言葉に変化したわけではない。医科学調査に限定された文脈ではあるが、敗戦直後から、「被爆」という言葉で放射線被曝を含意することはあったし、ＧＨＱは残留放射線を受けた者も含めて「被爆者」と総称した。そうした前例があったからこそ、水爆実験による「死の灰」を浴びた船員たちを「被爆者」と呼んだのであろう。

原爆被害者を「被爆者」と呼ぶようになった背景には、米国による生存者調査があった。「被爆者」というカテゴリーをつくるうえで、「被爆生存者」に関する種々の調査が重要なデータを提供したのだが、その元となったのはＡＢＣＣによる「被爆生存者調査」である。原爆の放射線が人体に与える影響を調査して、核の軍事戦略や放射線防護策に生かすために、米国は広島と長崎で放射線を浴びた可能性のある者を把握して、基礎データを作成しようとした。そのために、五〇年の国勢調査時に附帯調査として日本政府に要請したのが「被爆生存者調査」である[32]。「原子爆弾投下時長崎市内又は広島市内にいた」者は〝exposed survivors〟と呼ばれ、それが「被爆生存者」と訳された。「曝される」という意味の〝exposed〟が「被曝」ではなく「被爆」と訳されたことで、「被爆」という日本語が持っていた意味が変容する大きなきっかけを作ることになった[33]。

原爆被爆者が「放射線被害を受けた者」として医学調査の対象となり、調査の視線を踏襲する形で援護の対象となっていくなかで、「被爆者」は「原爆による空爆を受けた者」から「原爆の放射線を浴びた者」を指す言葉に変わっていった[34]。こうした変化の背後には、ＡＢＣＣ調査という米国の影響があった。原爆を投下しただけでなく、その被害者を軍事戦略に寄与する調査の対象としたことによっても、米国が「被爆者」を作り出したといえるのである[35]。

同時に、「被爆者」が誕生したのは、日本において原水爆禁止の世論が盛り上がったからこそであった。他の戦災者、特に空襲被害者との均衡問題を理由に、原爆被害者の援護に関して日本政府は消極的であった。それが、福竜丸事件後の原水爆禁止運動の高まりによって、国家予算による被害者の実態調査に弾みがつき、各方面から援護法草案が出され、最終的には政府提案で原爆医療法が制定されたのである[36]。

福竜丸事件によって、原爆被害のなかでも放射線による身体的被害に注目が集まり、「放射線被害を受けた可能性がある」と国家が認めた者だけが「被爆者」として援護の対象となった。そのことで、「被爆」が元来有していた意味が忘れられ、原爆被害と空襲被害の連続性が見えづらくなってしまった。それは、「被爆者」が戦争被害者であるという側面を後景に押しやることにもなった[37]。その反面、医療法制定過程において、福竜丸をはじめとする「ビキニ事件」の被害者は、医療法の対象外とされてしまった。ビキニ被害者に対しては、加害国である米国が賠償すべきであるとされ、福竜丸の船員に限ってではあるが、米国政府が「見舞金」を払ったことで、日本政府による援護の対象とはならなかった[38]。

「被爆者」という呼称は、原爆被害者を含む、空襲体験者全般を指すことができたはずであった。しかし、放射線被害を前景化しながら国家援護の対象となる「被爆者」の境界線を引くことで、空襲被害者を排除することになった[39]。同時に、それが「空襲」による「被爆」であるという側面も、原水爆実験や原子力の産業利用による被害者を援護の対象から排除することで、温存された。だからこそ、援護の対象となる「原爆被害」の範囲を広げることに対して、政府は頑な姿勢を取り続けた。他の戦争被害者に波及することを恐れたからである。それに対して、「被爆者」を含む原爆被害者は、自らの原爆被害を発見しながら、その領域を法で規定された枠の外へと広げていったのである。

3　被爆者運動と「原爆被害者」の主体化

被爆者運動のはじまりと「原爆被害」

第五福竜丸事件を受けて日本中で原水爆禁止署名運動が盛り上がり、原爆医療法制定の契機を作ることになったが、それは、原爆被害者たちが自らを組織して立ち上がるための大きな励ましとなった。福竜丸事件の翌年八月、広島で第一回原水爆禁止世界大会が開催され、多くの人を前に初めて苦しみを訴える場を得た原爆被害者たちは、世界大会から勇気を得て、自らの組織化へと勢いづいた。長崎市で開催された第二回世界大会の翌日、「日本原水爆被害者団体協議会（日本被団協）」を結成し「世界に訴うべきは訴え、国家に求むべきは求め、自ら立ち上がり、たがいに相救う道を講ずる」ことを誓ったのである(40)。

結成大会において、原水爆禁止とともに「原水爆被害者援護法」および「原水爆被害者健康管理制度」の制定を当面の主な目標として掲げ、国家に対して被害の補償を要求したが、その根拠となる「原爆被害」を明らかにすることが、運動の根底に据えられた。それは、被団協前史の運動から継承した貴重な遺産であった。とりわけ、五一年八月に広島で結成された「原爆被害者の会」の活動は、被害者自身の手で原爆被害の実態を明らかにしながら国家に対する要求を練り上げるという、被爆者運動の方法論的な基盤を築いたといえる(41)。

「原爆被害者の会」の先駆的な取り組みのように、被団協運動も、実態調査、体験記の編纂、相談活動などを通して、原爆被害を発見していった。原爆医療法が制定されることで、援護の対象となる被害が放射線による晩発性の傷害に限定されてしまったが、体験記や調査結果から浮かび上がってきたのは、病気と貧困の悪循環、原爆症に対する不安、働き手を亡くした後の生活苦、社会からの差別と無理解による苦しみなど、原爆と戦後社会によってもたらされた重層的な被害の様相であった。そこには、放射線にさらされなかった遺族をはじめ、医療法の枠組みのなかでは援護の対象とはなりえない被害者の声も含まれていた。原爆によってもたらされた多面的な被害を明らかにすることを通して、被団協運動は、国家に対して援護制度を要求するだけでなく、被害を生み出した原因を名指し、被害に対する国家責任を追及していくようになるのである。

援護要求と被害に対する責任追及

原爆被害は米国の行為によってもたらされたにもかかわらず、被団協は日本政府に対して補償を要求し、被害に対する責任を追及してきた。理由の一つには、サンフランシスコ講和条約によって米国に対する損害賠償請求権が放棄されており、日本国籍を持つ原爆被害者が原爆投下国の米国に対して法的責任を追及する道が閉ざされていたということがある[42]。被団協結成以前の五四年に「原爆被害者の会」の会員らが原告となって、米政府を相手取り米国の裁判所において損害賠償請求訴訟を起こそうという動きもあった。しかし、法理論上の問題だけでなく、米国内で弁護士らの協力が得られず頓挫(とんざ)したために、五五年四月、米国に対する賠償請求権を放棄した日本政府に対して損害賠償を請求する訴訟が東京地裁に提訴された。いわゆる「原爆裁判」である[43]。

法的な責任追及の手段が閉ざされていたことに加え、被団協が運動を開始してから二〇年ほどの間は、言語や渡航上の困難と人的、物的資源の制約により、現在のような国際活動を展開することは不可能であったし、冷戦期の世界情勢もからんで、米国の原爆投下責任を追及することは極めて困難であった。その一方、多くの原爆被害者は病気と貧困に苦しんでいた。こうした状況のなか、被団協が生活上の援護も含めた原爆被害者援護制度を日本政府から獲得することを優先したのは理にかなっている。

しかし、被団協が日本国家を相手に原爆被害に対する補償を要求したのは、単に被害者援護を求めたからではない。運動のなかで、対米賠償請求権の放棄責任も含めて、日本政府の責任を追及するようになるのだが、結成時点では原爆被害を戦争被害として捉え、その補償を日本政府に対して求めていた。

原爆被害者は国の責任において遂行した戦争による犠牲であり、原爆という当時においては予想を絶する特殊兵器によるものであるから、無防備無準備のまゝに受け、また警備にも適切を欠という、全く個人の責任範囲外の被害であるから、これが治療と生活については国の責任で行はれるべきである(44)。

被団協が提案した「原爆被害者援護法要綱」では、実際に制定された原爆医療法とは違い、原爆障害者、被爆生存者、原爆死没者の遺族を含む「原爆被害者」全体の医療と生活の保障を要求している(45)。要求の根拠として示した「国の責任」には、戦争遂行責任と国民を保護する福祉的な責任とが混在している。

国家に対して、国民を戦争に動員して被害を蒙らせた戦争遂行主体としての責任を問うてはいるのだが、そこで前提とされているのは、国民を保護し、その福祉に配慮する主体としての国家像である(46)。「要綱」

が戦傷病者戦没者遺族等援護法を雛形として立案されていることからも、国家に救済を求めるという傾向が、運動初期には強かったといえる。それは、医療法制定後に医療法改正運動に取り組んだことにも表れている。多くの原爆被害者が置かれていた健康状態と生活の実態だけでなく、社会福祉制度が整備されていなかった当時の状況を踏まえると、社会保障的な援護施策を求めたのもうなずける(47)。

被団協運動は、初めから「国家補償」を要求してきたが、初期の段階では、遺族等援護法にある「国家補償の精神に基づき」という文言を根拠にする傾向が強かった。被団協運動に限らず、被爆地自治体や政治家、「広島県動員学徒犠牲者の会」などによる援護制度要求において共通する点である。しかし、遺族等援護法における「国家補償の精神」とは、国家のために命を落とした戦死者に対して国家が謝意を表明するという含意があり、戦争という国家の行為によってもたらされた被害に対する責任を追及するという意味はない。それに対して被団協は、運動を展開していくなかで、要求の根拠とする論理を遺族等援護法における「国家補償の精神」から、国家の戦争責任を問うものへと転換させていくことになるのである。

戦争責任の追及へ

六〇年代前半は原水禁運動が政治闘争によって分裂し、被団協も分裂の危機に陥るなど、運動にとって試練の時期であったが、六〇年代終わりごろから再び運動が活性化していく。その一つの大きな契機となったのが、六六年一〇月に社会保障制度や法律の専門家ら「被団協専門委員」により作成された「原爆被害の特質と「被爆者援護法」の要求」(通称「つるパンフ」)である。

原爆被害者が置かれている「原爆症と貧困の悪循環」を断ち切るべく、完全な医療保障と総合的な生活保障を骨格とした「原爆被害者援護法」の制定を「つるパンフ」では求めた。「国家の戦争責任による国民の損害を、国家が特別に考慮して、その損害を塡補するため」の特別措置としての援護法である。被害をもたらした結果責任としての戦争責任、被爆者を放置してきた責任、米国に対する賠償請求権を放棄した責任、憲法第二五条を根拠とした社会保障責任を要求の法的根拠として挙げたが、国家補償を社会保障の一部として捉えていた(48)。

「つるパンフ」が作成されたとき、遺族等援護法や軍人恩給再開などの特別措置によって、元軍人や軍属とその遺族は一〇年以上にわたって国家から特別な援護を受けていた。それに対して原爆被害者は、「被爆者」として法的に認定された被害者だけが、限られた医療上の援護を受けてきたにすぎない。年が経つとともに広がる援護の格差を前に、かつては遺族等援護法を制度要求のひな形としていたのに対して、「つるパンフ」では、軍人軍属が国との身分関係を理由に優遇されてきたことを批判しながら、非戦闘員の被害者を優先して補償すべきだと主張するようになった。他方で、他の被害者との均衡論を打破するために、「一般の空襲被害」と区別して「原爆被害の特殊性」を強調した。しかし、そうすることによって、政府の分断統治策に取り込まれたことは否定できない。

国民均衡論を持ち出す政府に対して、被爆地自治体も政治家も被爆者運動も、放射線被害の特殊性を強調することで原水爆禁止の世論を助けにしながら医療法立法にこぎつけた。しかし、医療法は放射線による後障害という「健康上の特別の状態」に対処する施策として位置づけられているために、いくら改正を重ねたところで、遺族や死者に対する償いは実現されないし、国に戦争責任を認めさせることにはつながらなかった。だからこそ被団協は、医療法の改善要求とともに原爆被害者援護法の制定という立法運動を展開したのだが、遺族等援護法をプロトタイプとしつつ憲法二五条を根拠に要求を掲げた時代においては、請願運動という性格が強く、国家による包摂をゆるした面が否めない。しかし、七〇年代を経て、八〇年代には、国家と対峙する姿勢が明確になっていく。

七三年三月に「原爆被害者援護法案のための要求骨子」が発表された。そこでは、「つるパンフ」よりも一歩踏み込んで「国家補償の精神に立った援護」を求めた。高度経済成長を受けて国家財政が大規模化し、サンフランシスコ講和条約発効以降、国家援護の対象となっていた軍人軍属やその遺族に対して、さらなる援護策が上乗せされるなか、被爆者に対しては、六八年に特別措置法が制定されたほか、医療法の対象範囲も少しずつ広がっていった。しかし、援護の対象となる被害者は、あくまでも放射線被害を受けた可能性のある者に限られていたし、軍人軍属に対する援護と原爆被害者に対する援護の格差は年を追うごとに広がっていた[49]。さらに、健康上の問題によって十全に就労できないために、経済的に苦しい状態のなかに置かれた被爆者は少なくなく、高度経済成長を経た日本において、社会の片隅に取り残されているという疎外感は大きかった。そうした状況を甘んじて受け入れるのではなく、被爆者が置かれた苦境は、そもそも戦争によって引き起こされた原爆被害によるものであるから、被害をもたらした国家の責任を追及し、「まどうてくれ」（もとに戻してくれ）と、「償い」としての被爆者援護法を要求するようになるのである[50]。具体的には国家補償制度としての被爆者年金や障害年金、遺族年金の制度化を求めたのだが、そこには多くの原爆被害者の切実な声が反映されている。

さらに、七九年から八〇年にかけて「要求骨子（改訂版）」（八〇年）を策定していく過程で「つるパンフ」における国家の責任論を深化させた[51]。「つるパンフ」では「原爆裁判」の判決をよりどころとして、原爆被害を招いた結果責任として戦争責任を捉えていたのに対して、「要求骨子（改訂版）」は、結果責任という法的な側面だけでなく、「戦争さえなければ、この苦しみを味わうことはなかった」という被爆者の声を根拠に、戦争遂行責任を追及したのである。

受忍論と原爆被害者援護法

「要求骨子」の見直しを経て「原爆被害者の基本要求――ふたたび被爆者をつくらないために」が八四年一一月に発表された。「基本要求」は全国での調査や幾度もの討論を経て策定されたのだが、その原動力は、厚生大臣の委嘱を受けた「原爆被爆者対策基本問題懇談会」（基本懇）の意見書に対する怒りであった。

国の被爆者対策の基本理念を明らかにする目的で七九年に基本懇が設置され、八〇年一二月に意見書が発表された。その内容は、原爆被害に対する国家責任を否認するものであった[52]。放射線による晩発性の健康被害のみを「特別の犠牲」、つまり「広い意味における国家補償の見地」から補償する対象として認めながらも、一方では国との使用者関係を盾に戦傷病者戦没者遺族等援護法は原爆被害者に適用できないと論じ、他方では一般戦災者との均衡論を振りかざして原爆被害に対する国家の補償責任を否定した。それだけではない。意見書は、戦争被害は国民が受忍すべきものであるという「戦争被害受忍論」を展開したのである[53]。

被団協は意見書を「おそるべき戦争肯定の論理」であると糾弾し、「国民法廷運動」や「要求調査」を展開しながら、その論理を打ち破るために、新たな要求を練り上げていく。この過程で、「ふたたび被爆者をつくるな」が、被爆者の何よりの願いであることが浮かび上がって来た。ふたたび被爆者をつくらないために、誰に対して何を要求すべきなのかを言語化して「基本要求」にまとめたのである。

「基本要求」では核兵器廃絶と原爆被害者援護法の制定という「二大要求」を掲げた。核兵器廃絶を要求する相手は核保有国である。特に、原爆投下国である米国に対しては、「広島・長崎への原爆投下が人道に反し、国際法に違反することを認め、被爆者に謝罪すること。その証しとして、まず自国の核兵器をすて、核兵器廃絶へ主導的な役割を果たすこと」を迫る。「何よりも「ふたたび被爆者をつくらない」との被爆者の願いにこたえることこそ、アメリカが人類史上において犯した罪をつぐなう唯一の道」だという理由からである。

日本政府に対しては、核兵器廃絶に積極的に取り組むよう促し、さらに、原爆被害者援護法の制定を求めた。基本懇意見書で示された受忍論の根底にある「戦争被害は我慢すべきである」「国民は国家に対して戦争責任を追及することはできない」という考え方に対して、「基本要求」では「反人間的な原爆被害が、戦争の結果生じたものである以上、その被害の補償が戦争を遂行した国の責任で行われなければならないのは当然」であるとして、日本政府の戦争被害受忍政策に異議を唱えた。被害を引き起こした責任を認めたうえで、二度と被爆者を作らないという意志のもとに「原爆被害者援護法」を制定して国家が被害を償うよう「基本要求」では求めた。その対象は「被爆者」の範囲を超えた、死者も含む「原爆被害者」である(54)。

「基本要求」は被団協運動の憲法ともいわれ、現在に至るまで、運動の基本方針となっている。しかし、「原爆被害者援護法」はいまだに制定されていない。なぜなら、基本懇意見書に記された基本理念は、国の被爆者対策の基調となっているからである。それは、九四年に成立した現行法(「原子爆弾被爆者に対する援護に関する法律」)にも踏襲されている。他の戦災者援護に波及することが懸念されたために、被団協が求めた「国家補償」の文言も、死没者に対する補償も、現行法が成立する過程で削除された。補償の対象は「他の戦争被害とは異なる特殊の被害」である「放射能に起因する(晩発性の)健康被害」に限られたのである(55)。

原爆被害が戦争に起因する被害であることを被団協運動は強調してきた。だからこそ、日本国家に対して補償を要求してきたのである。同時に、実際に病気や生活苦に苦しむ多くの被害者を前に、医療法など既存の制度を改正する運動にも取り組んできた。それが改正運動である限りにおいては、他の戦災者と区別するために持ち出された「放射線被曝の可能性」という基準を打ち破ることはできなかった。近年取り組まれた原爆症認定訴訟にしても、法による「被爆者」や「原爆被害」の規定を踏襲しながら、その範囲の拡大を目指すことになるために、同心円状のイメージのなかで被害を強調することになった。

他の戦災者との「均衡問題」は、原爆被害者援護法を否定するロジックとして何度も引き合いに出されてきた。だからこそ、運動のなかで、「一般の空襲被害」と区別するために「原爆被害の特殊性」を強調したこともある。しかし、原爆被害は戦争によって引き起こされた被害であり、戦争被害は決して受忍できるものではないということを被団協運動は明言して、同心円の想像力の外側に「原爆被害」を広げようとしてきたのである。

同心円から平和へ

原爆投下から数年の間、「被爆体験」は原爆の爆撃に遭ったことを指し、原爆炸裂から後に放射線を浴びた者の体験は、そこには含まれていなかった。しかし、空爆を受けるという意味で使われていた「被爆」という言葉が、「放射線を浴びる」というニュアンスを帯びていくなかで、「被爆者」が「放射線の影響を受けた可能性がある者」と法的に定義され、「被爆」の意味作用の変容は決定的となった。爆心地からの距離を基準とする放射線の被害地図の外側で「被爆体験」を語ることはできなくなったのである。

「被爆者」という法主体を誕生させた援護制度は、原爆被害を放射線の影響による健康被害に限定したが、「被爆者」に該当しない者も含む原爆被害者たちの運動によって、その境界線が開かれていった。初めは自分が被爆者であるという意識をもっていなかった者も、多くの被害者の苦しみを聞き、継続する被害の実態を知るうちに、自らのなかに原爆被害を発見し、被爆者になっていった。運動の中で被害者としての意識が形成されていき、「原爆被害者としての被爆者」という集合的な主体が立ち現れたのである。そして、「被害者としての意識」は「反原爆」へと接合され、「ふたたび被爆者をつくらない」という理念を練り上げていくことになる。

第二部

被爆の記憶と戦後日本

戦後日本において被爆者は「反核・平和」理念の象徴的存在であった。被爆者が「核兵器廃絶と平和」を訴えることが期待されているからこそ、核廃絶を目指す運動や平和教育だけでなく、政府の核軍縮外交にも被爆証言が取り入れられてきた。原爆体験を持つ被爆者が「反核・平和」を訴えるのは当然だと思われているのである。しかし、戦争体験が反戦平和の理念を導き出すとは限らないように、原爆を体験した者が核兵器廃絶や平和を志向するとは限らない。実際に、原爆体験者が初めから反原爆や平和を訴えていたわけではなかった。

第二章では、一九五六年に結成された被団協の運動のなかで「原爆被害者としての被爆者」という集合主体が生まれ、反原爆を掲げるようになったことをみたが、昭和二〇年代に書かれた体験記で「平和の証言者」や「反原爆を訴える主体」として体験を語ったものは多くはない。しかし、原爆体験者の言葉は「平和の証言」として早くから受容されていた。

原爆を生き残った者は、原水爆禁止の世論に勇気を得て、自らの被害を発見しながら運動を展開し、反原爆の理念を練り上げていった。戦争体験が被害体験として記憶され、反戦平和の理念が憲法に制度化された「戦後日本」という文脈のなかで、原爆被害者が「反核・平和」の主体として立ち現れることになったのである。反戦平和や原水爆禁止が理想として掲げられることのない社会において、原爆を体験した者が「反核・平和」の証言者として主体化されるかどうかは定かでない。つまり、体験と理念の関係は、体験者の意識の問題としてではなく、集合的記憶の問題として考察されなければならないのである。

第二部では、原爆体験と「反核・平和」理念との結びつきがどのように成立したのかを、一九五〇年代末までの原爆体験をめぐる言説を中心にみることで明らかにし、それが、いかにして「被爆ナショナリズム」と接合されたのかを考察する。第三章では、敗戦直後において「原爆」と「平和」が親和性を持つ言葉として機能していた言論状況をみたうえで、第五福竜丸事件以前に刊行された体験記の内容と受容を、反原爆や平和の理念との関連で検討する。

原水爆被害の表象がマスメディアを通して広まるなかで、被害者と同一化しながら原水爆禁止と平和を訴える国民主体が形成されていくが、第四章ではそうした「被爆ナショナリズム」の功罪について、「共感の共同体」とその裂け目に焦点を当てながら考察する。「被爆ナショナリズム」を通して原爆被害者が「反核・平和」の証言者として主体化された一方、被害者の多くは周縁化されたままであった。なかでも朝鮮人原爆被害者、特に国外に居住する者は、被爆の記憶を介して成立した「共感の共同体」の外部に追いやられた。「朝鮮人被爆者」という主体が形成される言説上の条件を検討するなかで、国民化した被爆の記憶に植民地暴力の記憶が挿入されることになるだろう。

第三章　「平和」と「原爆」の間——「平和のための原爆」から「平和のための反原爆」へ

原子力兵器が二度炸裂したことで、第二次世界大戦は終結した。原爆は「終戦を早めて人命を救うため」ではなく、米国が覇権を握るため、対ソ戦略として使用されたことが後年知られるようになるが、原爆が使用された当時、世界の多くの人びとは、原爆が終戦——つまり、平和——をもたらしたと受け止めた。二度にわたる原爆投下とソ連参戦を受けて敗戦を認めた日本においても、それは同様であった。だからこそ、「原爆」と「平和」は、被爆地も含めて、親和性をもつ言葉として機能したのである。

1　「原爆」と「平和」の接合と分離

原爆平和招来説

被爆翌年の八月五日、広島市では「平和復興祭」が執り行われ、会場となった護国神社跡には「世界平和は広島から」という横断幕が掲げられた。被爆から一年しか経っていない時点で早くも「ヒロシマの訴え」が形成されていたのかというと、そうではない。平和という言葉が反原爆や平和主義と接合されていたわけではないのである。

被爆後はじめての冬、楠瀬常猪・広島県知事は「広島復興の構想」を描きながら次のように述べている。

広島は原子時代といふ世紀を画する原子爆弾で潰滅し、御詔勅にもお述べになつてゐるやうにこれが終戦への一つの導因となつた。[1]

知事の発言にあるように、昭和天皇の「終戦の詔書」では、原爆が終戦をもたらしたことになっている。日本の公的言論において最初に原爆と終戦（平和）を結びつけたのは、「終戦の詔書」だった。

「原爆が平和をもたらした」という語り（以下「原爆平和招来説」と呼ぶ）は、敗戦直後の広島で繰り返された。[2] 被爆一周年の慰霊祭で木原七男・広島市長は「本市が被りたこの犠牲こそ、全世界に普く平和をもたらした一大動機を作りたる」とメッセージを寄せた。[3]『中国新聞』では「けふぞ巡り来ぬ平和の閃光」という見出しが朝刊一面を飾り、「広島の市民が犠牲になつたためにこの戦争が終つた。よいキツカケになつたことがどれだけ貴い人命を救つたか知れない」と振り返った。[4]

現在では、平和宣言は「ヒロシマの心」を世界に向けて発信するメッセージとして位置づけられているが、四七年八月六日に発表された最初の宣言では平和招来説が打ち出されている。[5]

この朝投下された世界最初の原子爆弾によって、わが広島市は一瞬にして潰滅に帰し、十数万の同胞はその尊き生命を失い、広島は暗黒の死の都と化した。しかしながら、これが戦争の継続を断念させ、不幸な戦を終結に導く要因となったことは不幸中の幸いであった。この意味に於て八月六日は世界平和を招来せしめる機縁を作ったものとして、世界人類に記憶されなければならない。[6]

同日の『中国新聞』一面に掲載された片山首相のメッセージでも「かつて軍都として栄えた広島市が僅か一箇の原爆によつてヴェールを吹き飛ばしかつ日本を平和へと導いた」と、原爆平和招来説が繰り返された。

原爆を平和到来の要因とする考えは、四七年にスティムソン米国国防長官が『ハーパーズ・マガジン』に寄稿して広めていくアメリカ合衆国の公式見解、すなわち「原爆が終戦を早めて百万もの人命を救った」という原爆投下正当化論と言説効果を同じくする。終戦の要因として原爆投下を位置づけることによって、原爆がもたらした破壊と殺戮から目をそらす効果である(7)。

米国の公式見解でもある「原爆が平和をもたらした」という語りが被爆地で流通した背景には、天皇の詔勅だけでなく、原爆の被害に関する言論を制限した米占領軍の存在がある(8)。しかし、すべてを占領軍の圧力に帰するのは短絡に過ぎる。そもそも、占領開始以前に日本の公的言論において原爆平和招来説が浮上していたし、原爆と平和を結びつける語りは、復興予算を獲得するために被爆地側が積極的に取り入れたとも考えられるからである。

早くも四五年一二月には、上京した広島市の陳情団が、マッカーサーの信任が厚いとされるGHQ情報・企画担当のマンソン大佐と面会し、原爆が「終戦を速め」「世界平和をもたらす第一歩」となったことを受け、広島市の復興は「その特異性を認め他の戦災都市よりも優先的に復興をはかりたい」というコメントを引き出した(9)。広島側は世界初の被爆都市として平和への意欲を表明することで占領軍にアピールしたのである。こうした戦略が功を奏し、広島市は「平和記念都市」として復興するため国から特別予算措置をうけることになった(10)。四九年には「原子爆弾の破壊力が世界平和の契機となった史的意義」を強調して広島平和記念都市建設法案が提唱され、住民投票を経て成立した(11)。

被爆地広島の「平和記念都市」としての復興は、日本を平和な民主国家として再生させるという占領軍の政策に沿うものであったし、敗戦直後に日本政府が掲げた「文化国家としての日本の再生」という基本方針や新しい憲法の理念とも合致していた。全体主義的な軍事国家から民主主義の平和国家へと生まれ変わりつつある日本の象徴として、広島の復興は奨励されたのである。[12]「世界恒久の平和を求めて民主主義にもとづく文化国家を建設することはわが憲法の理想であり国民の進むべき道である」と述べたうえで、広島を平和都市として建設することは「まさにわが平和の理想を世界にせん明するもの」と位置づけた吉田茂首相の平和祭へのメッセージが、この点を端的に示している。[13]

原爆平和招来説は、広島市、ＧＨＱ、日本政府によって、それぞれの思惑を実現するために援用された。なかでも、米国と昭和天皇にとって、それぞれの戦争責任を互いに不問に付すための好都合な論理を提供してくれることになった。

四七年一二月七日に敗戦後初めて広島を訪問した昭和天皇は「広島市の受けた災禍に対しては同情にたえない、われわれはこの犠牲を無駄にすることなく、平和日本を建設して世界平和に貢献しなければならない」と述べた。[14]天皇は原爆による死を「平和国家」再生のための犠牲として位置づけるが、実際は国体護持のための犠牲であった。「終戦の詔書」では、原爆という「残虐ナル爆弾」が使用されたことを受けて「無辜」なる国民を守るために「聖断」を下したことになっているが、原爆投下は天皇が「あと一撃」にこだわって戦争を引き伸ばした結果でもあり、その責任を逃れることはできない。しかし、戦争終結を決断させたのは米国の原爆投下であると公言することで自らの戦争責任が追及されないように先手を打ち、原爆犠牲者に報いるために平和国家を建設しようと呼びかけることで、被害者に心を寄せる平和の推進者であるかのように天皇は振る舞った。

終戦の要因を原爆に帰した「終戦の詔勅」も、平和国家建設への呼びかけも、天皇の戦争責任を免罪し、その地位を利用しようとした米国の占領方針に合致するものであった。「平和国家」として日本を復興させるという米国の東アジア統治戦略のもと、原爆平和招来説は、原爆投下という米国による国際法違反の暴力行使と天皇の戦争責任を互いに無罪放免とする、日米合作のナラティヴとして機能したのである。[15]

「平和」を飼いならす――明るい未来と慰霊の政治

原爆をめぐって語られる「平和」は、必然的に反原爆と結びつくわけではなく、むしろ、戦争責任を否認する日米エリートの共犯関係を覆い隠してきた。広島市が「原爆平和招来説」を復興予算獲得のために援用したことからも、「平和」は、戦争への反省や原爆被害者の再起を促すシンボルではなかったことがわかる。

「世界平和は広島から」という幕が掲げられた平和復興祭は「〔八月六日を〕戦争放棄世界平和の記念日として後世に伝へるとともに文化的平和都市として再建に努力する市民に希望と激励を与へるため」の祭りとして位置づけられたが、実際には、素人芸能大会や廉売会が開催されるなど、その内容は「戦争放棄世界平和の記念日」や「文化的平和都市」の行事とは言い難いものであった。[16] 翌四七年の平和祭は「八月六日を単に悲惨なる思い出の日とすることなく、この日こそ世界の平和が蘇つたといふ意味を永劫にメモライズ」すべく「賑やかに」執り行うことになり、ボートレース、優良百貨見本市、野外音楽会、公式テニス、田楽―田植踊、キャンプファイヤー、仮装舞踏などが催された。[17]

平和祭や平和記念都市建設法の運用からは、「平和」をにぎやかさや明るい未来と結びつけることで、原爆被爆という悲惨な過去に蓋をしようとする意図が見え隠れする。[18] たとえば、広島において平和の象徴となる平和記念公園は、平和記念都市建設法に基づいて整備されるが、そこにバラックを建てて生活していた原爆被害者や生活困窮者たちは立ち退きを迫られた[19]。広島市が平和都市として整備されていく中で、原爆の傷跡は次々と姿を消すことになるが、旧軍用地が国から市に譲与されることで、軍都としての過去も忘却されていく。旧軍用地無償譲渡を含む平和記念都市建設法案については、ＧＨＱも御墨付きを与えたが、広島を平和都市として復興させることで、米国による原爆投下と日本によるアジア侵略の跡を消し、責任追及の契機を封じ込めることにつながった[20]。つまり、平和と復興の接合は、暴力の歴史を忘却しようとする政治戦略と容易に結びついたのである。

にぎやかさや明るさを求める傾向は、政治的な意図によってのみ作られたものではない。戦時中の暗さから解放されたいという人びとの欲求の表出でもあったろうし、当時の広島市長・浜井信三が後年振り返るように、これといった年間行事もなかった敗戦後の広島で、観光客を集め、商売を活性化させようという商工会議所のしたたかな思惑も働いていた[21]。明るい未来への志向は、被爆地に限らず、戦争の廃墟からの再生を求める多くの人びとに共有されていたし、戦争の傷痕を忘れ去りたいという心理も働いていたであろう。しかし、原爆が残した爪痕を簡単に消し去ることはできなかった。

二〇世紀に入って、第一次世界大戦により社会全体を戦争に動員する総力戦時代の幕が開いたが、原爆の使用によって、戦争の意味が劇的に変わることになった。戦争によって人類滅亡がもたらされる可能性が浮上したのである。広島と長崎の惨状が伝えられたことで、核戦争が人類の破滅につながるという危機感が世界中で共有され始めたが、原爆投下国の米国も例外ではなかった[22]。

ハーシーの『ヒロシマ』をきっかけに、米国では「ノーモア・ヒロシマズ運動」が始まっていたが、四八年には広島においても、それに呼応する動きが顕在化し始めた[23]。世界に平和をもたらした要因としてではなく、平和への脅威として原爆が認識されたのである。平和宣言でも、前年の平和招来説から一転して、原爆によって、戦争が人類絶滅をもたらしうることが示されたと指摘し、「戦争の為に傾注せられた人類の努力と創意」を「世界平和の建設」に傾注することが、「地下に眠る犠牲者の犠牲を意義あらしめる唯一の道」であると訴えた。

ノーモア・ヒロシマズ運動は、「広島の惨劇」を人類全体に及びうる危険として読み替え、その時空間を広げた。「ヒロシマ」は戦争終結ではなく、核時代の始まりを意味するようになり、「世界平和」は、原爆によってもたらされた「終戦」ではなく、次の「ヒロシマ」を防ぐ集合的な努力によって達成すべき理想へとつなぎ合わされたのである。そのなかで、死者追悼の在り方も変化し、国体維持や国家再生のための必要な「犠牲」としてではなく、生者に再発防止の義務を課す存在として死者が想起されていくようになる。

ノーモア・ヒロシマズ運動が広がりを見せ始めたころ、冷戦の悪化に伴い、体制批判的な平和運動は、共産主義の脅威と結びつけられて、弾圧の対象となった。とりわけ、朝鮮戦争が勃発した一九五〇年には、レッドパージの渦の中、占領軍と警察との決定を受けて平和祭が中止されることになり、八月六日を「反省と祈りの日」として過ごすよう通達された。さらに、広島市平和擁護委員会や広島青年祖国戦線準備会といった急進的な平和運動体が準備していた集会は、「反占領軍的」「反日本的」というレッテルを張られ、そこに参加しないよう求めるビラが広島市警察本部によってまかれた(24)。

原爆忌の『中国新聞』の社説でも、反共精神に基づく平和理念が展開された。平和は「人間の心の中において芽生え建設」されるものであり、「平和的民主的な手段」によって実を結ぶべきものであるという前提を掲げ、政治的な目的のために平和を語ることは「原爆によって喪われた二十数万の霊に対する冒瀆であるばかりでなく、心の底から真の平和を希求するわれわれ広島市民に対する大きな侮辱」であると断じた。そのうえで、核兵器禁止を求めたストックホルム・アピール署名運動は共産党の指導の下に行われている「戦闘的な示威運動」であると、あからさまに反共論を展開しながら、広島市警察本部の行為を「反省と祈りに敬虔な一日を送ろうとする広島市民にとってもまた有意義な措置」であると支持した[25]。

翌五一年は原爆死者の七回忌であったが、広島市警と広島市公安委員会は、平和擁護委員会などが予定していた平和大会を禁止し、「平和祭は認めるが、これは同日を市民の厳粛な祈りとする建前であって、平和運動の美名にかくれて反占領軍的あるいは反日本的行動は断じて許されぬ」との談話を発表した[26]。翌五二年の原爆忌においても、『中国新聞』は、八月六日が死者の冥福を祈る日であることを強調し、「極左分子の政治的意図をもった行事」に対して露骨な嫌悪感を示している[27]。

体制側は、急進的な平和運動を偏向した政治活動として攻撃する一方、市民や原爆犠牲者の代弁者として平和や慰霊を語ることで、あたかも普遍的で人道的な立場に立っているかのように振舞った。「平和」が体制維持や強化のために用いられることは、この後も続いていくが、とりわけ、原水禁運動や死者慰霊をめぐって繰り返されることになる[28]。同時に、ストックホルム・アピール署名運動でみられたように、平和という理念は、急進的な運動を通して変革の言葉としても力を持つようになる。「平和」は、政治的な闘争が繰り広げられる戦後日本の重要な結節点となったのである。

2　体験記に表れる「平和」

敗戦後から朝鮮戦争時にかけての原爆をめぐる言説において、「平和」は被爆地の復興計画、ＧＨＱの占領政策、明るい未来への志向、反共主義、原爆禁止などと接合されてきた。では、原爆を生き残った者の体験記において平和という言葉は、どのように機能したのだろうか。

平和の礎論

公的言論とは違い、この時期の体験記において「平和」という言葉が使われることは多くなかった。私たちが知る「被爆証言」とは違い、「ノーモア」や反原爆の訴えとして「平和」が語られていたわけではは必ずしもなかった。敗戦後から五〇年までに刊行された原爆体験記二八一編のうち「平和」という言葉が使われたものは五七編(二〇%)、「ノーモア」や「戦争はいやだ」と表明しているものは三五編(一二%)である。[29] 後述するように、朝鮮戦争勃発にともなう第三次世界大戦の危機感を背景に、五一年には「ノーモア」の訴えを含む体験記が増えたために、五一年を含めると、両者とも二四%となる。

「平和」に言及する体験記のなかには、ごく少数ではあるが、原爆平和招来説もみられる。

原子爆弾で亡くなられた方々は世界平和の為の尊い人柱として今は安らかに地下で眠つてゐられる事でせう。(中西妙子『泉 第一集――みたまの前に捧ぐる』)

世界宇宙を支配し給う神々の深い御智慧は、日本を破滅から救い出すための尊い犠牲として最愛の人達を召し給うたのだ、とも自分にいひ聞かせてみた。(安部和枝『週刊朝日』一九四九年八月一四日号)

安部が「自分にいひ聞かせてみた」と書いたように、体験記にある原爆平和招来説は、原爆による被害をなんとか意義づけようと格闘するなかで援用されているのであり、「平和の礎論」と響きあう。それは、戦死者を平和国家の礎として位置づけることで、残された者が悲しみに耐えるために依拠した論理であり、被爆地の行政が平和という概念を復興政策推進のために援用したのとは、意を異にするのである[30]。

明るい「平和」への違和感

広島市が都市復興政策として積極的に「平和」を打ち出したことに対して、住民側が必ずしも好意的だったわけではない。「平和祭」は「お祭り騒ぎ」と非難を浴びたが、批判の矛先は一連の行事だけに向けられたのではなく、病気と貧困にあえぐ生き残りを置き去りにした平和都市政策にも向けられた。

「原爆一号」として海外メディアに紹介された吉川清は「市当局では平和センターをつくるとか、はでな平和祭を催すとか、そんな美しい夢をえがいているが、現実に広島の街はまだ復興しないし、町には生活の糧をうばわれた人がまだごろごろしている。そんな金があるくらいなら道路をつくり橋を修理し、救済事業にももっと積極的でなければならないと思う」と市政を批判した(『ヒロシマを忘れるな』)。

被害者を病気と貧困のなかに置き去りにしたままの「復興」や「平和」政策は、被害者たちの「原爆後」を描いた力作『原爆に生きて』の編者によっても批判されている。

> 広島には平和都市建設法というのがありますが、これは現在生きている人間の、平和の営みのためではなく、百年後の平和的ふんいきを建設するための、単なる事業法であって、国庫の予算によって進められる、この事業には、市民の意見は用いられないのです。この強力な事業法は、焼野ヶ原に家を建てて、やっと住んで来た生き残りの人々に、大量の、行くあてもない立のきを要求しています。

それにつれて極度に家の少ない広島では、実に沢山の市民が、行くあてもない立のきの要求に泣いています。

『原爆に生きて』に収録された体験記にも、平和記念都市建設法に基づく道路建設のために立ち退きを迫られて窮状に追いやられたと訴えるものや、被害者を置き去りにして「復興」した広島を「原爆観光都市」だと揶揄するものもある。

市の「平和」や「復興」政策に批判的なのは、原爆禁止運動や被害者救援活動のなかから生まれた体験記だけではない。原爆被害に遭った子どもたちの体験記集『原爆の子』にも平和都市行政を糾弾する文章が見られる(31)。

肉親三人を原爆に奪われた倉本順美江（被爆当時女学生）は、八月六日に繰り広げられる「平和祭」から原爆被害者が疎外されていると指摘する。

原爆以後広島に流れこんだ戦争成金、戦災成金の人達にとっては、なるほど平和祭であろうし、又実際平和を謳歌出来るかも知れないが、私は「平和祭」の行事があると聞くだけでも空恐しく、お祭り気分には到底なれず、悶々としてその日を過した。被爆者がどんなに悲しみ、どんなに打撃を蒙っているかを理解してはくれず、人の力によって少しでも楽しむことが出来ればという浅はかな考えの人が多いのに目をみはった。飲んだり、食ったり、踊ったりの「平和祭」ならば、六日以外にして欲しい。六日はあくまで静かに敬虔な気持で過してこそ、地下に眠る人々も満足するであろう。

八月六日は静かに過ごしたいという倉本の願いは、原水爆禁止運動で激しい政党間闘争が起こる五〇年代末以降、多くの被爆者や遺族に共有されてきたが、原爆忌の広島は「活動家」という「よそ者」が来る前から、原爆被害者にとって居場所のない時空間としてつくられていたことがうかがえる[32]。

原爆投下当時国民学校六年生だった原徹は、広島で叫ばれる「平和」に対して強烈な違和感を覚えるという。

> 果して広島に真の平和が訪れたのか。
> 原爆二十万の犠牲を売りものにした平和運動、平和博覧会、そしてあのお祭りさわぎの八月六日の平和祭。一体誰がやっているのだろう。あなた方はあの八月六日に広島におられたのですか。〔中略〕平和のための尊い犠牲であるという人がどこかにいる。しかし、それほどの高価な犠牲に価するものがわれわれに返ってきたであろうか。真の平和をもとめながら、やはりわれわれは「ニセモノ」の平和をあてがわれてきたにすぎなかったのではなかったか。今こそ僕たちは真実の平和を僕たちの手で築いていかなくてはならない。〔中略〕二十万の犠牲者に、広島に真実の平和を築くことを誓いつつ、祈りをささげよう。

原自身の原爆体験については触れていないが、「あなた方はあの八月六日に広島におられたのですか」と問いかけていることから、おそらく彼も原爆被害者であろうと推測される。だからこそ被害者を代表する発話位置から戦後広島をめぐる「平和」を批判するのだろう。原爆が日本と世界に平和をもたらしたといわれながらも原爆被害者が痛みの中に捨て置かれている現状に、自分たちは単なる人柱だったのかと激しく問いかけ、「犠牲」に報いる「真実の平和」を求めている。原の主張は、原爆による犠牲が世界の平和をもたらしたという平和招来説とは一線を画している。なぜなら、「平和」はいまだ到来してはいないと認識し、まだ見ぬ「真実の平和」という未来を創りだす努力でもって「犠牲」に価値を与えようというのであるから。原爆が残した大量の死と深い傷跡に目を閉ざす「平和祭」や「平和記念都市」そして「平和運動」から「平和」という言葉を引き剝がし、いまだ果たされていない死者との約束へと繋ぎかえようとしているのである。

「ノーモア」としての「平和」と体験記

原爆被害者たちは行政が推進した「平和」に必ずしも賛同しなかった。では、公的言論に現れたもう一つの「平和」、つまり、「ノーモア・ヒロシマズ」を含意する「平和」は、体験記ではいかに表現されていたのであろうか。

表紙に「NO MORE HIROSHIMAS」を掲げた谷本清の『ヒロシマの十字架を抱いて』には「彼等〔広島の人びと〕は殆ど一人残らず、世界の何処にも同じ災害の再び起らざるよう防止することを自らの止むに止れぬ責任とし、使命として受納れたのである」とある。果たして広島の人びとは谷本がいうように「ノーモア」を訴えることを自らの使命としたのであろうか。

人類永遠の平和を希求するものは、たえず広島の体験を想起し、広島の体験を反芻して見なければならない。〔中略〕あの日の空前の悲劇を、絶後の悲劇たらしめることに、いささかにても貢献し得るならば、私がこの世に生まれてきた意味は、十二分に果たされたものと言わねばならない。〔稲富栄次郎『世紀の閃光』）

このような悲惨な出来事は二度と世界のどこにもくり返してはならない。われわれは世界悠久平和の目的のために世界各国の人々と共に手を取り合って、人類愛のために進まねばならない。そうしてこそ幾千万の精霊も平和の先がけとなり、礎ともなるだろう。（和田信子『新女苑』一九五〇年八月号）

谷本の見立てとは違い、五〇年までに出版された体験記のなかで原爆反対や「ノーモア」を訴えるこれらのものは少数派である。それは主に知識人や大学人、学生によって書かれているものであり「広島の人びと」を代表させるには無理がある。[33]「ノーモア・ヒロシマズ」をタイトルとしてストックホルム・アピール運動の担い手たちが編集した体験記集『ヒロシマを忘れるな――No More Hiroshimas』でさえも、収録された一二編の手記のうち、戦争反対や原爆禁止を訴えているのは四編のみであり、大部分は、被爆直後の凄惨な状況の描写に紙面を割いている。

3　「平和の証言者」の成立

編者の意図と語りの内容

『原爆の子』をはじめ、この時期に刊行された体験記の多くは「平和教育」の教材に取り入れられたり、「戦争体験の継承」をうたった書籍に再録された。「平和図書シリーズ」の一環として九一年に刊行された『日本の原爆記録　全二〇巻』（日本図書センター）や二〇一〇年に刊行が開始された『平和文庫』シリーズ（日本図書センター）に再録された体験記の多くが、原爆投下から一〇年以内に書かれたものであることからも、昭和二〇年代に出版された体験記が「平和の証言」として読み継がれてきたことがわかる。では、体験記が書かれた当時はどのように受容されたのだろうか。『日本の原爆記録』に収録された体験記のうち『天よりの大いなる声』（四九年）、『原爆体験記』（五〇年）、『花の命は短かくて』（五二年）を取り上げて検討してみよう。(34)

『天よりの大いなる声』は日本基督教青年会同盟の末包敏夫の提言に応えて集まった体験記を編集したものであるが、市民の手記からなる初めての原爆体験記集として位置づけられている。(35)「八月六日の体験手記を、かの惨禍を通して今日の清々しい平和な心境に辿りつくまでの手記」を募集するという呼びかけに対して、「厳粛なる平和への熱願として、天よりの大いなる声」が響き渡る体験記が集まったという。「平和の使者」として体験記を世に送り出したと末包はいうが、そこには何が書かれていたのだろうか。末包の受け止め方とは裏腹に、収録された一五編の手記のうち、「平和」に言及しているものは四編しかない。そのなかで「ノーモア」という訴えが含まれたものは、一編だけである。それどころか、「清々しい平和な心境」にたどり着いたとは、とても思えないようなものもある。

政府の命令をそのまま受けて、自分の楽しみを求めず、唯々、お国の勝利の為に若さを捧げた彼女、満十六才、物事の是非も判断せず、ひたすら純情一途に暮して来た彼女、長い長い戦争生活で、その日の衣食にも事を欠かし、学徒動員よ、学徒奉仕よと、戦争にかりたてかりたて、果てはその生命まで も奪ったものは誰か、責任は誰が負う可きか、私は悲憤の思いで気が狂いそうであった。（伊藤文子）

あれだけ父を信頼していた惠の
「父ちゃん、助けて!」
の声は私の耳底にこびり付いて、寝ても覚めても、払へ共払へ共、払い去る事が出来ない。力なき父よ!〔中略〕汝は死して地獄に堕ちよ!火に苛まれよ!(植水兵二)

原爆にいとし子を奪われた親たちが慟哭する姿が胸に迫るが「平和への熱願」は伝わってこない。次に『原爆体験記』をみてみよう。『原爆体験記』は、「当時の悲惨な体験を思ひ起すもので最後には必ず戦争は二度と行はれないよう祈念する文字が見えてゐる」と紹介された[36]。

人類の誰しも経験したことのないあの大受難に堪え、あらゆる苦悩と悲しみのどん底に生き抜き、そして立ち上つた人達のこの聖なる手記は、二つの世界の激しい対立の嵐吹きすさぶ中に、天来の平和の訴えとして人の子の耳を傾けさせないであらうか。

序文には、こうあるが、第一章でみたように、その内容は、原爆炸裂直後の惨状を主とするものであって、「平和の訴え」として読むには無理がある。収録された一八編の体験記のうち、「平和」や「ノーモア」を主張しているのは二編にすぎない[37]。うち一編は、六五年に朝日選書として刊行された際、大江健三郎の解説で引用された大学教授のものであり、「たとえ如何なる場合でも、あんな惨酷な体験は、もう決して世界の何れの人にもさせないようにして欲しい。これを世界に向つて訴えたい。No More Hiroshimasという標語は、今日国際状勢の上で、最も高く掲げらるべきものである」(手塚良道)とある。もう一つは父を原爆に奪われた少年によるもので、「ノーモア広島。ノーモア広島。原爆で死なれた人達は私達の犠牲になつたともいえるであろう。この犠牲者達はとおとい犠牲であり、私達はこのとおとい犠牲者たちに見守られて平和への進路をあゆむべきである」(佐々木光憲)と、原爆平和招来説とも読める語りが織り交ぜられている。

このように、編者の意図と実際に収録された手記の内容との間には、大きなずれが見受けられるのだが、『原爆体験記』には、単なるずれに留まらない編者の作為の跡がみられる。『原爆体験記』が刊行された時、「平和」は広島のシンボルとしてすでに確固たる地位を得ていた。しかし、広島市が掲げる「平和」に対しては原爆被害者から異議が唱えられており『原爆体験記』の元となった原稿にも、批判の言葉が書かれている(38)。

> 今日ノーモアヒロシマズは全世界に叫ばれ、世界初って以来の原爆洗礼都市として隅々まで知られ、各国の援助と同情の元(ママ)に、平和都市として躍進してゐる事は本当に嬉しい。建物も道路も以前に優る立派な姿になりつゝある。〔中略〕然しこの平和の蔭には生ある者の大なる犠牲が払はれた。〔中略〕辛じて生きのび原爆の烙印をおされ不具同様(ママ)になったこの最大なる犠牲者の為には何等の慰安の方法も講ぜられず、放任され、忘れられ様としている。それでいゝだろうか。(金行満子)
>
> 成程投下に依って破滅より再建へ武力より平和への動機とは言へ、一瞬にして幾十万の生霊を呑み屍の砂漠と化し表記されない修羅場と一変させた八月六日の原爆を――〝原爆の投下即ち平和への

道〟こんな風に軽々しく口にして申されるものではない。平和都市広島として其の復興の槌音も高らかに七つの河には平和を乗せて――然るに今日世界の急を告げる風雲にあの悲惨極まる原爆を忘れた如く興味のまなこを投げて――全く恐ろしい事である。（門田武）

しかし、市当局によって体験記が編纂・刊行される過程で、これらの記述は削除された[39]。発行主体を批判しているという理由によって「検閲」されたと推測できるが、同時に、「平和の訴え」として体験記を提示するという意図にそぐわないという理由も働いていたと思われる。なぜなら、原爆後の空き家で盗難が多かったことなどの記述も削除の対象となっているからである[40]。削除の対象となった記述は、六五年に朝日選書として再版された際にも復活することはなかった[41]。

次に『花の命は短かくて』を検討してみよう。編者の小島順は筆者たちを「崇高な平和の使徒」にたとえながら、彼女たちの体験記が「世界の平和に寄与する」ことを願う。しかし、収録された体験記のほとんどは、原爆直後の惨状と生き残った後の惨苦の日々が綴られたものである。被爆前とは一変して醜いケロイドを残した容姿を嘆き、人々の好奇心に満ちた視線を浴びて、死を願った者も数名いる。

同級生の中に、広島市内へ通学していた者も少なくはなかつたが、全部死亡してしまつていた。私は叔母の手厚い看病のかいで助かつた命ということも忘れて、その果ては死んでいつた人々を羨ましくさえ思うのだつた。（江盛肇子）

私をおいて還らぬ人となつた父や兄が羨しく思われるのでした。（蓑輪豊子）

ほんとに私は、もう死んでしまおうかと、幾度考えたか知れません。(山岡美智子)

死に引き寄せられながらも、生きることにしたのは、死ぬ勇気がなかったからというだけではない。たとえば、山岡美智子は、必死で自分のために生きている母親の姿に「私は生きなければならぬと思い返し、私はじつと歯を喰いしばるような気持で生きつゞけてき」たという。蓑輪豊子も、好奇の眼差しを向ける人たちに負けないよう、「そんな人達を見返してやるだけの強い女性にならなくては!という私語が私の胸に湧き上がることがありました」と振り返る。

生き残った苦しみが大きな比重を占めていながらも、たしかに「平和の使徒」を思わせる記述も少なくなく、収録された手記の三分の二には反戦や平和の訴えがみられる。

私は戦争の罪悪を呪い、人類永遠の平和を祈らずにはいられない——それは原爆体験者の悲願であり、黙つて死んで行つた二十余万の人々の心からの願いであろう。(石谷瑶子)

一瞬にして幾十万の人間の生命と魂を傷けた、あの原子爆弾の恐怖をさけるためにも、私は全人類に対して戦争反対を叫ばずにはいられないのです。(山岡美智子)

しかし、彼女たちは平和を唱えているだけではない。たとえば山岡は「実際、誰が、戦争という人類の破滅を通して、世界の平和を得ようなどと考えるのだろう。誰が、原子爆弾という悲惨な殺戮の中から、平和を築こうなどと考えたのだろう。私は強くそれを否定せずにはいられない」と、原爆使用を平和の名の下で正当化する言論に異議を唱えている。「非政治」を装った体制追随型の「平和」とは一線を画しているのである。

山岡よりも明確に、原爆を投下した米国に怒りをぶつけているものもある。

タラップから下りてくる米兵を見た刹那、私の胸に押えようにも押えられない怒りの念がむらむらと沸いてまいりました。神にいくらおすがりしようとしても、許すことの出来ない、耐えることの出来ない怒りです。（柴田田鶴子）

さらに、原爆投下という結果を招いた戦争遂行者たちへの批判もみられる。

学校で日本は勝つと云つた大人の先生は、誰にだまされたのだろう……あゝ私が大人であつたら……。（西岡智恵子）

罪もない一般市民の被災者に対しては、一言の慰めの言葉すらもなく、否、一瞥の会釈すらもなく、去つて行く所謂軍の高官と称する連中、〔中略〕私の目には、恐らく憎悪に満ちた反感の色が現れていたに違いない。（原田君枝）

『花の命は』に体験記を寄せた女性たちは、教会に集い、支えあうようになっていた。原爆に遭い、生き残ってしまった自らの運命を呪いながらも、信仰によって慰めを得ている者もある。しかし、編者の小島のように「恩讐を越えた乙女の清らかな祈り」を彼女たちの言葉から見出すことは難しい。

読者の投影的受容

『花の命』に手記を寄せた女性たちは、権威ある男性解説者によって「平和を祈る清らかな乙女」として表象されたが、「女子ども」を罪なき戦争被害者として描いて感情移入を促す語りは、七〇年代の少国民研究や銃後史研究を経た現在でも広くみられる。[42] 女学生らによる体験記が「平和への祈り」として提示されたように、子どもたちの体験記も、実際に書かれた内容とは裏腹に「無垢な子どもの平和への訴え」として受容されてきた。

子どもの原爆体験記といえば『原爆の子』が有名であるが、それ以前に長崎の子どもたちの体験記が永井隆の手によって世に出されていた。『原子雲の下に生きて』である。「爆心地から七百メートルの近くにある山里小学校」の生徒たちに「どんな目にあい、どんな風に感じたか」について手記を書いてもらったものである。

永井の序文によると、刊行の目的は「戦争はいやだ！」という「原子野の子供らの叫びをひろく響かすこと」だという。原爆投下から四年が経ち「戦争はいやだ」という実感が「子供らの胸の中で、いよいよ強くなってきて」おり、「原子爆弾をつかう大戦争を、再び起して下さるな！――と、この子供らはしみじみ言っている」と、永井は子どもたちを代弁する。

『原子雲の下に生きて』は、七七年には中央出版社によって新書化され、九五年にもアルバ文庫として再版された。中央出版社版に「まえがき」を寄せた純心女子短期大学副学長の片岡弥吉によると、「本書が訴えようとしているのは、あの悲惨を再びしないようにという、被爆児童たちの平和の訴え」だという。しかし、永井や片岡の解釈に反して、実際に収録された体験記に目をやると、「戦争はいやだ」というものは三九編のうち二編しかない。

体験記の多くは、自らの被爆体験のほか、家族の負傷や死、そして親亡き後の寂しさや悲しみを綴っている。被爆当時八歳だった久保志津子は両親を原爆に奪われた。母親が遺体で見つかったときも、父親が「原子病」で一〇日後に死んだときも、あまりのことに涙が出なかったが、時が流れ、かえって悲しみがわきあがってくるという。

この頃では、よく父や母を思い出し、そのたびに、悲しくなって、私は泣きます。……母が死ぬ時や、父が死ぬ時に、私が涙を流して、泣いておったら、あるいは、母も父も、生き返ったのではなかったろうか？――なんだか、そんな気がしてならない。

野口新も「原子病」で帰らぬ人となった父の死を、数年経ってから悲しむようになった。なぜなら、まだ六歳だった野口は父の死が理解できなかったため、悲しいと思わなかったのである。

今は、〔父の死を〕たびたび思い出して、悲しくてなりません。
近所の人からにくまれる時には、ほんとうにくやしいです。そして、ふとんの中でしくしくなきます。
「お父さんが、生きていて下されば……」

と、いつも思います。

そうすれば、近所の人からも、にくまれたりいじめられたりしないのに……。

野口は単に父の死を悲しんでいるではなく、父親がいないために隣人たちから不当な扱いを受ける理不尽さを嘆いているのである。

被爆当時五歳だった辻本一二夫は両親と兄妹たちを原爆に奪われた。戦後、山里小学校に通っているが、校庭の母親を焼いた場所にしゃがんで土を指でいじると、土の中に母親の顔がみえてくることもあり、他の子どもが、そこを踏んで歩くのを見ると、腹がたつという。「運動場はなつかしい。そして悲しい」場所なのである。

もう一度、むかしにかえして……ああ、
お母さんがほしい
お父さんがほしい
兄さんも、ほしい
妹たちも、ほしい
みんなが生きていたら……。雨のもらない家で、おばあさんも、こんなにむりに働かないで、僕も、楽しく勉強できるのに……。

野口と同じように、辻本も、家族を失った悲しみや寂しさだけでなく、生活の困窮を訴えている。養育者であり庇護者である親を奪われた子どもたちは、親亡き後の生活苦や口惜しさ、悲しみを表現した。原爆に親を奪われた子どもたちの手記には、「戦争反対」も「原爆反対」も「平和の訴え」も見受けられないのである。

被爆当時一一歳だった三谷セツ子は「戦争」という言葉に恐怖を感じ、「また原子爆弾が使われたら、今度こそは私があんなひどい傷を受けるにちがいない」と慄く。しかし、だから「原爆反対」や「戦争反対」を訴えるのではない。「いっそのこと、あの時にひと思いに死んでおいた方がよかった」というのである。

『原子雲の下』でみられた編者の意図と体験記の内容とのずれは『原爆の子』にもみられる。編者の長田新（広島大学教育学部教授）は、生徒たちから集めた手記に「「平和のための教育」研究の資料」としての価値を見出し、「人類文化史上における不朽の記念碑（ドキュメント）」として世に送り出すことにしたという[43]。

いたいけな少年・少女達が、出来ることなら忘れてしまいたいと思いながらも、どうしても忘れることの出来ない父母の死を思い浮かべながら、悲しみに打ちひしがれて重い筆を動かし、たどたどしい筆つきで書いているこれらの手記は、いずれも彼等の血と涙との結晶であり、彼等の最愛の肉親を奪った戦争に対するはげしい憤怒であり、肺肝を吐露した彼等の悲痛な平和への祈りであり、訴えである。

長田だけでなく、『原爆の子』を読んだ大人たちは「世界平和への聖なる祈り[44]」や「世界の平和を祈り求める可憐な叫び」を読み取り[45]、そこに「子どもたちのかなしいまでのりっぱさ、幼い者の魂のきれいさ」[46]が表現されていると受けとめた。

すべての少年少女が、深い悲しみといきどおりをこめてあの時のこと、その後のことを語りながらも、子どもらしいけなげさで、これから人生を生きてゆこうとする者の希望を行間ににじませている。そしてほとんどすべての少年少女が戦争への憎悪と平和への希求をうったえている[47]。

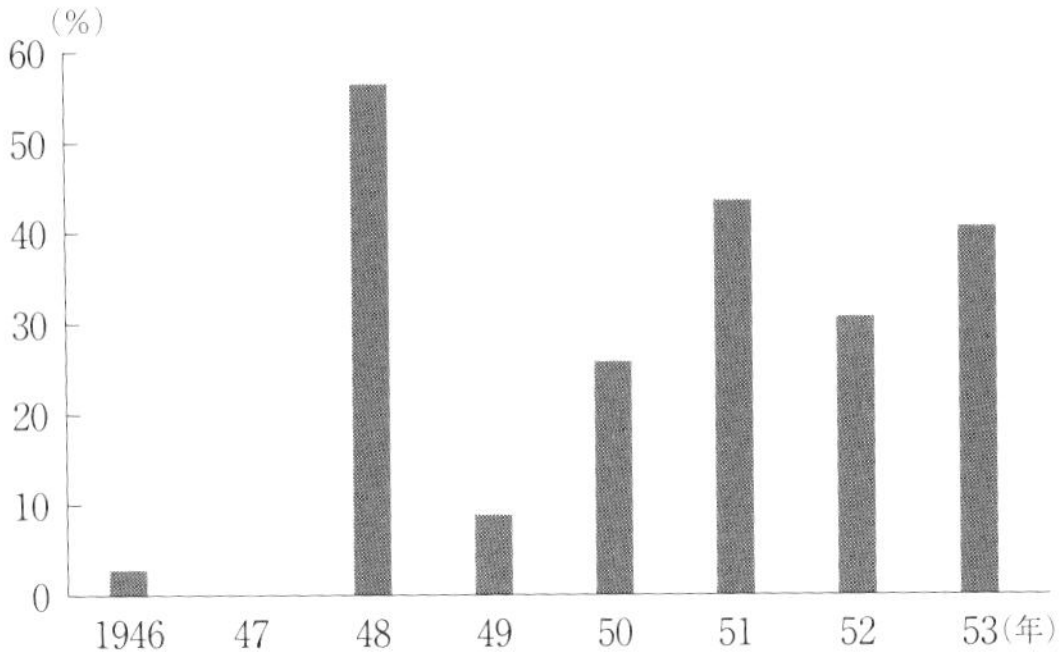

注：48年は7編の体験記のうち，4編に「ノーモア」があるが，すべて大学教員(うち3編は永井隆)によるものである．

図7　体験記に見る「ノーモア」の訴え

教育学者の宮原誠一は『原爆の子』をこう評した。たしかに『原爆の子』に収録された手記の半数以上(五二%)に「戦争はいやだ」「にくらしい恐ろしい原子爆弾」といった声がある。宮原の書評には太田雅子(被爆当時国民学校一年)と若狭育子(被爆当時五歳)の言葉が引用されている。「けんかをしないで、世界中の人がみんな仲よくくらしたら、きれいな花や山や木や、着るもの食べるものも、どんなに美しいだろう」(引用・宮原)という太田は、原子力を「平和のために早くつかいたい」と言い、「勝っても負けても戦争は大きらいだ」と「戦争への憎悪」を表明している。若狭も、朝鮮戦争での原爆使用の可能性を示唆した報道に接して「原子ばくだんは、こんなにおそろしくて、にくらしいものなのに」(引用・宮原)、「広島に八月六日にいた人は、だれでも戦争がきらいだと思います」と書いた。だが、若狭の文章から「希望」がにじみ出ているとは言い難い。自宅で両親と兄、妹とともに被爆した若狭は、六年の年月が経ってなお「原子病」が命を脅かす現実を前に、次は自分たちなのではないかという不安を拭えずにいる。学校の宿題として出されたため、仕方なく当時を振り返ったが、「私は原子病のくるしさをきいているだけに、おそろしくて、どうかして、それをわすれたいと思って」いるのである。

『原爆の子』の受容にみられる傾向は、本節で検討した体験記に共通するものであったが、それが子どもの手によるものであるがゆえに、平和の象徴としての受容に拍車がかかったといえる[48]。しかし、それだけではなく、当時の国内外の政治、社会状況によるところも大きい。

東西冷戦が深まるなかで、五〇年六月には朝鮮戦争が勃発し、政府は米軍への協力を決めた。八月には警察予備隊が創設され、翌年九月には「単独講和」となるサンフランシスコ講和条約とともに日米安保条約が調印された。こうした政治状況の展開を受け、再び戦争が起きるのではないかという危機感だけでなく、原爆を使った世界戦争に発展するのではないかという不安感が高まった[49]。そうした危機感は、ストックホルム・アピール署名運動や日教組による「教え子を戦場に送るな」運動などの平和運動に火をつけた。しかし、国内でもレッドパージが吹き荒れ、急進的な平和運動は共産主義と結びつけられて弾圧の対象となった。暴力に訴える弾圧は、戦中の国家の姿を彷彿させることになった。

こうした状況のなか、平和運動は原爆体験記を反戦平和の訴えとして提示したし、平和運動に賛同しない者も体験記を「平和の祈り」として読み解いた[50]。五〇年に出版された体験記の四分の一、五一年は半数近くに「ノーモア・ヒロシマ」「ノーモア・ナガサキ」の声が含まれており、「原爆体験」に基づいて反戦・反原爆の理念が形成されつつあることがうかがえる。ここに『原爆の子』が果たした役割は大きい。

単に数の上でということではない[51]。「純粋な」子どもたちの体験記は、政治的な立場のいかんにかかわらず、戦争を「悲惨な体験」として想起させ、戦争に反対する気持ちを喚起することができた。翻って、読者のなかに湧き上がる厭戦感情が書き手に投影されることで、原爆体験記が「平和の訴え」として受容されたのである[52]。

かき消された声

時代背景が変化した後も、『原爆の子』は「平和の訴え」として読まれ続ける[53]。六〇年代初めには『中国新聞』紙上で『原爆の子』が「肉親や師や友を奪った戦争にたいする激しい怒りがみなぎり〝戦争はいやだ〟〝原子力を平和のために〟の叫びで結ばれている」と紹介されている[54]。

たしかに、多くの手記には、かけがえのない人を喪った悲痛に基づいて、戦争への嫌悪感、原爆や米国に対する怒りが綴られている。しかし、編者を含む読者がそこに読み込んだ「平和への祈り」や厭戦感情、「ノーモア・ヒロシマ」の訴えのいずれも含まない手記は四五編あり、全一〇五編の半数近くを占めている。他方、家族の死に言及するものは七〇編を数える。第二節で紹介した倉本順美江は「ノー・モア・ヒロシマズ」を「聞くだけでもいやな言葉」だと心中を吐露した。

平和を訴える、いたいけな子どもの叫びとして『原爆の子』は読み継がれてきた。「いっそのこと一家みんな広島で死んでしまった方がましだった」（渡辺澄子）、「〔死んだ人が〕うらやましい」（藤岡悦子）、「生きていく夢も希望もないこの世に、何故生きていなければならないのか疑問だ」（原美惠子）などの絶望に満ちた呟きは、作品全体が「平和への聖なる祈り」や「生きてゆこうとする者の希望」として受容されるなかで、かき消されていくことになるのである[55]。

第四章　被爆ナショナリズムと「共感の共同体」の裂け目

1　記憶の国民化——原水爆禁止運動前後

国民化する「原爆被害」の記憶

『原爆の子』が出版された翌年の一九五二年四月、サンフランシスコ講和条約が発効して日本本土の占領が解かれ、その夏には、マスメディアが原爆被害を大々的に取り上げた。『アサヒグラフ』(八月六日号)は、黒焦げの遺体や負傷者の姿など、原爆投下直後に撮った生々しい写真を掲載したが、発売後まもなく五〇万部が売り切れ、最終的には七〇万部を売り上げた。[1]同じく八月に『記録写真・原爆の長崎』や『広島』(岩波写真文庫)が刊行され、ベストセラーとなった。[2]

こうした下地があったからこそ、五四年に第五福竜丸事件が起きたとき、広島と長崎の被害が想起されたのであろう。宇吹暁が指摘するように、福竜丸事件以前においても、原爆をナショナルな枠組みで捉える言論は、ある程度の広がりを持っていた。[3]とりわけ、占領が終了した五二年の夏に、そのような傾向が顕著である。『アサヒグラフ』は「日本人は不幸にして世界史上、最初の原爆の犠牲者となった」と振返り、『原爆の長崎』も「世界で原爆の洗礼をうけた唯一の国民であるわれわれ」という認識のもとに、原爆の被害を伝えようとした。全国紙のコラムや社説、『婦人公論』や『婦人画報』『改造』といった雑誌においても同様の語りがみられる[4]。

原爆被害を「日本の被害」として捉える語りは占領期にもみられた。原爆投下は、敵国による日本への攻撃だったのであり、敗戦後間もない時期に、原爆被害を日本の被害として捉えたのは当然であった[5]。たとえば、敗戦から二週間後、原爆症で死亡した女優の死に言及しながら、『朝日新聞』は米国を加害者と名指し、日本を被害者として位置づけた[6]。敗戦翌年の年明けには、読売新聞社社長の馬場恒吾が長谷川如是閑との対談で、原爆を受けたのは日本だけであり、その体験に基づいて平和を建設するという「使命」を日本はもっていると主張した[7]。

ソ連の原爆保有、ドイツの東西分裂、中華人民共和国の成立など、冷戦が激化した四九年には、核戦争の危険性が高まり、GHQによるプレスコードの緩和と記録文学の流行とも相まって原爆体験記が次々と世に問われたが、その頃から原爆の使用禁止を訴える被害国としての発言が増え始める。四九年五月一三日の「天声人語」では、長崎に次ぐ原爆の炸裂を防ぐよう「世界に訴えることは、日本人だけに与えられた平和への一特権ということができる」と主張した。『読売新聞』のコラムも「ノーモア・ヒロシマズ」運動に言及しながら「ピカドンの惨苦を身にしみて体験するわれわれ日本人はほんとうはこの「世界平和の日」の中心になる資格をもつべき民族である」と論じた[8]。

本土の占領が解かれた直後から原爆被害の実態が広く伝えられ始めるが、当初は原爆の惨さに強調点が置かれがちであり、持続する被害に苦しむ被災者の肉声が届くには、別の事件を待たなければならなかった。五四年三月の第五福竜丸事件である。福竜丸事件をきっかけとして原水爆禁止運動が始まったが、衆参両議院、自治体や各種団体における原水爆禁止の決議、『改造』『世界』『中央公論』などの言論雑誌や新聞紙上においても、広島、長崎について三度の原爆被害を受けた日本人には原水爆禁止を訴える権利と義務があるという主張が掲げられた。米国による水爆実験の被害を受けたという意識が、広島と長崎の被害を喚起させながら「唯一の被爆国」という被害者共同体を成立させた。後年「被爆ナショナリズム」として批判されることになる、被害者意識を媒体とした連帯心の形成である。この連帯心は被害の再発防止へと人びとを動かし、共産党員から保守政党議員までこぞって「二度の原爆被害を受けた国民」として「人類を破壊から救う」という崇高な使命をうたった。(9)「人類を救う」という使命を担う主体は「日本国民」であり「日本民族」である「日本人」として想像されたのである。

原水爆禁止運動と被害者共同体

総人口の三分の一を超える署名を獲得したほどに、原水爆禁止運動は日本中に広がったが、その背景には、反米民族主義（ナショナリズム）も作用していた。福竜丸事件当初、米政府は乗組員たちがスパイであると示唆して責任を否定し、岡崎勝男外相も日米安保条約に言及しながら、米国の水爆実験に協力したいと発言した。今堀誠二が指摘するように、米国に対してのみならず、米国に追随する日本政府に対する怒りが人びとを原水爆反対の運動に駆り立てたといえる。(10)

しかし、反米民族主義だけで運動の広がりと水爆実験に絶対反対という世論を説明することはできない。水爆実験の「死の灰」は生活圏を脅かしたために、人びとの間に危機感を広げることになった。(11) さらに、戦争の記憶が呼び起こされて新たな戦争に対する危機意識が高まっていた。(12) 道場親信が指摘するように、原水禁署名運動の根底には、原水爆兵器による人類滅亡の危機に「巻き込まれたくない」という心情が強く作用していたといえる。(13) しかし、「巻き込まれさえしなければ無関心」とは違った傾向も、おぼろげにではあるが見えていた。

一九五四年七月に読売新聞社が実施した世論調査によると、水爆実験に「賛成」がわずか二%であったのに対して、「反対」が七八%、「条件付賛成（たとえば日本に影響のない地点でやるならなど）」も一四%にとどまった。[14] たとえ巻き込まれないとしても水爆実験には絶対反対、という人が大多数であったことがうかがえる。[15] 被害者共同体の一員として「人類を救う」という使命のために行動するのだから、「平和な家庭」さえ守られれば無関心ということにはならない。しかし、その使命感は、将来自分も被害を被りうるという危機意識に発したものであって、広島と長崎の原爆被害者が置かれた現状を認識したうえでのものではなかった。だから、運動が始まったとき、原水爆禁止ではなく水爆禁止を掲げたのである。[16] しかし、五五年に広島市で開催された第一回原水爆禁止世界大会をきっかけに、原子兵器の脅威の象徴であった原爆被害者のイメージが変わっていく。

この第一回原水禁世界大会では、準備委員会の配慮によって、参加者が被害者の家に民宿したり、大会でも被害者の声を直接聞く機会が多数設けられた。その結果、採択された「広島宣言」では、将来起こりうる原子戦争を防ぐためにだけでなく、原爆投下によって生じた被害に苦しむ人たちを「救済する」ためにも原水爆兵器を禁止しなければならないこと、被害者の「救済運動」こそが原水爆禁止運動の基礎であることが明文化された。[17]

第三章でみたように、福竜丸事件以前にも、原爆体験者の語りは「平和の訴え」として受け止められる傾向にあった。原水爆禁止運動を経ることで、被爆者は「核兵器の恐ろしさ」を語り、原水爆禁止と平和を訴える証言者として主体化されていく。被害者意識を媒体とした連帯心が生まれたことによって、声を届ける場を得た被爆者は、原水爆禁止と平和を訴えるようになるのである。

第二回原水爆禁止世界大会の長崎市開催が決まったことを受け、「長崎原爆青年乙女の会」が急きょ

『もういやだ』という体験記集を刊行した[18]。そこには、被害者としての平和の訴えが多くみられる。

この惨酷な状態に直面した私はひたすら平和を念願すると共に、再びこのような悲惨なことのないよう原爆の禁止を世の人々と共に叫びたい。（前川誠）

人間として生を持つ以上、絶対に戦争特に原子兵器こそ、世界全人類の敵、三度、広島、長崎の我々をつくるな!!（田崎涼）

長崎市民はこの惨禍を身を持って体験した。二十万の死者を出した広島市民と私達は、どうして「あの日」を忘れることが出来よう。〔中略〕原水爆禁止運動には卒（ママ）先して進まねばならない責任と義務は私達にあるのだ。

二度と再び地球上にこの惨禍を繰り返してはならない。人類が人類破滅の原水爆実験の禁止を叫ぼう。今やこれは、世界の人々の声である。

平和を守ろう。平和を守りたい。（江口紀久子）

「惨禍を身を持って体験した」長崎市民として訴えかけることで、江口の語りは原爆体験者という集合的な主体を成立させている。「原水爆禁止運動には卒（ママ）先して進まねばならない責任と義務」を負う主体である。同時に、江口は「世界の人々」を「原水爆実験の禁止」を願う「私達」に包摂しながら「平和を守ろう」と呼びかけている。「私達」という発話位置を媒介にして、原爆体験者と長崎、広島市民、そして、世界の人びとや人類が連なっていくのである。

第一部で検討したように、誰が原爆体験者であるのかについて、明確な境界線を引くことは困難である。その境界線は揺らいできた。原水爆禁止運動が高揚するなか、「日本人」という集合体が原爆を体験した主体として平和や原水爆禁止を訴えるようになり、原爆体験者の境界線は開かれた。そして、広島と長崎の被爆者は、日本という「被害者共同体」を代表する存在になったのである。

原水爆実験。原爆被害者。福龍丸事件とこれは私たち日本人だけが体験したものです。これらのことを考えるとき、原水爆禁止を真に全世界に叫びうる者は、長崎、広島両市民だけではなく、日本全国民であると信ずるものです。（花園松子）

花園は、被害者共同体を代表する発話位置に立ちながら、原爆被害者も、被爆地の市民も、日本人も、「原水爆禁止を真に全世界に叫びうる」と主張する。同時に、「日本全国民であると信ずる」と、国民に対して原水爆禁止運動に取り組むよう呼びかけている。呼びかける対象（日本全国民）を発話行為の主体（私たち日本人）として招き入れることによって、花園は訴えを共有しようとするが[19]、こうした行為遂行的な発話がなされるということ自体、水爆実験の被害を受けたからといって、「日本人」としての連帯心が自動的に成立するわけではないということを暗示しているのである。

2　「共感の共同体」の危機と存続

共同体の裂け目

平和や原水爆禁止の訴えが「日本」という国民共同体や「被爆地市民」という集団を「原爆体験者」として構築する反面、多くの体験記は、「被害者共同体」の亀裂を露わにしてきた。『もういやだ』には「原爆体験者」として原水爆禁止や平和を訴える体験記が多数収録されている。しかし、「このような悲劇は私たちだけにして、平和な時代に返えるよういたしましょう」と訴えながらも、他方で、父を原爆に奪われ「社会の片すみにとりのこされ」て何度も死を考えたという女性がいる。

夏になると半袖も着れずに暑いのをがまんし、お風呂に行つても思うように人前に出られず、私も行末を思い、この悲しい思いを世界中の方たちに一人でも多くわかつて頂きたいと思います。（戸高喜代子）

ここには、日本社会の片隅に「とりのこされ」ているだけでなく、被爆地にありながらも偏見の視線にさらされながら生きる者の苦悩が記されている。

さらに、被害者の間に走る亀裂を証言するものもある。

今製造されている原水爆はあの百倍、何千倍の性能を持つ物だと聞く時、あやまちは〝三度繰り返

> しません〟と強く強く叫びたい。〔中略〕原水爆禁止の世界的世論を盛り上げて平和な住みよい明るい世界の再建設に努力して頂きたいと思います。（小佐々よし）

母親は、こう訴える。しかし、胎内被爆した娘に対して「被爆者のぎせいを繰返さないために世の中のためになることだから、世界平和のために役立つのだから」と映画「生きていてよかった」に協力するよう説得を試みたが、「お母さんなんかに話しても分るもんね、話して分る位ならもうずっと前に話しとる」と娘は頑なに出演を拒んだ。原爆の被害を受けた親子の間でも、傷をさらして平和や原水爆禁止を訴えることの是非について埋められない溝があるのである。

『もういやだ』を編纂した「長崎原爆青年乙女の会」の会員は「平和のため」に、被害者たちに語ることを促したが、なかには拒否した人もいた。たった一人の子どもを「生れもつかぬ片わ（ママ）ものにされ」て「なぜあのとき死ななかったのかと生きているのがうらめしく、永久に泣きの涙でくらして」いるという齊藤花枝は「いつしょうけんめいに原爆のことを忘れよう、忘れようとつとめておりますが、いやおうなしにこんなことを書け、思いだせといわれると、痛い痛いきずをえぐられる思いで毎年八月九日を思いだすのもいやです」と短い文章を寄せた。

「あとがき」には「被害者自身がペンをとることにはなお大きな困難があつた」とあるが、それは「思いだすのもいや」という記憶の過酷さだけに因るのではない。被害者が体験や原爆後の苦しみを語ることができない背景には「社会の病」があると『原爆に生きて』の編者たちは指摘する。隣近所、親戚や家族といった生活共同体こそが、原爆被害者を差別し、虐げ、その苦悩を深め、さらに、そうした現状を語らせないよう圧力をかけているというのである。だからこそ「総べての弱者が、堂々と自分の名前を名のって、真実の悲しみや苦痛を訴えられる社会にすることこそ、平和への正道ではないでしょうか」と問いかけ、『原爆に生きて』を刊行することを通して、被害者の実情を「同胞に訴えようと」したのである。[20]「同胞」という言葉を使うことで、訴えが共有されるはずであるという期待が含意されているし、行為遂行的に「共感の共同体」を成立させることにもなる。同時に、訴えるという発話行為において、行為の主体と対象は同一ではありえないのだから、「共感の共同体」が成立していないということ、つまり「同胞」のなかに亀裂が横たわっている現状を露にするのである。

原爆で父を奪われた女性は、「戦争の犠牲も少なく、さしくる〔ごまかす〕家ではいつも古米を沢山持っていて、闇米で一財産作って、家等たてたりするのを見ると、私はたまらなく戦争がいやに思えた」（横山文江）という。夫を亡くし四人の子どもと残された女性は、「被害者が訴えなければ誰もこの真実を訴えるものはない」と原爆被害者としての責任を意識しながらも、「広島市民」には失望している。「現在は広島にいる人も被害を受けなかった人の方がはるかに多くその人達にいろいろの話をしても「よそ吹く風」という様な顔をされるので悲しい気持ち」（山田静代）になるというのである。

時には心が沈み入って、死んでしまおうかと、思うこともあります。（宮田君子）

自殺も考えた事がありました。（小原秀治）

時にはどうしてあの時死ねなかったのだろうかと考えることもあった。（浦本稔）

なかには「自殺する勇気のある人が羨ましい」というものもある。

「遭うたもん」の絶望

『原爆に生きて』が刊行された翌年、福竜丸事件が起きて原水禁運動が広がり、原爆被害者への感情移入を促す「共感の共同体」が成立した。その基盤には、原爆被害を日本の被害として捉える集合的記憶の萌芽があった。しかし、福竜丸事件以前の日本社会において「原爆被害」イメージを形成するのに大きな役割を果たした『アサヒグラフ』特集号は、原爆が引き起こす物理的な惨状を強調するあまり、原爆後に被害者たちが置かれてきた現状に対する認識に欠けていた。再軍備論者に対して「将来の戦争を口にするほどの人は、この特集に見る無残な姿と同じい――いや、それ以上のものが、やがて、我々自身の上にも生起せぬとも限らぬ」と認識を迫るが、原爆被害者は「無残な姿」として表象されている。

『アサヒグラフ』にみられた傾向は、この時期に刊行された他の写真記録だけでなく、原爆体験記の編集方針にも共通していた。原爆による惨状と被害を強調することが「平和」に繋がるという考えのもとで体験の記録を刊行する動きが四〇年代終わりごろから増えていく。戦争体験が被害体験として記憶され、非戦と平和という価値観と接合され始めた時期において、それは自然の流れであった。原子戦争が現実味を帯びた五〇年頃から、原爆被害を強調して戦争反対の機運を高めようという動きが高まったのもうなずける。[21] しかし、「平和」のための体験記は、皮肉なことに、原爆の威力を軍事戦略に利用する者の視線をなぞることによって成立した。なぜなら、原爆被害の甚大さを強調するために、同心円のイメージに媒介された被害の全体像が提示され、そこに個々の体験が配置されていくからである。[22]

福竜丸事件の後、原水爆禁止の世論を高めるために原爆被害の残虐性を強調する傾向が強まった。[23] しかし、戦争反対や原水爆禁止の意志を引き出すどころか、恐怖心を煽ることにもなりかねなかった。それだけではない。被害を体現する者として表象されることで、被爆者に絶望感や孤独感を与えることにもなったのである。[24]

中国新聞社記者として原爆被害者を精力的に取材していた平岡敬は、被害が悲惨であればあるほど参加者を感動させるはずだという論理が働いているのではないかと、原水禁大会の在り方を批判した。[25]原爆孤児たちを支えた社会学者の中野清一も、被害を強調する姿勢の背後には「内心自分だけはこの「惨状」から免れているとひそかにホッとしつつ、現実の被害者たちの状況を「傍観者的」に記録する含み」があると指摘した。そうした「被害者意識の欠如」が被爆者との断層を深め、ようやく体験を語り原水爆禁止に立ち上がりつつある被爆者に「これだけ言っても分からねば、手早く、第三発目を浴びてみるがよい」と言わせてしまうことになると、中野は危惧したのである。[26]

「遭うてみればいい」という生き残りの言葉はいくつも記録されているが、最も有名なのは大田洋子による「水爆実験があって、東京に死の灰と云われるものがふって来た。（ざまを見ろ）と私は思った。死の灰にまみれて、ぞくぞくと死んで見るとよい」だろう。[27]「夕凪の街と人と」でも、盲目の被爆者に大田はこう語らせている。

ニューヨーク、ワシントン、モスクワに、なんでもかまわず原爆が落ちて、六七十万人の人間が、焼けただれて見ればええと思っていますね。死んだんじゃいけない。焼けただれたまま、五年なり十年なり、どんな工合か、生きていればいいでしょう。そうすればはじめて地球上に、永久に戦争がなくなりますよ。[28]

広島で被爆した歌人の正田篠枝も被爆者の怨念を歌にした。

ほんものを　ドカンドカン　と　おとしゃあげて
世界中の　人間が　みんな　まっ黒こげに　なって
死ねば　いいよ[29]

福竜丸事件が起こり、広島、長崎、ビキニでの被爆が「国民の受難」として受け止められていくなか、少なくない日本人が原爆被害者の苦しみを自分の問題として引き受けようとした。原水爆禁止運動のなかで、原水爆禁止広島協議会（広島原水協）には原爆被害者救援委員会が設置されるなど、原爆被害の現状を明らかにしながら被爆者援護に取り組もうとする動きもみられた。しかし、国民的な広がりをもっていた原水禁運動は、反安保を掲げたことから保守勢力が脱退し、その後、政党政治と絡まりながら、日米安保や共産圏の原水爆保有への対応をめぐって社会党系と共産党系に分裂していった[30]。激しい論争のなかで、分裂を回避しようと発言する被爆者に対して「被爆者面するな」という暴言が吐かれ、原水禁運動に勇気を得て始動した被団協運動も分裂の危機にさらされた[31]。

「原爆被害者の会」を支えた川手健は、占領期の平和運動について、原爆の罪悪と禁止を訴えながらも、原爆被害者の苦しみを訴えの基盤とすることはなく、「被害者が苦しい中をどの様に生き抜いていこうとしているかについての関心さえ極めて薄かったと云える」と批判していた[32]。だからこそ、川手は原水協の救援委員会で積極的に動いたのだが、原水禁運動も同様の傾向を持ってしまったのである。

「平和」や「原水爆禁止」を訴える人も、いつ訪れるか知れない死におびえつつ突き刺さるような差別と貧困のなかで生きる原爆被害者の実情を理解してはくれない……。五六年に原水爆禁止広島県協議会が行った調査によると、「被爆者の苦しみは理解されるか」という質問に対して、八六％もの回答者が「理解されない」と答えている(33)。福竜丸事件を受けて、広島と長崎の原爆被害に眼が向けられ、第一回原水禁世界大会で被害者の救援が運動の基礎に据えられた後であっても、この結果である。平岡が分析するように、ようやく語りだした体験を真摯に取り上げてもらえなかったことに対する失望や挫折感、そして、厳しい差別や偏見により、疎外感が強まり、「もう一度原爆が落ちればわかるだろう」と、被爆者の多くが原水禁運動に背を向けることになったといえる(34)。その深い絶望感が「遭うたもんにしかわからん」、ひいては「遭うてみればええ」といわせることになったのである。

「被爆ナショナリズム」の持続

六〇年代前半、原水禁運動は激しい政治論争のアリーナとなって分裂したが、六〇年代後半から七〇年代初めにかけても、ベトナム反戦運動や全共闘運動など、反権力の社会運動が展開されるなか、広島と長崎は政治的な論争の対象であり続けた。「原爆記念日」には活動家たちが各々の主張を掲げて広島と長崎に集い、平和公園では罵声が飛び交い、殴り合いが繰り広げられることもあった(35)。騒々しくなった原爆忌に、少なくない被爆者や遺族らは「静かに過ごしたい」と外から来た活動家たちを非難し、原爆の記憶が政治に利用されることを嫌った(36)。しかし、第三章でみたように、敗戦直後から、被爆地のエリートたちが原爆の記憶を利用しながら復興計画を立てたり、騒がしい「平和祭」が住民らによって執り行われていた。「静かに過ごしたい」「死者を冒瀆しないで」といった被爆者の声は、占領期にそうであったように、脱政治化され、急進的な社会運動を非難して封じ込めるために流用されることもあったが[37]、そうした声の背後に息づく死者への想いを形にしていく動きも生まれた。

六〇年代から七〇年代にかけて、声高に正義を言い立てる政治とは距離をとりつつも、「反原爆」や「平和」を目指す活動が花開いていった。特に、被爆二〇年を前後して、被爆者の置かれた現状を解明したり、死者の痕跡を辿ろうとする動きが被爆地を中心に活発になっていった。原爆を扱う文学作品が増加し、後年に読み継がれていくベストセラーが相次いで出版される[38]。報道各社が夏の「原爆報道」に精力的に取り組み始めるのも、やはりこの頃である[39]。長崎では六八年から『長崎の証言』の刊行を結節点とした証言運動が始まり、広島とも共同で運動を展開していくようになる。

原水禁運動をはじめとする革新運動に背を向けた被爆者は多かったが、共に原爆被害を発見する同伴者を得ることで、「原爆被害者としての被爆者」となり、反原爆へと向かう者も少なくなかった[40]。特に、七〇年代後半から八〇年代にかけての被団協運動を通して、被爆者は「ふたたび被爆者をつくらない」信念を持つ政治行為体として主体化されていった。その背景には、被爆者に共感する人びとや「反核・平和」を重視する世論があったが、被爆者の方も「被爆ナショナリズム」によって生成される国民の連帯心に訴えかけながら運動を展開した。

軍人や引揚者と違い、資金面だけでなく、数の上でも政治的なネットワークという面でも資源に乏しい原爆被害者が原爆被害者援護法を成立させるには、広く世論に訴えて有権者や議員、自治体の支持を集める必要があった[41]。だからこそ「被爆ナショナリズム」に訴えかけたのである。七〇年代以降に展開された運動がしばしば「国民運動」と名付けられたことからも、この点が確認できる[42]。

被団協が「国民運動」を展開していく時期には、非核三原則の宣言(六八年)や首相の平和式典参列(七一年）などを通して「被爆ナショナリズム」が制度化され始めていた。国家エリートたちは「唯一の被爆国」を標榜して国民を懐柔しようとしながら、実際には、米国の核戦略の一端を担って、沖縄住民に対する米軍の暴力を容認しつつ、独自の核兵器開発も目論んでいた[43]。それに対して、被爆地自治体、被団協をはじめとする運動体、リベラルな知識人やジャーナリストたちは「唯一の被爆国」を掲げることで政府の二枚舌を批判しながら、被爆者に対する国家補償制度の制定と核兵器禁止の制度化を要求した[44]。「被爆ナショナリズム」は、「上からのナショナリズム」としても「下からのナショナリズム」としても作動したのである。

しかし、たとえ国家に対する責任追及を含んでいたとしても、「被爆ナショナリズム」は根本的な国家批判とはなりえない。責任を追及する主体が国民として統合されてしまい、「非国民」に対して行使される国家暴力――特に植民地暴力――を見逃してしまうからである[45]。

3　被爆の記憶と植民地暴力の痕跡

被爆の記憶を介して生成した「被爆ナショナリズム」は、かつて「大日本帝国臣民」として戦争に動員されて被爆した旧植民地出身者――とりわけ朝鮮人原爆被害者――の体験を周縁化した。日本における原爆の集合的記憶は、被害者全体の五から一〇％を占めるといわれる朝鮮人被害者を忘却することで成り立っており、現在に至るまで、それが大きく変化することはなかった[46]。

表 2　朝鮮人被爆者の体験記(47)

発行年	タイトル	総数
1965	『いわての被爆者は願う 第 2 集』	1
70	『見捨てられた在韓被爆者――日・韓両政府は彼らを見殺しにするのか』	1
72	「朝鮮人被爆者孫振斗さんに治療と在留を！」	1
72	『潮』7 月号	26
73	『朝鮮・ヒロシマ・半日本人――わたしの旅の記録』	14
75	『被爆韓国人』	8
75	『ヒロシマを持って帰りたい』	1
77	『早く援護を！』18 号	1
78	『ドキュメント女の百年 1 女の一生』	1
79	『早く援護を！』25 号-27 号	1
79	『白いチョゴリの被爆者』	18
79	『朝鮮人被爆者の実態報告書』	12
80	『アイゴ！　ムルダルラ――広島・長崎被爆朝鮮人の 35 年』	13
80	『日本の空襲 8 九州』	2
80	『韓国の被爆者』	1
82	『原爆と朝鮮人 長崎朝鮮人被爆者実態調査報告書第 1 集』	7
82	『被爆朝鮮・韓国人の証言』	42
82	『早く援護を！』38 号	1
83	『原爆と朝鮮人 長崎朝鮮人被爆者実態調査報告書第 2 集』	3
84	『原爆と朝鮮人 長崎朝鮮人被爆者実態調査報告書第 3 集』	1
85	『もうひとつの被爆碑――在日韓国人被爆体験の記録』	17
86	『イルボンサラムへ――40 年目の韓国被爆者』	93
86	『原爆と朝鮮人 長崎朝鮮人被爆者実態調査報告書第 4 集』	1
87	『ヒロシマへ……――韓国の被爆者の手記』	3
87	『写真記録・原爆棄民――韓国・朝鮮人被爆者の証言』	167
89	『朝鮮人被爆者――ナガサキからの証言』	14

朝鮮人被害者の姿

被爆の記憶が国民化していくなか、朝鮮人原爆被害者の存在は忘れ去られていくが、初めから記憶に登録されていなかったわけではない。昭和二〇年代に書かれた体験記には朝鮮人被害者に言及したものがいくつもある。「「権現サンとこキョウゴショができとるよ。行くか?」言葉のなまりのたどたどしさからす ぐ半島の子供と知れた。〔中略〕少年は殆んど私を負うようにして権現下の救護所へ連れて行ってくれ、名も告げず所も言わずいつの間にか風のように人混に紛れてしまった。礼を言う暇もなかった」(橋本くに恵『原爆体験記』)、「「お母さん!」突然甲高い声が起った。私はぎくっとしてその方を見ると、朝鮮人の母子が、めぐり会っているところだった」(玉井京子『婦人倶楽部』)などである。[48] 広島の子どもたちの詩を集めた『原子雲の下より』には安佐郡朝鮮安佐小学校の慶箕学と李粉南が詩を寄せた。[49]

ストックホルム・アピール署名運動においては、在日朝鮮人被害者も活躍していた。[50] また、第一回原水禁世界大会でも、在日朝鮮人総連広島支部の代表が朝鮮人被害者の調査を要求した。[51] しかし、「朝鮮人被爆者」の実態が社会問題として認識され始めるには、日韓基本条約が締結される一九六五年を待たなければならなかった。七〇年代に入ってからは、韓国在住および日本在住の朝鮮人被爆者の体験記が、主に聞き書きという手法によって、編纂されていくようになる。

体験記の構成と内容

日本人による体験記の多くは、原爆投下の当日もしくは前日から始まっている。体験記の原型が形成された昭和二〇年代でいえば、六二%が該当する。

ああ、思出せばぞつとする。昭和二十年八月六日、その時僕は小学校の二年生であつた。（前田正弘『原爆体験記』）

今にして思えば九日の朝は夏とはいゝながら、虫が知らすというが、暑さが一入ちがっていた。（新屋鋪孝道『長崎精機』）

日本人の体験記とは対照的に、朝鮮人被爆者による体験記の多くは、なぜ広島や長崎で被爆するに至ったのかという歴史的背景、つまり、日帝植民地支配について言及することで始まっている。

わしには、右手の親指がない。
むりやり日本へ連れてこられて、むりやり働かされて、大事な指を奪われてしまいましたんじゃ。あげくの果てに、原爆にまで遭うて、とうとう働けん体にされました。（李永淳『白いチョゴリ』）

一九二八年（昭和三年）私は慶尚南道の平林里に生まれ、七歳になった時、日本へ行くことになりました。昭和の初め頃、朝鮮には多くの日本人がやってきました。「韓日併合」によって侵略して来た日本人は農民から土地を奪いました。（崔英順『ヒロシマへ』）

さらに、日本人被爆者の体験記が被爆直前から始まって、被爆直後の惨状へと筆を進める傾向が強いのに対して、朝鮮人被爆者の体験記は、日本人の植民地支配者としての横暴ぶりや被支配者として受けた差別や暴力などを詳細に記述する。

子どもたちは「あれ朝鮮人だ」と近寄ってきていじめたりしました。言葉の通じない私はおしのように何もいわず、毎日毎日熱心に学校に通いました。（崔英順『被爆韓国人』）

何人かの人間らしくない日本人教師たちは、私たちを人間や弟子としてより不良青年か犬、ブタのように扱って、蹴ったり踏んだり、殴ったりした。（郭貴勲『被爆韓国人』）

坑内の危険な仕事は、みな朝鮮人にやらせるのです。日本人は監督や指導員をしており、そのくせ、朝鮮人の賃金はピンハネする、さらに朝鮮人の配給物まで横流ししていました。〔中略〕食べ物は豚以下、労働は日本人の数倍、そして、虐待がつづくのですから体力は弱くなるばかりです。（鄭順南『白いチョゴリ』）

日本人被爆者の体験記が八月六日や九日、もしくは、その直前から始まっているのは、戦争や植民地支配という歴史的文脈のなかに自らの体験を位置づけることなく、被害者として「過去を免罪」しているからだと、朝鮮人被爆者問題を取り上げた先駆者である平岡敬は批判する[52]。たしかに、朝鮮人被爆者が戦時中に受けた差別や暴力を行使した加害者のなかには、後に被爆者となる者が含まれていた。そして、被爆直後にも植民地暴力は作動した。

動員学徒、とりわけ広島県立広島第一中学校（一中）のようなエリート校の生徒は、制服や校章でそれとわかり、救援に当たった人たちから同情を受けて救護された様子が日本人被爆者の体験記には描かれている[53]。しかし、朝鮮人の場合は、それとわかると救護を拒否される場面もあったという。

〔救護所で〕軍医が、油ぬっておったのが、わしに、きくんじゃ、「どこで、やられたか」と奴がきいたから、「紙屋町で、おうたんじゃ……」わし、返事したのよ。

わしが言うのきいて、「キサマ！鮮人だナ」おらんで〔叫んで〕から、いまに殺しそうな目のツラして、わし、にらむんじゃ、おう！

〝ええい！こんな奴の世話になるか！〟わしゃあ、ハラの中でおらんで、そのままそこ離れたんじゃ……。（呉鳳寿『朝鮮・ヒロシマ・半日本人』）

その後、八月一五日を迎えるが、日本人と朝鮮人とでは、その描写に顕著な違いがみられる。日本人による体験記、特に初期に書かれたものには「八月十五日、あの敗戦を知らされ何とも云い知れぬくやしさと暗い不安を感じました」（小原秀治『原爆に生きて』）、といったように、敗戦の報を受けた時の悔しさを思い起こすものが多い。それに対して朝鮮人被爆者の体験記では、植民地支配からの解放の日として想起されている。

八月一五日、私たちは橋の下で日本の無条件降伏を知った。あれほどバカにされていた私たちも独立したのだ。（朴且点『被爆韓国人』）

「戦争は終わった」という知らせを聞いた瞬間胸が熱くなり、涙が流れ出した。ついに来るものがきたのだ。祖国の解放の日がめぐってきたのだ。亡国のやりきれない悲しみももう終わったのだという思いが胸にこみ上げ、その場にへたり込んで泣いた。（郭貴勲『被爆韓国人』）

なかには、帝国臣民として主体化されていたために悔しさを感じた者もいるが、少数にとどまっている。(54) 解放後についての描写は、朝鮮半島に帰還した者と日本に留まった者とでは、その内容が違ってくる。幼いときに日本に渡った、もしくは、日本で生まれ育った者にとって、「故郷」での生活は厳しいものだった。

生まれて初めて祖国の土を踏んだが、ことばも通じないし、風習も知らぬ私は途方にくれた。一度は安心した父母も、帰還同胞を迎える冷たい目に肩身の狭い思いをしたようだ。（朴且点『被爆韓国人』）

日本帰りということや被爆者であるために差別と偏見の視線にさらされたという人も少なくない。日本でも被爆者は差別されたが、韓国では原爆症や被爆者に関する情報も乏しく、知識の欠如が偏見に拍車をかけた。日本で生まれた韓広順は、四六年二月に朝鮮半島へ「帰る」が、ケロイドがひどいためか、人から避けられたという。

韓国の人には、日本から帰って来たから〝パンチョッパリ〟言われて馬鹿にされてね。日本で差別されて、帰ってからも差別されて、遊んでもおもしろくないの。（『もうひとつの被爆碑』）。

帰国後も、差別や偏見の目に苦しめられた朝鮮人被爆者は、朝鮮戦争によって、さらに追い詰められる。原爆体験を語るなかで朝鮮戦争に言及するものは少なくない(55)。

一九五〇年（昭和二五年）に朝鮮戦争が始り、夫は徴兵され、次の年に江原道の鉄原というところで戦死しました。私が二十三歳の時でした。（厳粉連『ヒロシマへ』）

六月二十五日に動乱が起きたとき、私は妊娠して、つわりと中毒で避難することもできず、北の軍隊に捕まって、皮バンドでなぐられたり、いろいろ調べられました。（林福順『被爆朝鮮・韓国人の証言』）

半島に帰った被爆者にとって「戦後」はなかったのである。

日本に留まった者の多くは、植民地時代から続く民族差別について言及する。「わしら朝鮮人は、老齢年金なんかも受けられん。むりやり引っぱってきておいて、今となったら知らん顔じゃ」と李永淳が証言するように（『白いチョゴリ』）、「国民」としての権利に関して差別的な待遇を受けたが、「被爆者」としての権利を要求するときにも差別された。「被爆者」は、国籍条項のない法的地位であるにもかかわらずである。

被爆者援護についていえば、日本人以上の待遇を、とは言いませんが、平等の待遇をして欲しいと思います。被爆手帳申請の証人二人中一人は日本人でなければいけないというようなことは廃止して欲しいですね。（張武任『アイゴー！』）

植民地支配、戦争と原爆、そして差別に苦しんだ朝鮮人被爆者の体験記は、解放後の居住地にかかわらず、日本社会や日本政府に対する怒りを露にし、補償要求を掲げているものが多い。

強制徴用され、被爆し、はや三〇年の歳月が過ぎ去った。〔中略〕だれからも慰めの言葉をうけず、世間の冷たい目に歯をくいしばり、骨身にしみる怨みを抱いて死んで行った仲間よ。だれを、何を、怨み、憎みながら死に去ったか。

日本政府は私たち三菱徴用工被爆者に、補償や救護対策は別にして、今日に至るまで誠意ある慰めの一言もいってくれただろうか！（朴海君『被爆韓国人』）

身体も思うように動かず、生活も苦しいのに、日本政府は私たち朝鮮人のことは、ただの一回も見向きしないばかりか見舞いの言葉ひとつもありません。個人があれだけのことを犯せば、当然死刑になるだろうが、国が犯した罪には、何の罰則もなしにすまされるのだろうか。〔中略〕とりわけ罪もない私たちにまで被爆と、それに続く業苦をなめ続けさせている罪は許すことができません。わずかな手当てだけで、被爆者の苦しみがやわらぐでしょうか。（金秀鉉『白いチョゴリ』）

差別についても沢山話しましたが、こんなことはみんな日本政府の責任だと思うのです。朝鮮を植民地にして、われわれを強制連行した。その上原爆にまで会(ママ)わせた過去を反省しないどころか、そのことをよく知っている政府が、行政が、なぜ先頭に立って日本人に知らせ、差別をなくすように努力しないのか。（徐正雨『朝鮮人被爆者』）

朝鮮半島に戻ってからも戦争が起こり、後遺症と生活苦、差別と偏見にさらされて、日本で過ごした時代を懐かしむ者もなかにはいる。(56) しかし、その圧倒的多数は戦前だけでなく、戦後も含めて、日本政府や日本社会の差別的態度に対して、補償や謝罪、反省を要求している。

語りの特徴

朝鮮人被爆者の体験記のなかには、日本人のものと同じように、被爆直後の「地獄」の惨状や家族を喪った悲しみが綴られているものもある。

焼けて顔のない死体がころがっているかと見れば、頭や、もがれた腕や足が死体の原にころがっている。まるで屠殺(ママ)された獣の肉片のようなありさまである。言語を絶する惨状であった。（金再根『朝鮮・ヒロシマ・半日本人』）

生涯を振り返って、やはりあの原爆のことが一番、胸痛いですね。毎年、原爆慰霊碑へ参ります。いちども休んだことありません。行って、泣いたり〔死んだ三人の子に〕わびたり……。（金命今『原爆忌民』)

日本人被爆者のように、「遭うたものにしかわからん」というもの、死んでしまいたかったというものもある。しかし、朝鮮人被爆者の語りからは、日本人とは異質な「被爆の記憶」が浮かび上がってくる。たとえ同じ言葉を使っていたとしてもである。

「被爆」――私にとって、これほど呪わしい言葉はありません。なんといったらよいのか、その二文字を目にするだけで、胸の奥底が煮えたぎり、息苦しくなるのです。

言葉ではとうてい言い表せない、「怨念」とでも言うべきものです。祖国を追われ、はるか異郷の地で、ともに苦労してきた肉親八人を一瞬のうちに失った者にとって、通り一遍の怒り、憎しみ、悲しみではいいつくせない、まさに「怨念」なのです。

本当に、私はこの三四年間、喉から血を吐き出すような思いで、毎年八月六日の朝を迎えてきました。「なぜ、どうして私たちが、国を離れた異国で辛苦をなめたあげく、他人の戦争の巻きぞえをくって犠牲にならなくちゃいけないんだ!」(白昌基『白いチョゴリ』)

白昌基にとって「被爆」という言葉は、原爆によってではなく、日本の植民地暴力によって奪われたものを思い起こさせるのである。

「地獄」という言葉も被爆直後の惨状を表現するためにではなく、被爆前に日本人から受けた植民地暴力に言及するために使っているものもある。

人間が人間をあんなに虐待できるとは、それまで考えてみたこともありませんから、ちょっとしたことで棒で殴られるという炭鉱での生活は私にとって地獄と同じでした。（李致権『アイゴ！』）

〔長崎県の松浦炭鉱で〕一里も二里も坑道の中を歩いて行って石炭掘った。外じゃ雪が降っとるのに男も女もふんどし、パンツ、ズロースやこしまきひとつという格好で、地獄じゃったね。（金順相『原爆弖民』）

被爆直後の惨状が脳裡に焼きついて「忘れようにも、決して忘れられない」という被爆者は多いが、被爆直後の光景ではなく、被爆前に受けた民族差別を「決して忘れられない」という朝鮮人被爆者がいる。配給の列に並ぶと、いつも日本人に割り込まれたという鄭順南は、乳児だけに特別に割り当てのあった砂糖を配給所で受け取ろうとすると「鮮人はニンニクでも食っとれ。お前らにやる砂糖がありゃ、ブタに食わせるわい」といわれたことを怒りに震えながら想起する。

朝鮮人は豚以下だそうです。

私の赤ちゃんに割当てた砂糖は、豚にくれてやるそうです。私がさげすまれるのは慣れています。しかし、お腹をすかした君子を背に負ったまま、この時ばかりは、口惜しくて、悲しくて、私も赤ん坊の君子と一緒に大声を上げて泣きました。この日のことだけは、決して忘れません。（『白いチョゴリ』）

朝鮮人被爆者の体験記に戦争反対や厭戦感情を含むものは比較的多いが、核兵器廃絶の訴えとなると数は少なくなる。在日朝鮮人のなかには「二度と戦争はイヤです。原爆もごめんです。そしてこの世から「核」という文字をなくしてほしいと願っているのは、私たち朝鮮人被爆者だけではないと信じます」(鄭順南『白いチョゴリ』)など、核兵器反対や核軍縮を訴えるものは一六三編中一六編(一〇%)あるが、在韓被爆者の手記では二八六編中一一編(四%)にとどまる(57)。

体験が記録された時期の韓国では、反共親米軍事独裁政権のもと、在韓米軍基地には核兵器が配備されており、原爆被害者の存在が広く知られることもなく、原爆投下を日本に対する天罰として受け止める風潮が強かった。六七年に設立された「韓国原爆被害者援護協会」(七七年に「韓国原爆被害者協会」と改称)に集った被害者たちは、救援と補償を要求する運動を始めたが、日本被団協のように平和主義と反原爆の旗印を掲げながら運動を推し進めることは、政治的にも社会的にも極めて困難だった(58)。

原爆を生き延びた後も戦争に見舞われた在韓被爆者の体験記には、「もう戦争はこりごりです」(林福順『被爆朝鮮・韓国人の証言』)といったように、戦争に対する忌避感を表現しているものも少なくないが、朝鮮戦争に言及しながらのものが多い。しかし、その圧倒的多数が、日本による植民地支配が現在の苦しみの元凶であると訴えている。それは、在日朝鮮人被爆者も同じである。だからこそ「もう差別とか原爆とか、絶対ゆるせんわけですよ」(李寿東『被爆朝鮮・韓国人の証言』)、「原爆も大変でしたが、私にとっては、炭鉱に連行された以降の日本での生活は、皆同じように大変だったのです。今後、再びこのような災難が私達にふりかからないことを願ってやみません」(李致権『アイゴー!』)というように、「原爆を許すまじ」ではなく、「植民地支配と民族差別を許すまじ」なのである。

「朝鮮人被爆者」という主体性

朝鮮人被爆者のなかでも、朝鮮半島に帰還したか否か、分断後どちらの国家に所属するのかなどの条件によって、体験の語りに違いがみられる[59]。しかし、朝鮮人被爆者という主体は、原爆や戦争、植民地支配をめぐる言説によって構成されており、その語りには共通の特徴がみられる。一つには、原爆だけでなく植民地支配による被害が強調されているという点である。なぜ朝鮮人が広島や長崎で被爆するに至ったのかを、日本による植民地支配の歴史のなかで問いただしているのである。二つ目は、日本に留まった場合は日本社会の中で民族差別を受け、朝鮮半島に帰還した場合は日本帰りで被爆者であるということで差別を受けたという痛みを表現している点である。三つ目は、日本による植民地支配の被害者として、日本人や日本政府に対して責任を問いただし、反省や補償を要求するという点である。「ノーモア・ヒロシマ、ノーモア・ナガサキ」という日本人被爆者の訴えが「人類」や「世界」といった普遍的な対象に向けられているのに対して、朝鮮人被爆者の訴えは、朝鮮半島を植民地化した歴史を背負う日本の人びとに対して向けられているのである。

朝鮮人被爆者の体験記の大部分は聞き書きであり、朝鮮人被爆者支援、在日朝鮮人の人権問題や日本の戦争責任追及に取り組む日本のジャーナリストや運動関係者によって記録され、編集されているが、そのこと自体、朝鮮人被爆者の置かれてきた状況を示している。体験記を書くために必要な教育を受けられなかった、生活するのに精一杯で体験を記録する時間がないという理由もあるが、その声を受け止めようとする社会的、政治的な基盤が日本社会だけでなく韓国社会においても形成されなかったということが大きい[60]。

朝鮮人の人権を回復しようとする人びとによって書き取られているために、日本の責任を追及する語りに重きが置かれる傾向にある。だからといって、記録された証言が偏向していると断じるのは早急に過ぎる。どんな体験であれ、全てを語り、全てを記録することは不可能であり、証言が成立するときには、必ず取捨選択が行われている。それは、日本人被爆者の体験記にしても同じことである。朝鮮人被爆者の言葉が聴き取られ記録されることによって「朝鮮人被爆者の体験」が成立したのだが、何が語られ、何が語られないか、そして、何が「証言」として提示されるかについては、個人の選択の結果という側面があるにせよ、想起の枠組みである集合的記憶によるところが大きい。日本人被爆者にしても、本書でこれまでみてきたように、同様のことが指摘できる。日本人被爆者と朝鮮人被爆者が原爆体験を想起するさいに参照する枠組みに違いがあるからこそ、個人ではなく集団として証言の内容に違いが生じてくるし、そうした違いの背景に植民地支配の歴史があるからこそ、朝鮮人被爆者が日本の責任を問うことになるのである。

日本の植民地支配の歴史を抜きにして朝鮮人被爆者が生まれることはなかった。しかし、それだけではない。大日本帝国崩壊後の東アジアの地政学的状況と日本の歴史健忘症なくして「朝鮮人被爆者」という主体が形成されることはなかった。彼ら・彼女らは、戦時中に「同胞」として戦争に動員され、そのために原爆被害を受けたが、日本が敗けた後は「外国人」として扱われ、サンフランシスコ講和条約発効後に成立した戦争被害者援護制度からは排除された。さらに、「被爆者」に対する法的援護制度には国籍条項がないにもかかわらず、長年援護の対象外とされてきた[61]。原爆に関する集合的記憶のなかでも、朝鮮人被害者はその片隅にしか居場所を得てこなかった。原水爆禁止運動の広がりのなか、被害者の声が少しずつ届くようになったときには、既に「日本人」の歴史から朝鮮人の存在は忘れられており、原爆被害者は日本民族であるところの日本人を指すようになっていた。「朝鮮人被爆者」という主体は、植民地時代を含む原爆投下以前の歴史状況と米国による原爆投下という歴史上の出来事によってのみ誕生したのではない。戦争の記憶から植民地暴力の痕跡を消し、大日本帝国の過去を民族国家の記憶に再編してきた、戦後日本の集合的記憶なくして「朝鮮人被爆者」が生まれることはなかったのである。

4　同心円的な想像力を越えて

福竜丸事件を契機として広がった原水爆禁止運動のなかで、原爆の記憶の国民化が決定的となり、被害者意識を基盤とした「共感の共同体」が成立した。そのなかで原爆被害者が「反核・平和」の証言者として主体化されていった。「被爆ナショナリズム」によって形成された「共感の共同体」は、原爆被害者の運動を支えてきたし、国家に対する異議申し立てを促してきた。しかし、原爆被害者が「被爆地市民」から「日本人」へと同心円状につながる共同体の成員として「原水爆禁止」を訴える主体となることで、共同体の亀裂を証言する語りは「遭うたもんにしかわからん」という言葉のなかに閉じていった。なかでも、朝鮮人原爆被害者は「反核・平和」の証言者として主体化されることなく、日本においても韓国においても忘却されてきた。その存在が言説上に姿を現すのは、原爆投下から二〇年以上経った後であった。「朝鮮人被爆者」が「反核・平和」の主体としてではなく、日本の植民地責任を追及する主体として立ち現れ、被爆の記憶に植民地暴力の痕跡を刻み込むことで、原爆体験に基づく共同性が幻想でしかないことを突き付けたのである。

第二部を通して、原爆を生き延びた者が、放射線被害を受けた「被爆者」として主体化されるときだけでなく、「平和の証言者」として主体化される際にも、同心円状の想像力が強力に作用することが明らかになった。上空からの視点は、国民的想像力を可能にする「超越的な視点」と重なるのである[62]。原爆は、天皇を中心とした国家が地域、家族という生活共同体を介して個人を国民共同体に包摂し、動員していった総力戦にふさわしい効力を持つ兵器なのである。

こうした同心円状の記憶の編成に挑戦した作品がある。ジャーナリストの関千枝子による『広島第二県女二年西組』（一九八五年）である。原爆当日、体調が優れず学校を休んだ関は、自宅で被爆したものの生き残った。しかし、作業に出ていた三八名の級友たちは被爆死した。生き残ったことに苦しんできた関が、一人ひとりの級友の最期を明らかにして、同心円の地図の上に、それぞれの死亡地点を刻み込んだ。家族や学校を基盤とした社会関係のなかで生きていた、級友一人ひとりを思い起こしながら展開する関の作品は、鳥瞰図的な視点をかく乱し、国民国家の共同性を前提とする同心円状の想像力を拒絶する。そうした点において、冨山一郎や成田龍一らは、関の作品を高く評価している[63]。

確かに関の作品は「爆心地からの距離」という尺度や国民としての共同性に解消することなく、原爆死者一人ひとりのかけがえのなさを浮かび上がらせることに成功しているし、成田が「出来事の意味を他者との関係性のなかで記述する姿勢が、「われわれ」を所与の前提とせずに、その再検討へと向う」と評している[64]。しかし、関の作品が優れているからこそ、作品を成立させる前提である「女学校の同級生」というように、原爆体験の多くが「被害者」や「国民」という共同的な語りに陥りがちなのとは一線を画して共同性について思いをめぐらせないわけにはいかない。広島の原爆で七千人以上の動員学徒が殺された[65]。その多くは、爆心地近くに動員されており、親に看取られることもなく死んだ。遺骨さえ親元に帰っていない者は多い。消息が不明のままで、その最期の様子さえわからない者も少なくない。だからこそ、関は執念を持って遺族や関係者を訪ね歩き、何とかして級友三八名全員の最期を記録した。同様の営みは、遺族や生き残った同級生らによって現在に至るまで続けられている。しかし、「同級生」という共同体を持ち得なかった死者は、死後に記憶してくれる学友を持たない。朝鮮人原爆被害者のなかで中学校や女学校に行った者は、ごく少数にとどまる。戦争末期に連行されてきた徴用工など、探しに来てくれる親や親戚がいなかった者も少なくない[66]。異国で客死した死者たちは、国民的想像力が描く同心円状の地図の上には痕跡を残すことなくこの世を去り、忘却されることすらないのである。

第三部

生き残りたちの原爆後

――死者の記憶と原爆体験

原爆が投下された直後にではなく、十数年という年月をかけて「原爆体験」が成立し、「被爆者」が誕生することになった。原爆の傷害作用に関する医科学言説によって形成された同心円の想像力が原爆被爆の記憶を覆っていくなかで、放射線の傷害作用を受けた可能性のある者が「被爆者」として主体化されていく。「原爆体験」は、原爆の傷害作用、特に放射線を受けた被害体験を指すようになり、原爆投下直後の惨状と放射線による健康被害の描写が体験記の主要な部分を占めるようになる。放射線被害としての「原爆体験」の表象は、「反核・平和」を訴える運動やジャーナリズムのなかで顕著であり、国民的な被害者共同体を形成するのに一役買った。同時に、そうした表象が被害者を疎外することにもなった。しかし、被害者の苦しみに耳を傾けながら、病気と貧困の悪循環、差別と偏見や植民地暴力の持続を原爆被害として捉え返す動きも生まれていった。被爆者運動や朝鮮人原爆被害者支援運動のなかで、戦後の日本社会や国家によってもたらされた被害も「原爆体験」として受け止められてきたのである。

原爆の傷害作用による身体被害や戦後もたらされた被害のほかに、「原爆体験」のなかで重要な位置を占めてきたのが、死者の記憶である。第一部と第二部で取り上げた体験記の多くに、無惨な死者の姿や死んだ肉親への慕る思いなどが書かれている。大量の死者を目撃した体験や肉親を喪った体験も「原爆体験」として語られてきたのである。こうした体験記は「被爆者」ではない書き手によるものも少なくない(1)。

原爆体験記は死者に言及するものが多いが、死に触れながらも生き延びた者が語り手となったのであって、死者が体験を語ることはできない。しかし、死者は生き残りに語りを促したり、沈黙を求めたりする。つまり、死者は体験の語り手とはなりえないが、体験者の語りに影響を与えてきたといえる。原爆体験に迫るには、死者の記憶に触れざるを得ないのである。[2]

第三部では、死者の記憶に焦点を当てながら原爆体験を考察していく。第五章では、原爆体験の語り手である「原爆を生き残った者」を「残された者」として捉えつつ、有縁者の死を通して原爆体験がどのように記憶されてきたのかをみてみたい。有縁の者を失うという体験は、残された者のその後の人生を悲しみや苦しみで覆っていく。哀切の念は、幼い子どもに先立たれた親の間でとりわけ強烈であった。そして、残された者の多くは生き残ったことに苦しむことになる。悲しみに打ちひしがれながらも、生きていくためには、死に何らかの意味を与えて受け容れていかなければならない。それは、自分が生き残ったことの意味を見出すことでもあるが、生き残った負い目を背負った者にとって、とりわけ重要であった。

死者を追悼したり、死者の死と自らの生を意味づけるという営みは、悲しみや愛情といった極めて個人的な情動を含むものであると同時に物語という文化資源を活用する社会的な行為でもある。有縁の者を死に至らしめたのが原爆であったとなれば、なお一層、死を意味づけるうえでも、生き残った意味を見出すうえでも、原爆や戦争、そして、それによってもたらされた死が社会の中でどう捉えられているのかに影響を受けることになる。死者に関する記憶は、社会における戦争や原爆体験の集合的な表象——集合的記憶——と切り離すことができないのである。だからこそ、原爆死は「反核・平和」と関連づけられながら意味を付与されてきた。

死者と生者の関係性——たとえば、親子であるのか、同級生であるのか——によって死者を記憶する仕方は違ってくるが、無縁の死者であったとしても、なんらかの集団の一員として記憶されることになる。[3]だから、集合的記憶を形作る社会集団に居場所を持たない死者は、忘却されることもない。しかし、匿名の死者としては、原爆の惨状を生き延びた者の記憶に刻み込まれているのである。第六章では、体験の語り手を「原爆を生き延びた者」として捉えながら、大量死に触れた極限体験として原爆体験を再考する。大量死という表現そのものが死の匿名性を示唆しているが、原爆体験記の多くは無縁の死者たちに言及している。ここでは「トラウマ」という概念を参照しながら死者の記憶を考察することで、死者が被爆の記憶に残した痕跡を浮かび上がらせ、記憶の主体の在り処を問い直してみたい。トラウマ論の洞察を通して、原爆体験と被爆者との関係が、第一部とは違った形で浮かび上がってくることになり、原爆体験は誰かが所有できる性質のものではないことが明らかになるだろう。

第五章　物語を求めて——残されし者の哀切と負い目

広島と長崎の原爆死者数は、いまだに判明していない。一九七六年に国連に報告された「一四万±一万人」「七万±一万人」が公式な数として踏襲されることが多いが、広島市による最新の原爆被爆者動態調査では、原爆投下日から四五年末までに死亡した者の数は八万八九七八人となっている。[1]そのうち広島で原爆死した動員学徒は、広島市平和記念資料館（原爆資料館）の調査（二〇〇四年）によると、七一九六人である。[2]総数を一四万とした場合は全死没者の五％、八万九千とした場合は八％にのぼる数である。長崎に比べて広島で原爆死した学徒は多く、全国のなかでも群を抜いて多い。[3]原爆投下の約一カ月前に、国民学校高等科と中学校・女学校の一、二年生を建物疎開の屋外作業に動員することが決定され、七月中旬から一二、三歳の生徒たちが作業に駆り出されていた。[4]屋外での作業が始まった直後、米軍機が原爆を投下した。爆心地に近い場所で閃光を浴びた生徒のほとんどは、短い一生を閉じることになったのである。[5]

1　悲嘆に暮れる親たち——一三回忌まで

死の大義と親の哀切

敗戦直後の混乱のなかでも、各学校は原爆死した生徒や教職員の慰霊祭をとりおこなった。占領軍による規制に抵触しない形で慰霊碑を建てた学校もある[6]。しかし、集団的な慰霊行為が本格化するのは本土占領終結後のことであった[7]。

遺族による追悼記集のなかで、最も早くにまとめられたのが、広島県立広島第一中学校(一中)の遺族会による『追憶』(一九五四年)である[8]。

一中では三五三人の生徒と、校長、教頭をはじめ一五人の教職員が原爆死しているが、なかでも、一年生の被害は大きく、二八八人もの死者を出している[9]。奇数組の生徒は爆心地から約一キロメートルの場所で建物疎開作業に従事し、偶数組の生徒は爆心地から約九〇〇メートルに位置する校舎の中で待機していた。作業組の生徒は全員死亡し、待機組も一九人だけが生き残った[10]。当日何らかの理由で欠席していた者を除き、ほぼ全滅である。あこがれの一中に入学して間もない、まだあどけなさが残る少年たちの多くは、親に看取られることもなく息を引き取った。

最も多くの死者を出したのは広島市立第一高等女学校(市女)である。一年生二七七人、二年生二六四人を含む六六六人の生徒と教職員一〇人が原爆で命を落とした[11]。動員学徒原爆死者の実に一割近くが市女の生徒であったことになる。とりわけ多くの被害が出た一、二年生は、原爆資料館から道路を挟んで南側という、爆心地に程近い場所で建物疎開の作業を始めた直後に被爆したため、当日、作業場に居なかった者を除いて全員が死亡した。亡くなった娘を偲んで、遺族会が一三回忌に追悼記集『流燈』をまとめている。

戦時中とはいえ、幼い我が子を突然失うことになった親たちが、子の死からの年月をどう生きたのか、その一端を『追憶』と『流燈』に見ることができる。おそらく書ききれなかったことのほうが多いのであろう。生前の思い出、子を探して目にした惨状や子どもの最期などを読むことができるが、何よりも、子どもの死を受け容れることができず悲嘆に明け暮れる親の姿が迫ってくる。

貴方の最後は今以て判らない。せめて即死であってくれと祈るばかりです。親思いの貴方が自分の怪我も忘れて「母ちゃん〳〵」と言い乍ら、幾日も生きて居たとしたら私は胸をつき刺したい程居ても立っても居られない。〔中略〕どんなにしてもあの日は家に止めるべきでした。ほんとに貴方はへと〳〵に疲れ果てて居たのだから。（佐々木研治の母・佐々木乃文江『追憶』）

表3　学校関係追悼記一覧表[12]

一中

発行年	タイトル	総数
1946	『泉 第1集―みたまの前に捧ぐる』	37
54	『追憶』	79
62	『倒壊校舎脱出手記』	16
74	『ゆうかりの友』	197

山中高女

発行年	タイトル	総数
1955	『原爆と母たち』	68
75	『おもかげ』	34
85	『追悼記』	61
93	『追悼記 増補』	61

市女

		総数
1957	『流燈』	38
77	『続 流燈』	53
87	『流燈 第三編』	28

修道中

1973	『原爆追悼記』	5

第二県女

1975	『しらうめ』	35

比治山高女

1969	『炎のなかに』	15

市立中学

1975	『鎮魂』	57

あの声あの姿、つかの間も何んで忘れられよう。あれきり、永久に帰って来てはくれない。胸も張りさけ、気も狂う心が致します。さぞ、〔ママ〕や焼けただれた傷ついた身体で我家の方へむかい、「お父さん！お母さん！」と呼びさけびつづけて、ついに情の救いも得られずして、十四才の幼き尊い生命を原爆のいけにえとなりて散ってしまった。何という悲惨事であろ

う。こんな残酷な事が又とこの世にあるでしょうか。可愛いくて可愛いくてなりません。（島田八重子の養父・高橋直行『流燈』）

『追憶』と『流燈』には、「お国のため」に身も心も捧げていた学徒たちの生前の姿も描かれている。日中戦争が勃発した後にこの世に生を受けた学徒たちは、最も報国心に燃えていた世代だったであろう。だからこそ、「戦に出陣し花々しく名誉の戦死をしたと諦め、子供の冥福を祈りつゝ毎日を送つて居ります」（西川節夫の父・西川誠一『追憶』）というように、子どもの死を「殉国の死」として意味づけ、納得しようとする親もいる。しかし、そうした「殉国の語り」はごくわずかであり、『追憶』で三編（四％）、『流燈』で三編（八％）に留まる。(13)

娘が生前「私達は女でも死んだら靖国神社におまつりして頂けるのよ」と微笑んでいたことを思い起こしながら、永田とめは、娘が合祀される日を「今年は来年はと待ちつづけて」いるという。しかし、靖国合祀が叶ったとしても、その悲しみが解消されるとは思えない。

八月六日は幾度来ましても、いか様に慰めの行事をして頂きましても、この母の思いはつきぬ。あゝ忘れ得ぬ、いとし子の笑顔と言葉は墓石の下までつづくことでしょう。宿縁とあきらめるにはあまりにも痛ましい。（永田富美子の母・永田とめ『流燈』）

「お国のため」に死んだのだからと自分に言い聞かせてみたところで、いとし子の死を受け容れることはできないのである。

『追憶』が書かれたのは、広島市が「平和都市」のスローガンを掲げて復興事業を推進し、市民の間でも原爆禁止運動の萌芽がみられていた時期であった。五二年には原爆死没者慰霊碑が除幕され、原爆死者の慰霊と平和への誓いが明確に結びつけられた。『追憶』では「再びかゝる悲惨な犠牲者を出すことのないよう、断じて再び戦争の起り得ない平和で幸福な社会と国家を創ることこそ尊い回向であると信ずる」（服部健太郎の父・服部圓）というように、死者慰霊のために平和への努力を誓う遺族は少なくない。「平和の訴え」がみられる手記は一七編（二二％）もある。[14] 子どもの犠牲を無駄にしたくないからこそ、「ノーモア」と訴えるのである。なかには、岡田宏二の母・岡田佐美子のように「原子爆弾に斃れた吾が子が世界平和への礎となれば泣いてはならない、悲しんではいけない」と、子どもの犠牲が平和をもたらしたと意義を付与することで、慰めを得ようとする親もいる。[15]

他方、『流燈』が書かれた五六年から五七年にかけては、ちょうど日本被団協が結成され、原爆医療法の運用が始まった時期と重なる。原爆を生き延びた者が自らを「原爆被害者」として捉え返しながら、生き残った者の使命感を胸に運動を始めた頃である。しかし、『流燈』に手記を寄せた関係者のなかで、平和や原水爆禁止への努力を死者慰霊とつなげる者は四人（一一％）にとどまる。

『追憶』と『流燈』に手記を寄せた親の多くは、子どもの死にいかなる意味も与えることができず、ひたすら深い嘆きの中にある。[16] 残された親にとって、幼い我が子の死を受け容れることは、どんな大義を与えたところで、容易ではないのである。

平和を斉（ママ）らした端緒であつたかも知れない又現在世界を兎にも角にも熱戦の惨禍より防いでゐるものかも知れない。けれども、私達夫婦に取つてはあの原爆はいくら考へ直しても如何にも憎く、そして怨しいものである。（柳信男の父・柳武『追憶』）

七回忌が過ぎても息子の遺骨を墓に埋める気になれない柳は、夏になると「蚊にせめられるのが可愛さう」だから息子を蚊帳の中に入れてやるという。そんな柳が愛息を奪った者に向ける怒りは激しい。

只あの原爆を落させて罪、咎のない無クの女、小供を数多く殺させたもの、又国民をこんな無暴の戦に遂いやつた奴等、又到底敗戦の止むなきを知りつゝ国民をこの土壇場まで追ひやつてしかも尚終戦の下さず、荏苒（じんぜん）日を送ってグズグズして居つた責任者の奴等がたまらなく憎くて憎くてたまらない。

「平和を訴える学徒」

柳が怒りをぶつける「責任者」に昭和天皇が含まれるのか否かは判然としないが、我が子を死に追いやった責任者を糾弾するものは、この時期の追悼記には珍しくない。[17] なかには、「八月六日と言えば、夏休みである時期。〔中略〕せめて一年生だけでも、返えしていただいて居たら、助かっていたものを、今更残念で残念で堪りません」と、学校や教師を批判するものもある。『原爆と母たち』に収められた二宮正子の母の手記である。

『原爆と母たち』[18]は、広島女子高等師範学校附属山中高等女学校（山中高女）の遺族の手記を五五年にまとめたものである。山中高女では五人の教職員と四〇四人の生徒が原爆の犠牲となった。[19]『追憶』や『流燈』と違い、学校の遺族会が発行主体でないせいもあるのか、二宮のように学校を批判するもののほか、担任が休暇を許可してくれていたならば助かった命であったものをと、教師に恨みを向けるものもある。[20]

『原爆と』は、第一回原水禁世界大会が開かれた五五年の夏に出版されたが、五〇年代初めに広がりつつあった「原爆禁止」の訴えをそこにみることは、ほとんどない[21]。それに比べて『追憶』では、より多くの手記に「ノーモア」「戦争反対」がみられるが、『原爆と』と同様、いかなる意味づけをもってしても我が子の死を受け容れることができず、悲しみに沈む親の声が大半を占める。しかし、その一部がマスメディアで発表されたとき、「平和」や「原水爆禁止」という理念が先行する形で受容されていくことになった。

『追憶』が発行されてから間もない一九五四年八月、そのうちの七編が『週刊朝日』（八月一日号）に再掲され、同じ月に三三編の手記を再録した『星は見ている――全滅した一中一年生・父母の手記集』が全国に流通ルートをもつ出版社から刊行された。『星は』は原爆手記として広く読み継がれていくことになり、八四年には単行本として、二〇一〇年には「平和文庫」として再刊された。他にも、『日本の原爆記録　第五巻』（一九九一年）には全編が収録されており、『〝ひろしま〟から学ぶ――高校用原爆・平和教育教材資料（試案）』（七一年）や『続　ヒロシマを語る十冊の本』（八一年）にも一部の手記が再録されている。

原水爆禁止運動が全国的に広がりをみせるなかで出版された『星は』は、「平和」や「原水爆禁止」のための一冊であると賞賛された。

> そこには平和への切ないいのりが、こめられてあるからです。（中略）日本の親にも、アメリカの親にも、これを読んでいただきたい。原、水爆戦争を、くい止めるために。（評論家・石垣綾子）

> 純真無垢の少年たちが散りゆく時の悲しみと怒りと訴えとは、後に残った父や母や兄や姉たちの平

和への悲願となった。それがこの追憶集の各行に響いている。（広島大学教授・長田新）

いまは亡き原爆の子が、世界に平和を訴える。むろん、彼らには姿も声もない。呪の日、三百五十余の生徒を失った旧広島一中の遺族の手になる「あの日、我が子、あの瞬間」を追憶する『星は見ている』を通してである。（広島大学学長・森戸辰男）[22]

平和教育の教材として使われ、「平和文庫」に収められたことからも、『星は』がどのように受容され続けたかを覗い知ることができる[23]。しかし、実際に収録された手記から浮かび上がってくるのは、残された親たちが何とかして我が子の死を受け容れようともがき苦しむ姿と「皇国少年」として生きていた幼い学徒たちの在りし日の姿である。動員学徒たちは、戦中に報国精神を植え付けられて死と殺戮へと動員されただけでなく、動員が解かれた後においても日本の大義——今度は「平和国家」であるが——を支える役目を担わされたのである。

2　物語の浮上——老いゆく親の悲哀と諦観

愛する人を喪った痛みであっても、それは時が流れるにつれて少しずつ和らいでいくものであり、非業の死を遂げた戦死者に関しても同じことがいえるであろう。また、戦死者を記憶する社会的な文脈が変化するために、愛し子の死であったとしても、その意味づけは変わっていかざるを得ない面がある。しかし、死の順番が狂わされ、その亡骸さえも胸に抱くことの叶わなかった多くの親にとって、時が流れたからといって必ずしも子どもの死を受け容れやすくなるわけではない。被爆から三〇年前後に各学校の遺族会や同窓会によって刊行された追悼記に、親たちの心中を垣間見ることができる（表3参照）。

哀しみは、まだ深く、激しく

大変申訳ない事で御座いますが、私にはどうしても原爆を語る気持にはなれないので御座います。（中略）何を見ても何を食べても哀れな薫につながって、その苦しみは私の生涯の十字架でございます。
（柘植薫の母・柘植勝子『鎮魂』）

三三回忌を前にした一九七五年、原爆死した広島市立中学の生徒たちの被爆状況を記録に残すために、遺族から手記を募って『鎮魂』が同窓会によってまとめられた。しかし、哀しみが凍りついたままになっている親にとって、子の被爆状況を文章にすることは大きな苦痛を伴うことであった[24]。
七四年に刊行された『ゆうかりの友』には、一中の遺族たちへのアンケートが収録されているが、返事を寄せながらも、言葉に詰まる遺族の姿を、ここにもみることができる[25]。

元気に張り切って通学していた。切角入学したのに、物には不自由をさせ、勉強は思い通りに出来ず、張切っていたのに……。何とも口ではいえません。文にも書けません。（乃美幸雄の父・乃美巌『ゆうかりの友』）

七七年に刊行された市女の『続 流燈』からも、子どもを失った親の悲しみは深く激しいままであることが伝わってくる。娘の真琴が笑顔で「一生懸命勉強してお国の為に役だつ人間になりたい」と笑顔で語っていた姿を忘れることができないという阿部シヅ子は「沢山のお友達と一緒なので淋しくないかも知れぬと自分で言いきかしてせめてもの慰め」にしているという。しかし、まだ幼い娘を喪った悲しみが癒えることはない。「二人の子供を一人立さしたらまこちゃんの所に行くから待っててねと約束した私は七十一になり、何時迎えに来てくれてもいいと思いながらまだ生きています」という言葉に、我が子より三十余年も長く生き延びてしまった親の哀切がにじみ出ている。手記の最後に添えられた「原爆に消えし娘よ夢になりと姿を見たし母は会いたし」という歌に、残された親の思いが凝縮されている。

子を失ってから流れ過ぎた年月が、残された親の痛みを癒したわけでは必ずしもない。ただし、その質を変化させたようではある。『ゆうかり』に寄せられた親たちの文章からは、『追憶』にあった、触れれば火傷しそうなほどの狂おしい嘆きが、時間の経過や親の加齢と共に烈しさを失ったことが感じられる。

藤野君子は息子・二郎の仏前に毎朝参るたびに、その最期を想像して胸が「張りさけるように痛む」と、原爆から九年経っても和らぐことのない悲しみを『追憶』に綴った。しかし、「クラスの大部分の方はどこで亡くなられたのか分からなかったというのに、遺骨をいただけたことは、せめてもの慰めと思っております」と『ゆうかり』「アンケート」に書いた。そこからは、息子の死を受け容れようと生きてきた時の長さが感じられる。遺骨を肌身離さず持ち歩くという柳武は、息子を失った悲哀と息子を死に追いやった者への怒りを『追憶』の一文で訴えた。しかし、『ゆうかり』「アンケート」にその心情を語る言葉はない。息子の遺骨を墓に納めることはできたのだろうか。

「殉国の死」

故人の三三回忌には「弔いあげ」を迎える地域もあるが、被爆三〇年前後に書かれた追悼記からは、いまだに「喪の途上」（野田正彰）にある親たちの姿が浮かび上がってくる。それほどまでに、子に先立たれた親の悲しみと悼みは深い。だからこそ、その死に意味を見出そうとせずにはいられないのである。「御国の為」の尊い犠牲であったと、子どもの死を納得しようとする親は『追憶』のなかでもみられたが、そうすることで、耐えきれない悲しみを何とか抱えようとしていた様が伺える。それに対して、『ゆうかり』では、死の受容のなかに、ある種のあきらめのような感情がみられる。

毎日威勢良く登校し、一生懸命働らいて家に帰って参りました。親としても、原爆などで死なすとは思ってもいませんでしたが、仕方がない、これも御国の為だと思います。（中略）本人の遺言「生まれ変ってくる。国の為に僕は死んでゆくのだから、余り力を落さずにいて下さい」（三村寛の母・三村スエヨ）

親を思う息子の言葉を反芻しながら「御国の為」に死んだと思うことで、あきらめようとしているのだろうか。三村がアンケートに寄せた短い文章からは、息子を看取ってから二十余年という長い年月のなか、その遺言を胸に生きた母親の姿がみえてくる(26)。

尊い尊い殉死である。純真な美しい心で、ただ祖国の為に、祖国を救う平和の礎石となって逝った。スコップを手に、銃を持った兵隊と同様な姿で死んだものと思う。（岡野博昌の母・岡野愛子）

建物疎開の作業中に原爆を浴びての死であること以外、一人息子がいつどのようにして死んだのか、その消息をつかむことは終ぞ出来なかったという。一中に入学できたことが人生の中で最高の幸せだったと振り返る岡野は、一中の生徒として勤労奉仕に励んだ結果、息子が死に至ったことを「尊い尊い殉死」として納得しようとしているのであろう[27]。しかし、兵隊と幼い学徒とでは親の覚悟も違うのだからと、「殉国の死」として子どもの死を語ることに異を唱える親もいる。

正ちゃんが何時も歌っていた様に、国の大事に殉じたとは云え幼少の力であまりにむごくて忘れる事は出来ません。兵隊なれば死をかくごで出るものを、何んとしても可愛くて可愛くてなりません。

（木村正幸の母・木村清子『鎮魂』）

「平和」と原爆死

「殉国の死」としての意味づけは、岡野の語りにもみられるように、「平和の礎論」と容易に接合できる[28]。

私達は可愛ゆい息子を亡くして文字通り諦められませんが、然し子供等の死は決して犬死ではなかった、原爆の犠牲になることによって戦争は終熄し、若しこれ以上戦争が長く続けば国土は焦土と化し更に何百、何十万の尊き生命が失われたことでしょう。思えば子供達の死は貴い犠牲であったと思います。（大西寿一の父・大西英一『鎮魂』）

大西は子どもの死が国家を終戦へと導いた「貴い犠牲」であったと意味づけることで、「せめてもの諦め」と「慰め」を得ようとする。同時に、「希くは更に世界に原爆等の殺戮兵器が廃絶され真の世界平和、人類の幸福が達成されんことを希念」するというように、子どもの死を「貴い犠牲」として意義づけるためには、「真の世界平和」が達成されなければならないと認めている。大西の語りにおいては「殉国の語り」と「平和の訴え」が「平和の礎論」を介して共存している。

なかには、「戦後二十二年平和の暮しができ、みんなが楽しく、過されるのはあの残酷な原爆で、焼死されたみなさんの貴い犠牲があるから」（築山城子の母・坂本文子『続 流燈』）というように、現状肯定型の「平和の礎論」もあるが、平和擁護を訴えながら子どもの死を追憶する語りの方が多い。ただし、行動を促すというよりも、祈りのような言葉としてである。

> いま、この思い出を書きつつ涙のとめどもなく流れて仕方がありません。〔中略〕このような生き乍らの地獄の形相をくり展げるような原水爆は、絶対に、世界の国々に禁止することを心よりお願いして筆をおきます。
>
> 二昔　三歳を経ちて　巡り来し
>
> 今日の厄日の　思う切なさ　（松永好継の父・松永繁『ゆうかり』）

うらめしさの矛先

この時期に書かれた手記のなかにも「戦争で戦っている者はいざ知らず、銃後の国民をこんな惨めな殺し方をするとは、アメリカが恨めしい」（山本勇樹の母・山本孝子『原爆追悼記』）と米国を直接非難するものがある。しかし、直接の加害者は米国であったとしても、原爆投下を招いて子どもを死に追いやった責任は戦争指導部や教育者にあると考えるものもいる。

大人はいざ知らず、あの十二、三才のいたいけな少年が、勝つまではと、食べたいものも食べないで、あの炎天下、建物疎開作業に汗とほこりにまみれながら、お国の為とひたすら働いていたのです。そして生きながらに焼き殺されるとは、あまりにもひどい仕打ちです。この悲しみはどこへ持って行ったらよいのでしょう。どうして、もう少し早く降伏しなかったのでしょうか。あの学徒たちだけでも殺さないですんだのにと、残念でなりません。（六岡由朗の母・六岡シカヨ『鎮魂』）

六岡の批判の矛先は戦争指導者に向けられているが、前節でみた柳と同様、そこに昭和天皇が含まれるかどうかは定かではない。

昭和天皇を非難する声は、原爆体験記のなかに、ほとんどみられない。しかし、名指しこそしないが天皇批判と読める心情を吐露したものは、数が少ないものの、いくつかある。修道中学二年生だった息子・勇樹を殺されて、「アメリカが恨めしい」と書いた山本孝子だが、「八月六日より前になぜこの勅語が降らなかったのだろうと思い続ける。〔中略〕八月六日以前に降っていたら勇樹も皆も死ななかったのに」と、天皇に対しても恨めしい気持ちを向けている。

子どもの命を奪った戦争指導者や教師たちを非難する声は一定数みられるが、成人として戦争に加担した自らの戦争責任に言及する追悼記は皆無に等しい。代わりに、原爆当日休ませなかったこと、厳しく育てたことや美味しいものを食べさせてやれなかったことを詫びる親は多い。

あの日作業に土橋へ出さえしなければ死ななくてすんだものと運命の苛酷さをつくづくなさけなく思う。食糧、物資不足の為、若い食べ盛りを代用食、配給としぼられ、充分に珍らしいものを食べさせてやれなかったことが、何にもまして思い残りで、充分な現世を見るにつけ、本当に済まなかったと、ただただわびるのみ。（角井利春の父・角井臻『ゆうかり』）

おそらく、このようにしか表現できないのであろう。まだ一〇代初めの我が子に先立たれた親に、子の死を招いた戦争に対する自らの責任を直視せよと迫るのは、酷に過ぎるのかもしれない。なぜ自分の子どもが死んだのかと問い続けるなかで、それは頭をよぎるであろうことなのだから。

3　生存学徒のうしろめたさ

死んだ学徒に対して申し訳なく思ってきたのは親だけではない。親とは違った「すまなさ」を、生き残った学徒は感じてきた。親が子どもを死なせてしまったことに対して責任を感じるのは一理ある。しかし、皇国少年少女として積極的に戦争に協力したにせよ、中学生や女学生だった者が、学友を死なせた責めを受ける道理はない。それでも、生き残ったことに対して、すまなさや後ろめたさを覚えるのである。とりわけ、級友がほぼ全滅したなかで生き延びた者は、うしろめたさを背負って〈原爆後〉を生きざるを得なかった。

『泉 第一集』と『倒壊校舎脱出手記』

敗戦の翌年、生き残った一中生徒によって二つの手記集が書かれた。一つは、被爆当時三年生だった生徒の発案による追悼記であり、もう一つは全滅に近い一年生の生き残りが校長の要請を受けて書いた体験記である。前者は四六年の夏に『泉 第一集――みたまの前に捧ぐる』として、後者は六二年になって校長の手により『昭和二十年八月六日 原子爆弾投下 倒壊校舎脱出手記（元広島一中生徒）』としてまとめられた(29)。

『泉 第一集』は、被爆翌年の八月という最も早い時期に発行された貴重な原爆体験記集であり、動員学徒追悼記としても、遺族ではなく、生徒たちの手でつくられたという点で、異例のものである(30)。被爆当時三五学級（三年五組）に在籍していた生徒を中心に、一七名が亡き学友の思い出を綴っているが、被爆の夏まで同じ工場で勤労奉仕に従事した広島県立広島第一高等女学校（県女）の生徒も一中学徒の在りし日の姿やその最期を記録している(31)。

戦時下の世に生を受け、身も心も国に捧げるべく勤労奉仕に励んでいたとはいえ、まだ中学生だった少年にとって、死は観念的なものだったのであり、実際の学友の死に対して大きな衝撃を受けたことは間違いない。

　東君の死は、あの愛国の熱情に燃え敵機に体当りをした特攻隊の勇士の死と何の変りがあろうか？（中略）東君は日本人と生を享け、御国のために身命を捧ぐを最大の本望とし、御国のため、われこそ防波堤たらんとし、美事に散り逝った。（須郷頼巳）

須藤は友が「御国のため」に死んだと強調するが、須藤の他にも「尊い若き一生を国に捧げて倒れた」（太田一男）というように、友の死を「殉国の死」として顕彰するものが八編（二二％）ある。しかし、立派な最期であったとしても、あまりにも早すぎる死であった。だからこそ、若き学徒たちの霊を慰め、その死に報いようとして、学校再建や日本復興の誓いを立てる手記は多く一四編（三八％）ある。

> 必ずや昔以上の一中にして君に見せてあげるから――誓つて君の期待に副ふ様にし、君を安心して眠らせてあげるから――それが若くして逝つた君の精神を生かす最善の方法であると自分は信ずる。（中島胖）

> 我々は志を遂げずに逝つた彼等の分まで働いて、新日本を再興し、平和世界に貢献し以つて友の霊に手向けようではないか。（澤村一）

澤村の語りは、五〇年代半ば以降、原爆死者追悼において支配的になっていく「反核・平和」の訴えの萌芽として読むこともできるが、「殉国の死」として原爆死を顕彰する語りと接合される。澤村は、友の死を「御国の為に殉じて行つた」と意味づけており、「敗戦国日本を世界平和の一員として再建」するという慰霊行為は、友人が命を懸けた対象である「お国」を護ろうとする意思表示でもあることから、全体としては「殉国の語り」により近いといえよう。

> 原子爆弾で亡くなられた方々は世界平和の為の尊い人柱として今は安らかに地下で眠つてゐられる

事でせう。幸か不幸か生き残つた私達県女の生徒は、御楯隊の冥福を祈り、その人達の分も頑張つて、新日本建設に努力致します。[32]（中西妙子）

中西の語りにある「世界平和の為の尊い人柱」という死者の意味づけは、敗戦直後から被爆地でも繰り返されていた原爆平和招来説による。中西の手記には「殉国の語り」もみられ、「国の大事に殉ずるは我等学徒の面目ぞ」と「学徒動員の歌」を引用しながら「御楯隊」は「花と散りました」と称えている。だからこそ、一中学徒の報国心を引き継いで国家再建に励もうというのである。

澤村や中西のように、死者の信念を引き受けることで霊を慰めようとする者は、降伏という国家による死者への裏切りを受けてもなお、国家護持をうたうのであった。しかし、「世界平和の為の尊い人柱」と観念的に死を意味づけてはいるが、中西にとって学徒たちの死が抽象的だったわけではない。

疎開作業から殆んど裸で帰つて来た一中の生徒を見た時の驚き。きりつと引き締つたあの逞しい、りゝしい様は失せて、火傷のために余りにも変り果てた姿に茫然として手の施し様も知りませんでした。〔中略〕駄目だと分つてゐても諦めきれないで、一生懸命にお手伝ゐをしてゐた時、苦しい息の中から、たつた一言、

「あゝ、ひと思ひに殺してくれといいたい」と、ぽつんと言はれた言葉の裏に苦しい、切ない気持を感じて〔中略〕涙を禁じる事が出来ませんでした。

報国に邁進していた凛々しい姿とのあまりの落差に中西は衝撃を受けたが、だからこそ、彼らの死を

「世界平和」や「国家」といった大義と関連づけないことには、死んだ学徒が浮かばれないと思ったのであろう。

『泉 第一集』が追悼を目的として編まれたのに対して、『脱出手記』は原爆被害を記録するために書かれた体験記集である。そのため、『脱出手記』には被爆直後の惨状の描写が多い。

　私はX君の倒れているのを見た。頭が裂け、手はもげ少し右左に動いていた。〔中略〕A君は足を大きな木と木の間にはさまれて、出る事が出来ない。私が逃げようと思ったときは四方が黒い煙で包まれ、時々火の焼け落ちるのを見た。私が逃げようとすると、「お母さん！K君！」と叫び、「仇を打ってやる」と叫ぶ、私は逃げた。「K君！K君！」と叫ぶ声が遠くなる（Y・K）

Y・Kのように、助けを求められながらも、友を残して逃げざるを得なかった者は、死んだ友に対して後ろめたさや罪責感を覚えたであろうが、そうした感情は間接的にしか表現されていない。

　私には再び梁下に這い込んで友人を助けるだけの勇気がなかった。〔中略〕ポプラの根本にSk君が寝ころんでヒーヒー云っていたが、どうする事も出来なかった。〔中略〕今でもあの時のことを思うと胸が痛む。そして私達生存者の運の強いことを痛感するにつけ、亡くなった友人達が可愛そうでならない。（U・Y）

U・Yは「運の強いことを痛感」したというが、生き残った生徒たちも後に原爆症に斃れていった。全く偶然に命拾いしたというK・Mは「生命をとりとめたのは運がよかったと云えば運でもあったか、しかしその時の事を思う度に世の中の誰にも感謝したくなる。有難いことだと思っている」と書いたが、大学卒業の直前に肉腫で死亡した[33]。

うしろめたさと向き合って

『脱出手記』が出されてから一二年後の一九七四年、その全編を本名で再録した手記集が生存学徒の手によって刊行された。「広島県立一中被爆生徒の会」が編集した『ゆうかりの友』である[34]。『ゆうかり』には、『脱出手記』のほか、前節でみた「遺族へのアンケート」に加え、「生き残った生徒の手記」が収録されているが、遺族に協力を依頼することも、手記を書くことも、勇気のいることであった。しかし、原爆で殺された友に代わって、生き残った者が「悲惨な記憶」を記録しておかなければならないと立ち上がったのである。

『脱出手記』の手記が本名で再録されていることからも、生き残った元学徒が原爆と向き合おうとしている姿が見て取れる。一中に限らないが、多くの原爆犠牲者を出した学校の生存生徒には、うしろめたさがついてまわった。だからこそ、「生き残った生徒達は、亡くなられた生徒の御遺族にお会いするのがつらくて、常に避ける様にしていた」のである[35]。

『ゆうかり』の編集を担当した原邦彦も「生き残った生徒」という重荷を背負って生きてきた。『脱出手記』に収録された手記では、被爆直後の学校の状況や級友たちの悲惨な姿に言及しているものの、避難の道中で出会った友人たちについては触れていない。それに対して『ゆうかり』では、固有名詞を挙げて彼らのことを書いた[36]。

> 玉音放送を聞いた時、もう少し早ければ、広島もあんな事にならずにすんだのに、亡くなった方々は、何故あの様な死に方をしなければならなかったのか、どんなに考えても無意味に感じられ、只々残念でならなかった。〔中略〕原爆が遠くなり、戦争の苦しみや、非人道的事実が忘れ去られようとしている今日、人間の心がまた、過ちを繰り返すのではあるまいか、と不安でならない。

死んだ級友のためだけでなく、未来を生きる者が、級友のような死を迎えることのないようにという願いを込めて原は『ゆうかり』の編集に尽力した[37]。その原も、『ゆうかり』発行の責任を果たした翌年秋に四三歳の若さで他界した。

原のように、生き延びたうしろめたさと向き合えた者ばかりではない。当日は病気で学校を休んで自宅で被爆したという竹西正志は、多くを語らない。

> ご要望に添うような感想文が書けません。原爆のことは、楽音に定着させたい気持をもっていてずっと考え続けてきましたが、いまだに私の中の整理がつかないのです。残念ですが……[38]。

『ゆうかり』とほぼ同時期に刊行された他の手記集からも、生き残った学徒たちが、被爆から四半世紀の時を経て「うしろめたさ」や「負い目」と向き合いつつある姿をみることができる[39]。

山中高女三年だった土師圭子は校内で被爆したが、倒壊した校舎の下に埋まっていた級友たちを救出せずに逃げたことに負い目を感じてきた。

あの日立花先生が生徒の救出を叫ばれた時、どうして友達の救出を手伝わずに逃げることのみ考えたのか、未だに悔やまれて、残念で申し訳なく思っております。私達が学校を出た時は、まだ火災は起っていませんでしたが、想像を絶する瞬間的な惨状に心の準備のたりなかったことを、今日も、まだ、悔やみ続けております。（『おもかげ』）

土師とは違った意味で、生き延びたうしろめたさを感じるのが、当日何らかの理由で作業を休んで助かった者である。とりわけ、クラスや学年がほぼ全滅であったなかで、休んだために生き残った者は、同級生の死に呪縛されながら「原爆後」を生きて来たといっても過言ではない[40]。

病気で作業を休んだために助かったという森原シズヱ（当時一年生）は、『続 流燈』に手記を寄せることを一度は断ったという。生き残ったうしろめたさからであろう。「前日迄、共に働き、共に学んだ先生仲間が、中心地であんなに生地獄のめにあって亡くなっていかれたというのに、本当に申しわけなく、唯々わびる気持でいっぱい」だったという。生き残ったというその事実だけでも後ろめたく思うのに、遺族たちに「横着者が助かって、まじめに作業にいった者があんなめにあって」といわれたのである。生き残ったことに苦しみ、「運命とは云え、一緒に死ねなかった事がくやまれて母親がわりの姉をなきながらせめた」こともあったという。しかし、同級生の母親の一人が「よかったよかった。一人でも助かって、娘のかわりにも、どうしても命を大切にして長生きして幸せになって下さいね」と涙ながらに声をかけてくれたおかげで、生きていく勇気を得ることができた。三〇年以上経ってからも、生き残った苦しみやうしろめたさから解き放たれたわけではないが、幼くして生を断ち切られた級友たちの悲劇が繰り返されないようにとの思いを込めて、「子供達に、戦争で多くの犠牲者のあった事を忘れぬように、平和のありがたさを、大切さを、よく知ってほしいと思っています。合掌」と結んでいる。

動員学徒の生き残りは、多くの学友が死んだなか生き残ったことに生涯苦しんだ。とりわけ、原爆投下から間もない時期においては、森原のように、死んだ生徒の親に心ない言葉を投げつけられ、遺族を避けて慰霊祭に行けなくなったという者は多い。生き残ったとはいえ、生存学徒のほとんどは被爆していたために、後遺症や健康不安に苦しむことになった。なかには『脱出手記』に手記を寄せた幾人かの生徒がそうであったように、後に原爆症で命を落とす者も出る。しかし、子に先立たれた親にとってみれば、どんな形であれ、子どもには生きていてほしかったのであり、理不尽だとわかっていても、生き残った学徒にうらめしい思いを抱いてしまうこともある。生き残った学徒のほうも、自分のせいで学友が命を落としたわけではないと理屈ではわかっていても、やはり、生きていることにうしろめたさを覚えてしまう。しかし、年月が経ち、生き延びた負い目やうしろめたさを直視して、生き残った意味を見出し、学友の最期を記録する行動へと向かっていった。その結果、『ゆうかり』や『続 流燈』など多くの追悼記集が七〇年代半ば以降、世に出されていったのである。

生き残った者として

『続 流燈』から一〇年後の八七年、『流燈 第三編』が出版された。遺族はこの世を去るか、高齢になって活動することもままならなくなったため、『流燈』や『続 流燈』とは違い、遺族による手記はわずかしかなく（一八編中二編）、主に同窓生による手記が収録されている。[41]

被爆から四〇年以上もの月日が流れ、人生の折り返し地点を過ぎてもなお、「あの日」の記憶に呪縛されて身動きできなくなる者もいる。同時に、四〇年という年月は、生々しい記憶や胸をかきむしられるような苦しみを昇華させる助けとなっていることもうかがえる。

胸が痛くなるような四十二年前の悲しい出来事でした。亡くなられた人のお名前にそっと手を当て「安らかにおねむり下さい」と心よりお祈り致しました。平和な今日を大事に、核のない世界の実現を願っています。（服部夏代）

戦争により亡くなられた多くの方や、級友達の尊い犠牲によって、今日の日本の平和がある事を思い、この平和が、どうぞいつまでも続くように努力して行きたいと思います。（今田澄子）

今田の語りにみられるように、八〇年代後半になっても「平和の礎論」は力を持っている。しかし、単に「平和」をもたらした死者に感謝するのではなく、死者の犠牲の上にある「平和」を守るための努力を要請しているところに、単なる謝意だけにとどまらない積極的な慰霊行為をみることができる。

当日、作業に行かなかったために、別の場所で被爆しながらも助かったという浅尾早苗（当時二年生）も、「平和」へと努力することが生き残りとしての責任だという。

人類史上初めて使用された原子爆弾により多くの犠牲者を出し、残された私達は二度とこんな戦争をしてはならないと、平和に対する使命の重責をいっそう深く認識しております。

浅尾は『続 流燈』にも手記を寄せていたが、そこには、友の命を奪ったものへの怒りと原爆の傷の痛みが明確に表現されており、『第三編』の抽象的な文章よりも力強さがある。

米国はなぜ戦争の終結に核兵器を使用したのでしょうか。この原子爆弾が広島に投下されなかったら皆んな死ななかったはずなのに。〔中略〕三十余年たった今日でも原爆による傷跡はいやされることなく、私たち被爆者の心の奥深く潜んでいる現状です。放射能を浴びた体をいたわりながら「核兵器の完全廃絶」を願い、残された余生を大切に、一生懸命生きている昨今です。

浅尾の例にみられるように、『続 流燈』にあった烈しい情動を『流燈 第三編』から感じることはない。親たちによる追悼記がわずかしか含まれていないことも一つの要因であろうが、生存生徒にとっても、四〇年という年月が経ち、生き残った負い目や苦しみがいくばくかは溶けたことが大きな要因であろう。時が流れて、子の成人や孫の誕生といった節目を迎え、人生に一区切りついたことで、過去に向かっていた記憶のベクトルが、未来へと重心を移していくことになったのである。

しかし、四〇年の年月を経てもなお、過去の記憶と折り合いがつかない者もいる。そうした生き残りの姿を、八五年と九三年に出された山中高女の追悼記集にみることができる。

一中一年生と同じく雑魚場町で作業にあたっていた山中高女の一、二年生三三三名は三名を残して全員死亡した。しかし、作業に割り当てられていたはずの二年生数名が助かっている。当日学校を休んだためではない。別の場所で被爆して助かったのである。

助かった生徒の一人が『追悼記』に手記を寄せたことで、当日のことが明らかになった。市外から通学していた二年二組の生徒数名が、来客をもてなすために、家から野菜を持ってきて学校に届けてから作業に来るよう、前の日に言い渡されていたのである。縄本妙子は、教師の指示通り、じゃがいもを学校に届けてから級友たちと作業場に向かい、その道中で被爆した。再び学校に向かった後、作業場で被爆して全身火傷で見るも無残な姿となった級友たちを迎えることになる。

私は誰一人助けてあげた人も、お世話をしてあげた人もなく、ただ恐ろしくて目をそらし、小さくちぢこまっていた。子を持つ母親になって、あの時、何とか出来なかったかと申し訳なく、たびたび複雑な気持ちになる。（縄本妙子『追悼記』）

助かった者同士で当日のことを話し合うこともないまま三九年の時が過ぎ、記憶が薄れてきたことに危機感を覚え、思い出したくないという気持ちに打ち勝って、縄本は書き残すことを決意したのである。(42)

夏が来るたびに、「申し訳ないような気持ちさえ湧いて、いつも辛い思いを抑えられない」という者や「未だに亡くなった人達への目に見えぬ負い目を感じながら、それでもせい一杯生きていることの使命感を果すべく、それぞれの生活で、頑張って生きている」という者もいる。しかし、自分が生き延びた状況を記録することを通して負い目と向き合い、亡くなった学友の冥福を祈る言葉を書き残すことができたのである。

九三年には『追悼記　増補』が出されたが、そこには、被爆から半世紀近くが経って、ようやく自身の原爆体験と向き合うことができた者の姿がある。光藤雪子は、病気でもなかったのに父に勧められて学校を休み、自宅で被爆して助かったことで、死んだ学友に申し訳なくて仕方がなかったという。

さぼって助かった事、本当に心が痛みます。

いつの頃からか、慰霊祭のお手伝いをさせていただいておりますが、はじめて御遺族様にお逢いした時は、本当に辛うございました。

光藤は再び戦争が起こらないよう、平和を祈って慰霊の言葉としたが、半世紀の時の流れの中で、生き延びたうしろめたさを未来への祈りへと昇華させることができたからであろう。しかし、長い時間を経てもなお、生き残った苦しみに襲われるという者もいる。動員先の工場で被爆しながらも助かった岡本信子は、再三の執筆要請にもかかわらず、聞き書きという形で応じるのが精いっぱいであった。

当時のことを思い出さないよう、長い間努めてきたが、やっとこのごろになって書き残そうと自分を励ましてみたりした。けれどペンを持ってもすぐに涙がでて字が書けなくなる。同じ工場にいて亡くなった人のことを思うだけで胸がつまってしまう。潰れた工場の屋根の上に一人で立っていたことさえ辛すぎて、口にも出しにくい。本当に言い辛いけれどわたしの足もとに逃げ場もなく閉じ込められて、生きながら焼け死んでいった大勢の友達のことを思うと、その時は夢中で気がつかなかったとはいうものの、今も心の苦しみからどうしても逃れられない。

原爆が投下された当日、作業を休んで助かった者、友人たちと同じ場所で被爆しながらも助かった者、それぞれに、心に重荷を背負いながら〈原爆後〉を生きたのである。

4　残された者の哀切と負い目

残された者は、惨い死を強いられた学徒たちが安らかに眠れるようにとの願いを込めて、追悼記を綴った。残された者が死を受け容れ、自らの生を肯定するためにも、つらい記憶と向き合うことが求められたのである。しかし、多くの者にとって、長い年月を経てもなお、死者の死と自らの生を受け容れることは容易ではなかった。

戦死や事故死のような「異常死」の場合、残された者が死を受け容れるには、怒りや悲しみといった感情を吐き出すだけでなく、死をもたらしたものに「報復」し、死に何らかの意味を見出すことが重要である[43]。たとえば、事故や殺人の場合、死をもたらした原因を究明して加害者を罰しないことには、残された者の気持ちは収まらない。再発防止の策を講じることで、死を意義づけようとする者も少なくないだろう[44]。

原爆死の場合、死をもたらした直接の要因は米国による原爆投下なのだが、恨みや怒りの感情を吐露することはあっても、米国政府や国民に「報復」を試みることは稀であったし、加害者は罰されなかった[45]。原爆投下を招いた戦争の指導者に怒りを向ける体験記は少なくないが、戦争責任を追及するものはほとんどない。この傾向は、敗戦直後から国民の間で成立していた「指導者責任観」（本章註(17)）の広がりと呼応している。「指導者責任観」は、被害体験として戦争の記憶を成立させ、国民の戦争責任を不問に付す一助となった。しかし、それが総力戦であったために、たとえ天皇や軍部といった国家指導部の責任が重かったとしても、成人であった全ての国民は戦争に対する責任を免れえない。戦争責任を追及していくと、自らの責任とも対峙するよう求められることになる。しかし、わが子の命を奪った戦争に加担した責任、つまり、自分の行為が、間接的にであれ、子どもの死を引き起こしたかもしれないと認めることは、そうたやすくできるものではない。たとえ、頭を掠めたとしても、それを追悼記に記すことなど、よほど強靱な精神の持ち主でなければ到底できない話である。だからこそ、残された親たちは、我が子を死に追いやったものの責任を追及するよりも、死んだ我が子の願いをかなえようとしたり、原爆死に意義を与えて再発防止に努めたり、不自由な生活をさせたことや厳しく育てたことを謝罪することで、子の魂を慰め、その死を受け容れようとしたのである。

原爆死の意味づけ

学徒の死は「国家のための尊い犠牲」や「繰り返してはならない悲劇」として記憶されてきたが、それは「物語行為(narrativization)」を通した死者追悼といえる。物語行為とは「孤立した体験に脈絡と屈折を与えることによって、それを新たに意味づける反省的な言語行為」を指すが[46]、残された者は、我が子や学友の死を個人的な追憶の対象にとどめるのではなく、物語行為を通して、そこに社会的な意味を付与してきた。死をもたらしたのは、戦争という集合行為によるものだからである。

学徒を死に至らしめた戦争に、日本は敗れた。それだけでなく、戦争は侵略戦争として否定され、大義を失った。「日本人」の戦死全般は「無意味な死」となってしまったのである。とりわけ、日本の敗北が確実であった戦争末期に生じた死は、小田実がいうように、「「散華」という名で呼ばれるような美しいものでも立派なもの」でも、「「公状況」にとって有意義な死」でもなく、むしろ「難死」であったといえる[47]。しかし、この事実は、残された者にとって受け容れがたい。なかでも、生き残った中学生や女学生は、学友の死をどう意味づけてよいのか戸惑うことになった。戦争の大義のなかで友の死を意味づけることは、もはやできなくなってしまったが、それを「無駄死」と認めることはできない。なぜなら、生と死に分かたれるまで、友は「お国のため」に命を捨てる覚悟で勤労奉仕に励んだ仲間だったのであり、彼ら・彼女らの死が無意味であるならば、自らの過去も無意味なものとして否定されてしまうことになるからである。こうした「死者との連帯」意識から、少なくとも敗戦から間もない時期においては、「殉国の美学」を通して友を「無意味な死」から救い上げようとして「美事に散り逝った」と褒めたたえ、日本の再生を誓ったのである。[48]

「殉国の美学」は死を観念的に捉えるため、『泉 第一集』に手記を寄せた生徒のような若者ならともかく、子を亡くした遺族の間では、さほど広がりを持たなかった。しかし、我が子の死が国民国家に貢献したと意味づけようとする親は少ないながらも一定数いた。美学には訴えていないが、「お国のために命を捧げた」という「殉国の語り」と「戦死者の犠牲は日本に平和(と繁栄)をもたらした」という「平和の礎論」を用いることで死に意義を付与するのである。[49] 前者が死を死者の主体的な選択の結果として捉えるのに対して、後者は死者の意思を問わないところに違いがあるものの、両者とも死を国家への貢献として意味づけるところに共通点があり、矛盾なく共存することができる。たとえ大義のない戦争であったとしても、死者の犠牲によって戦争が終結して平和がもたらされたのであれば、その死は国家を存亡の危機から救ったことになり、国家の尊い犠牲として意味づけることができる。平和招来説や平和の礎論は、殉国の美学のようなロマンティシズムはないにせよ、結果的に動員学徒たちを「殉国の士」として記憶することになるのである。

平和の礎論は、戦争を否定してもなお戦死に意義を見出せる論理として戦後日本で広く受け入れられた。[50] 同時にそれは、生き残った者に義務を負わせる。戦死を有意義な死として記憶するためには、死者に感謝するだけでなく、「平和国家」を堅持しなければならないからである。生き残った学徒や遺族の語りのなかでも、平和の礎論を通して死んだ学徒を追悼しながら平和への努力を誓うものもある。

平和の礎論が平和擁護と結びつくのは、原爆死者追悼においてのみ見られる現象ではない。現在では「殉国の語り」を代表する靖国神社においても、一九五〇年代には「戦死者を、平和のための自己犠牲となった人々と位置づけ、その遺志を受け継いで平和擁護に邁進しよう」といった「平和への誓い」が重要な位置を占めていた[51]。赤澤史朗が指摘するように、そこでは「殉国」が「平和」という概念と矛盾なく接合されていた。しかし、五〇年代末ごろからの靖国神社や六三年に再開された全国戦没者追悼式でみられる平和の礎論では、戦死者の「尊い犠牲」によって終戦がもたらされたという面よりも、戦後の繁栄がもたらされたという側面に強調点が置かれていくようになる。顕彰に重きが置かれ、死者は平和の実現へと生者を駆り立てるのではなく、もっぱら生者から感謝されるだけの物言わぬ対象と化したのである。それは、高度経済成長を経て、「平和」という概念が「平和な家庭を守る」という保守的な傾向と結びつき、国家に批判的な平和主義の運動は、革新的な陣営が担うことになった歴史と不可分であった。

革新的な平和運動や核兵器反対運動においては、二度と繰り返してはならない悲劇の被害者として戦死者を追悼し、平和主義の支えとしてきた。原爆死者はその代表的な存在であるが、平和への訴えを通して原爆死者を追悼することは、保守的な文脈においても重視されてきた。戦闘員の戦死者と違って原爆死者の場合は、五〇年代半ば以降、保守革新を問わず、原水爆反対の根拠や平和の尊さの象徴として想起され、生者に対して平和への誓いを促す道徳的権威として敬意が払われてきたのである[52]。だからこそ、「殉国の語り」や「平和の礎論」に比べて、「平和の訴え」を通して原爆死を意味づけようとする追悼記は多い。本章で分析の対象とした追悼記のうち「殉国の語り」は三%、「平和の礎論」は四%であるのに対して、

「平和の訴え」は一七%を占め、生き残った学徒の追悼記だけでいうと三二%にものぼる[53]。

「国民の物語」とナショナリズムの魔術

原爆死をはじめ、戦後日本において戦死者に肯定的な意味を与えてきたのは、「平和の礎論」や「殉国の語り」だけでなく、被害者としての戦争の記憶を介した「平和の訴え」である。つまり、「国民の物語(narrative of the nation)」が大きな力を持ってきたといえるのである。

鹿島徹が指摘するように、国民の物語はその語り手に共同体との同一化を促しながら、共同体を再生産するという機能を担う[54]。なかでも平和の礎論は、戦死者が払った犠牲の結果として戦後日本の「平和と繁栄」を位置づけ、死者に対する負債の上に自らの生があると感じさせることで、生者が死者に対して感謝や追悼の念を抱くように感情を動員しながら、戦後を生きる者と戦死者とを時代を超えて結びつけてきた[55]。この結びつきは、平和への誓いと接合されたとき強力となる。平和のための犠牲として死者を追悼することで、死者との連帯心を形成し、生者は「平和への努力」という義務を死者から課された国民主体となるのである。

原爆死者は、史上初めての核戦争の犠牲者であることから、核時代に突入した人類への警告として想起され、人類に対して再発防止を促してきたのも事実である。しかし、「人類」を掲げる普遍主義のなかでは、朝鮮人原爆死者を生み出した日本による植民地支配や沖縄戦や満州でみられた「同胞殺し」の歴史は等閑視される。死者追悼を介して形成される連帯心のなかで、大日本帝国臣民として戦死した旧植民地出身者は居場所を持たないし、「友軍」に見捨てられ死を強要された沖縄や満州開拓団の人びとに対して行使された暴力は忘却される。エルネスト・ルナンが指摘したように、「同胞殺し」の記憶は「国民」の歴史から消し去らなければならないからである[56]。その点において、「核の普遍主義」は、死者追悼を介して生者と死者を国民として主体化するナショナリズムと共犯関係を結ぶのである[57]。

戦死者追悼においてナショナリズムが力を持ってきたのは、生者と死者の連帯心を形成しながら、死に意義を与えることができるからだけではない。戦争によって突き付けられる「死の偶然性」という存在論的な問題に対応してきたからである。ベネディクト・アンダーソンが指摘するように、ナショナリズムは「宗教的想像力と強い親和性」を持っており、「ネイションの不死」を差し出すことで、人間として生まれた限り避けることのできない死を、受け容れられるよう手助けしてきた。ナショナリズムは宗教的世界観が衰退した近代社会において、生の偶然性にまつわる苦しみに応えてきたのである[58]。

なぜ、我が子が死んでしまったのか。
なぜ、私が生き残ってしまったのか。

生き残りを襲い続ける存在論的な問いに対して、満足できる答えを見つけることは困難を極める。しかし、それでも問わずにはいられないのである。合理的な思考によって「戦争をしていたから」「米国が原爆を投下したから」「子どもたちが建物疎開に動員されていたから」などと説明したところで、納得できるわけではない。歴史的、社会的な要因は個々人の置かれた状況を説明することはできても、なぜ特定の個人がそうした状況下に置かれることになり、命を絶たれることになったのかを説明することはできないからである[59]。

納得のいく答えではないとしても、平和の礎論を代表とする「国民の物語」は、「偶然を宿命に転じる」

という「魔術」を披露しながら、問いの渦中にある生き残りに幾分かは応えてきた[60]。原爆死した学徒一人ひとりの短い一生を思うとき、他でもないその彼もしくは彼女が、戦時中に生を受け、原爆に命を奪われることになったのは、偶然のなせる業である。だれも、自ら選んでこの世に生れ出てくるわけではないし、いつ、どこで生まれ育つかを選ぶこともできない。史上初めての原爆爆撃にさらされて死ぬことになったのも、ある意味で偶然としか言いようがないのである。

しかし、学徒たちの死と共同体の存立との間に因果関係を打ちたてることで「偶然」は「宿命」へと変換される。日本を存亡の危機から救い、戦後の平和と繁栄をもたらした「尊い犠牲」や生者に「平和国家」を堅持させる道徳的権威となることで、学徒の死は、与えられた「宿命」となるのである。学徒の死が「宿命」とされることで、残された者は、その「宿命」を受け容れるよう要請され、学徒たちに報国心を植えつけ、挙句の果てに死に至らしめた国家や国民の責任追及へとは向わない。

死者がナショナリズムの魔術によって「永遠の命」を持つ国民共同体の一部となることは、残された者にとって、わずかながらでも慰めとなってきたことは否めない。しかし、ナショナリズムに依拠した慰霊や哀悼の営みが、生き残りたちの問いを封じ、湧き上がる情動を鎮めてくれるとは限らない。生き残るとは、生き続けることであり、終わりのない「問いと答え」の循環のなかにあり続けることでもある。有縁者の死の意味を問うことで、自分が生き残ったという事実が突き付けられ、残された者は負い目を感じる。だからこそ逆に、ナショナリズムを動員して問いを封じなければならないのである。

死者への裏切り

「国民の物語」を通して慰めを得ようとする者は、学徒が死をもって救った国民国家を護持しなければならないし、学徒の死を尊ぶよう国民国家に求めることになる。その代表が、戦傷病者戦没者遺族等援護法の適用と靖国合祀を要求した「広島県動員学徒犠牲者の会」である[61]。遺族たちは、死んだ子どもの生前の願いを叶えようと、軍人軍属と同等の国家補償と靖国神社への合祀を求める運動を展開した。靖国合祀要求の背後には、我が子の死が国家のために有意義であったと国家に認めさせたいという親の思いがある。靖国神社が一宗教法人となり、国家の意思を直接反映させるものではなくなったという戦後の変化は、この際、さほど重要ではない[62]。生前の約束を果たすという意味において、遺族にとって靖国は、国家の戦死者追悼機関なのである。

会の運動が功をなし、原爆死した動員学徒は六三年に靖国に合祀され、六九年には勲章が授与された。さらに七二年には軍属と同額の弔慰金と遺族給付金が支給された。「これで犬死ではなかったとせめての慰めを得た」（是方信義『動員学徒誌』）という親もいれば、「靖国の　神と祀られ　嬉しさに　今年もお社に　ぬかづきて　泣く」（本地シズヨ『戦後三十年の歩み』）と喜びを歌った親もいる。「仏前に（叙勲の伝達を）供えてみ霊に奉告して喜んで貰いました」（井戸美佐子『ともしび』二一号）という親もいるが、生前の願いが変わらぬままであるはずの学徒たちは、国家による顕彰を受けて満足したのだろうか[63]。

原爆に殺された動員学徒は、戦中に生を得て、戦争しか知らずに死んでいった。まだ一〇代初めだった子どもたちは、報国を美徳としており、死をも厭わず「お国のために」勤労奉仕に励んでいた。学徒たちは一億玉砕するまで戦うと信じていたし、死の間際にも、仇を討つよう言い残した。

只一人になっても、必勝の信念をもって留り、勤労作業に従事します。（福永敏子『流燈』[64]）

「〔前略〕憎いアメリカ、イギリス、この仇は必らず自分たちがとりますから」と繰り返し、繰り返し、この事ばかり通りかかりの憲兵や消防団の人に真黒く焼けた手をついてひざまづき、頼んでいたとの事です。（久保正彦の母・久保綾子『ゆうかり』）

「アメリカがにくい。私はだめだけれど、どうしてもカタキを打って……。」と〔瀕死の友は〕いっていた。私は「必らず」といって約束した。（花田艶子『炎のなかに』）

しかし、その願いが聞き届けられることのないまま、天皇は降伏を宣言した。そして、学徒たちが命をかけた戦争が「聖戦」ではなかったことを、国家も国民も認めたのである。

あの原子弾の為に、私達の目指してゐた目的も希望も何もかも目茶苦茶にこはされてしまひました。そして〝必ず勝つ〟と信じて逝かれた人々の心を裏切つて八月十五日遂に戦は終つてしまったのでした。（山之内昭子『泉　第一集』）

級友と交わした約束を、結局は果たせなかったことについて、花田は触れないまま手記を終えているが、山之内ははっきりと死者たちの「心を裏切」ったと書いている。執筆当時にまだ女学校四年生という若さであったことが、率直な心中を書かせたのかもしれない。しかし、山之内も、死者の願いのなかから報国心だけを取り上げて、平和国家の建設を誓って死者を慰めようとした。

本章で検討した七八四編の追悼記のうち、『原爆と母たち』を編集した星野春雄だけは、死者の願いが仇討ちであったという事実と向き合った。原爆死した生徒たちに「殉国の少女たちよ」と呼びかけ、「貴女たちの死が、この日本に、平和を招来したのだなどと、済して居ることは余りに卑怯」であると率直に述べる。生き延びた者が死者の死を都合よく解釈することに星野は批判的なのである。鬼畜米英と叫んだ自らの戦中の姿を忘却して平和を唱える欺瞞を指弾して、生徒たちが「死の断末魔まで、あくまで戦い、そして勝って下さいと叫」んだことを直視するのだが、星野も結局は、死者たちが平和を願っているという結論に行き着いた。「十年という時間」が「一応の冷静さを与えてくれ」たということ以外、その理由が明かされないまま、学徒たちの「真意」が報復の応酬ではなく「平和」にあると信じるに至ったというのである。死んだ生徒たちがもし生きていたならば、戦争を生き延びた多くの日本人のように「戦争の悲惨な体験から平和への教訓」を引き出したに違いないと星野は考えたのであろう。

死者の願いを叶えて慰霊に代えることは、敗戦後の日本では不可能であった。しかし、敗戦を生き延びた者は、死者を裏切ったという事実と向き合うことのないまま、一方で生前の願いをかなえるためにと靖国合祀を要求しながらも、米国追随を容認したり、最大の裏切者である昭和天皇の責任を死者に代わって追及しはしなかった。「殉国の語り」だけではない。「平和を願っていた」と死者の願いを読み替えることで、「平和の礎論」や「平和の訴え」も、死者を裏切ったという事実から生き残りが目を逸らすのを助け、死をもたらしたものの責任をあいまいにしたのである。(65)

死者の影に覆われて

我が子が受けた苦しみの何倍もの苦しみを与えて下さい。最愛の大切な大切な我が子を助け得なかった責任は一たいどのようにしたら果せるので御座いましょう。積極的に苦しみ続けるので御座います。そうして私は、私の生ある限り、あの子に詫びて、詫びて、詫び続けるので御座います。（前岡茂子の母・前岡清子『流燈』）

「殉国の語り」だけでなく、「平和の訴え」も含む「国民の物語」は、死者と生者を「同胞」として一体化させる。しかし、「生き残り」という位相に焦点を当てた途端、生者と死者との連帯心に亀裂が入る。生き残った者は、死者を代弁しながらも、死者と一体化することなどできないことを痛いほど知っている。死者を裏切ってしまったからだけではない。死者の命と引き換えに自分が生き延びたと感じるからである。

一九六〇年代に被爆者の心理を分析したリフトンは、被爆者の間に「生き残りの罪責感」が色濃くあると指摘した。遺体や遺骨が見つからなかった者は多く、残された者は十分な弔いができないままである[66]。死者儀礼が完了しないなかで生存者が自分の生を肯定すれば、それは死者への冒瀆となる。だから死んだように生きることで死者の身代わりとなり、死者に生命を与えようとするのだとリフトンは主張する[67]。

残された親の多くは我が子の死を嘆き続け、生き延びた学徒の多くも負い目を感じて口を閉ざしてきた。残された者は、自らの生を肯定できないという苦しみを背負わされてきたが、リフトンがいうように、それは、選択の結果という面もある。喪の作業を通して死者への罪責感やうしろめたさから解放されて生きられるようになれば、死者とのつながりが断ち切れてしまうことになる。だからこそ、生き残りは再び人生をやり直すことを躊躇するのである[68]。

しかし、何十年という時を経て、年老いていった親たちは、我が子の死を社会的な文脈に置くことで受け容れたり、あきらめたりしていった。生き延びたうしろめたさを背負って生きてきた生存学徒たちは、成人となって年を重ねていく中で、学友の死と向き合い、語りはじめた。時が流れるなかで、生き残った者と死者との関係は、変って行かざるを得ないのである。同時に、死者を過去に置き去りにすることのできなかった者は少なくない。ただし、自ら選んでそうしたわけでは必ずしもない。たとえ現在を生きようとしても、否応なしに、死者が在る時空間に連れ戻されてしまうからである。

第六章　つかみ損ねた体験の痕跡――トラウマとしての原爆体験

原爆にふれることは御免こうむりたいのだ。〔中略〕あの時の惨状は、とても口や筆でいいあらわせるものではないと思うし、よしまたカラー写真をもって写してあったとしても、その凄愴なさまは、到底体験した者以外にはわからないと思うからである。〔中略〕もし忘却することをしらなかったら私達原爆体験者は、全部気が狂っていたであろう。

水野多津子(1)

被爆から一一年が過ぎ、記憶が薄れてきたことは「真に幸せ」であると水野は言う。忘却しなければ発狂してしまう程の強烈さを持つ記憶とは、どのようなものなのだろうか。

多くの体験記には、死に飲み込まれる直前の負傷者や無残な死者の姿が詳細に描かれている。

うめき声、泣き声、あらゆる悲鳴が一体となって、ウーン、ウーンと巾の広い一種の叫喚となり、煙の中から、そこからもここからも血まみれの負傷者がよろめいて来る。〔中略〕赤くただれた皮膚、虚空をつかんだものすごい形相の死体が、まるで丸太棒のように、そこここに、阿鼻叫喚、酸鼻をきわめたこの世の生地獄だ。臭気がヒシヒシと身に迫る。（福澤千里『長崎精機』

川面には死体がぶかぶか浮いている〔中略〕このとき、川の中から一本の腕がにょきっと出て舟べりをつかんだ。〔中略〕右手をぐちゃぐちゃにした兵隊が、歯を食いしばって、救いを求めている。私はこの男の腕をとって舟に引揚げようとした。ところが、ずるずると男の手が、抜けるように滑って、私の両手に、紫斑のあるぶどうの皮のような男の皮膚だけが残った。（中村敏『秘録大東亜戦史』）

怪我人で息も絶えだえの人もいれば、川端で死んでいる人、手の皮のブラ下っている人、裸で腰にゴザを倦（ママ）いている人、口で云う事も書く事も出来ません。生き地獄とはこの事でしょう。（木村清子『鎮魂』）

実に無雑作に、死体の落とされる音、先に落とした死体の上へ、積み重なっておちて鈍くぶつかる音、それらを、いったいどのように表現したらよいのでしょうか。（守下紀子『追悼記』）

原爆の閃光を直接浴びた者だけでなく、原爆炸裂直後に市内に入った者、郊外で救護に携わった者にとっても、原爆体験は大量死に触れる体験であった。目にした死者の姿だけでなく、死体の異臭や全身火傷の重傷者に触れた感触、死にゆく者たちのうめき声など、五感を通して記憶が迫ってくる。それは、被爆からそれほど年月が過ぎていない時点だけでなく、数十年の後になっても、生き残りたちを捉えて離さないのである。

こうした生々しい記憶の回帰は「トラウマ記憶」の特徴である。原爆体験についてトラウマという観点から考察した論考は少ないが、生き残りの記憶や語りを考察する上で示唆的である。[2] 特に、体験の記憶と表象や、体験の主体と知の関係についてトラウマ理論が切り開いてきた視点は、被爆の記憶を理解するうえで、重要な手がかりを与えてくれることになる。

1　トラウマ理論の系譜

戦争体験を語るよう求められたとき、口ごもってしまう体験者は多い。語ることを拒む人も稀ではない。それがあまりにも悲惨すぎるからという理由では必ずしもない。何を体験したのか、体験者にもわからないからである。

体験した出来事が理解できないまま、フラッシュバックや外傷夢として繰り返し同じ場面が襲ってくる。語ろうとすればするほど、出来事は言葉の間をすり抜けてしまう。戦争体験を語るときに直面するこうした困難は、トラウマ体験の特徴といえる。実は、「トラウマ」という概念自体、戦争と切り離すことができないのである。原爆を生き残った者の証言を検討する前に、トラウマ概念を概観するという寄り道をしておこう。その学術的、社会的な展開を踏まえておくことは、日常的に使用されるようになった「トラウマ」という言葉にまつわる誤解を避け、戦争体験を読み解く鍵概念として把握するために必要だからである。[3]

「トラウマ」の系譜

日本の言説空間においては、九五年の阪神淡路大震災や地下鉄サリン事件をきっかけに、「PTSD（心的外傷後ストレス障害）」や「トラウマ」という言葉が広く流通するようになったが、欧米を中心にトラウマという概念が脚光を浴びて社会に広がるようになったのは、「PTSD」が一九八〇年にアメリカ精神医学会の『精神障害の診断と統計の手引き 第三版』で診断名として採用されて以降である。

本来は「身体の傷」を意味していた「トラウマ」という言葉が「心の傷」という意味を含み始めたのは、鉄道事故が多発するようになった一九世紀後半の西ヨーロッパにおいてであった。大規模な事故や戦争、さらには欧米における労働法や賠償法制度の整備、人道主義の広がりなどといった一九世紀から二〇世紀にかけての社会や政治の動きが「トラウマ」誕生とは密接に絡み合っていた[4]。さらに、抑圧されたブルジョア女性に「ヒステリー」という精神疾患を見出したピエール・ジャネやジクムント・フロイトらの心理学研究も、「トラウマ」が心的症状として把握されていくうえで欠かせないものであった[5]。

第一次世界大戦時、多くの兵士がヒステリーに似た症状を発症した。それが「シェルショック」と名づけられ、脳震盪や脊髄震盪などの身体的な症状だけでなく、神経症的症状を含意するようになった[6]。一九四〇年代には、エイブラム・カーディナーが兵士たちの「戦争神経症」について治療・研究を進めて膨大な記録を残し、PTSD概念の土台を築くことになる。しかし、鉄道事故の場合は補償金目当ての、兵士の場合は前線から離脱したい臆病者の「詐病」として「トラウマ」は見られていた。それが大きく変化するのは、ホロコースト生存者の体験がトラウマと結びつけられて把握されるようになったこと、そして、ベトナム帰還兵や性暴力の被害者の精神的な後遺症がトラウマとして認められるようになったという欧米、特に米国での状況変化による[7]。

ある体験が「トラウマ」として承認されるか否かは、賠償や責任の問題と切り離すことができない。PTSDと診断されることで、ベトナム帰還兵たちは、たとえベトナムで殺戮行為を行っていたとしても、治療と補償が必要な「被害者」になることができた。しかし、被害者が社会的に弱い立場であればあるほど沈黙を強いられ、たとえ沈黙を破ったとしても「否認」という二次的な暴力にさらされることが多い。[8]近代に誕生した「トラウマ」の境界線は揺らぎ続けており、誰のどのような体験が「トラウマ体験」として認識されるのかは、政治的、社会的、文化的な覇権争いのなかで変動しているのである。[9]

トラウマ体験と知

こうした「トラウマ」の系譜を踏まえることなく原爆体験を「トラウマ体験」と安直に呼ぶことは慎まなければならない。日本において原爆体験はトラウマ体験として認知されるだろうが、それは原爆体験が戦争被害として広く認識されてきたからである。しかし、たとえば原爆に関する認識状況が日本と異なる韓国や米国において、原爆体験が直ちにトラウマ体験として認められるとは限らない。さらに、「トラウマ」がＰＴＳＤという精神疾患概念とが分かちがたく結びついている現在の言説状況を踏まえるならば、原爆体験を「トラウマ体験」と呼ぶことで、被爆者の語りや沈黙を精神疾患の兆候として対象化することにもなりかねない。米山リサはリフトンを例に挙げながら、「本人には認知されない精神的傷痕が、専門的権威の立場からは観察可能な対象となるといった事態が生じている」と精神分析を批判している。[10]しかし、当人にも認知できないことを他の誰かが言語化することが権威的であると即座に糾弾されるべきではない。ときには、他者を代弁することも必要であるし、そもそも「トラウマ体験」は体験者の所有物ではないからである。

精神分析家が権威的な「知の所有者」として相手を一方的に対象化して「精神に関するインフォーマント」として扱ったならば、その学知は糾弾されるべきだろう。しかし、ホロコーストの生き残りに関して卓越したトラウマ論を展開しているショシャナ・フェルマンは、精神分析が開いた知と証言の可能性を高く評価する。出来事の「真実」を証言するためには「証言者が真実を所有したり把握したりしている必要はない」ということを「文化史上初めて」認めたのが精神分析だからである[11]。トラウマの体験を証言する者が体験に関する知をあまねく保有しているわけではないこと、そして、知の欠落こそがトラウマ体験の核心にあることを精神分析は教えてくれるのである。

トラウマ研究の多くは、こうした精神分析の洞察を必ずしも重視していない。ＰＴＳＤの診断方法がその典型であるが、トラウマ体験をもたらした出来事は特定できるという前提があるからである[12]。戦闘やレイプ、大災害などの体験がトラウマ体験の事例として挙げられることが多いが、それは、出来事の性質そのものにトラウマの原因を求めるからである。トラウマとは、外部から強烈な衝撃にさらされて、心的機能が対応しきれずに精神的な麻痺状態に陥ったり、驚愕や苦痛に繰り返し襲われたりする状態のことだと考えるのである。

ＰＴＳＤの定義に代表されるトラウマ研究に対して、事後性や幻想の働きを重視する精神分析的な研究は、トラウマは主に心的な要因によって引き起こされる、もしくは外的および心的な出来事が複雑に絡み合って生じるものであり、必ずしも現実の出来事が引き起こしたわけではないと考える[13]。ただし、何らかの形で現実の出来事がトラウマの発生に関与しているとは認めている[14]。

いずれの立場をとるにしても、キャシー・カルースが論じるように、トラウマとなる出来事が起こっている最中には、それを認識することはできず、事後的に「症状」を通して迫ってくるという解釈は共通している[15]。トラウマの出来事を体験するのは、いつも出来事の「後」という「遅れた時間」のなかであり、トラウマの在り処は容易には特定できないのである。たとえ現実の出来事がトラウマの直接的な原因であると考えたとしても、トラウマ体験を理解することは難しい。出来事の最中に、何が起こっているのかを把握することができないだけでなく、トラウマは回避や麻痺、衝撃や苦痛といった「症状」としてしか姿を現すことがないからである。

トラウマは、過ぎ去った出来事が残した「心の傷」というよりは、出来事が過ぎ去った後にも繰り返し味わう衝撃にあるといえる。終わったことになっている過去の出来事が、それを生き延びた者にとっては今も継続しているという現実を「トラウマ」という概念は伝えているのである。

2　刻み込まれた〈地獄〉の記憶

過去に取り憑かれた現在——トラウマの時空間

過去に関する記憶は、時の流れとともに薄れたり変化したりするものである。しかし、原爆投下から三〇年近くたった時点で描かれた「原爆の絵」やその作者の語りからうかがえる記憶の在り方には、時間の経過を感じさせないものがある[16]。まるで記憶が脳裏に焼きついてしまったかのように、鮮明な光景が映し出されているからである。このように、原爆体験の記憶にみられるトラウマ的な性質を、体験記とは違った形で鮮やかに浮かび上がらせることができるという理由から、本章では「原爆の絵」を主に取り上げることにする。

岡崎秀彦の絵は「無縁の死者の記憶」を描いた代表的なものである。原爆が投下された当日の夕方、市内電車白島線の終点近くで見た光景で、焼け焦げた電車、垂れ下がる電線、伏したまま事切れている運転手らしき男性、電車の横で大八車に座したまま天を仰いでいる若い男性の遺体などが描かれている。

図8　岡崎秀彦（広島平和記念資料館所蔵）

絵を描いてから三〇年後に訪ねた筆者の求めに応じて、岡崎は絵の情景を説明してくれた(17)。

> これはちょうど私がもう夕方になりまして白島の電車の終点の場所なんですがね。〔中略〕片っぽはね、仰向けで、片っぽは……。仰向けの方が車掌さんだったですね。この……ここに切符なんか入れる袋、かばんをこう持ったまま。ほいで運転手さんは仰向けで……。確かいや、うつ伏せで、こういう風に死んでました。〔中略〕大八車を、これ、こう引きよりました。あれをこう、ポトっと置いて、ほいで、その上をこういう風にして空を仰いだ格好でジーとしてるんですよ。そいでこれ、もう亡くなってるから、あの……どういいますか、硬直しとるんですかね。ジーっとしたままで。

うつ伏せで死んでいる運転手や大八車を引いた格好で死んでいる男性が、まるで目の前にいるかのように岡崎は語った。

岡崎の語りには、直線的に過ぎ去ることなく繰り返し回帰してくる記憶の在り方が見受けられる。広島が廃墟となってから三〇年近く経った後「原爆の絵」は描かれた。それからさらに三〇年が経ち、絵の作者たちから話を聴くと、その記憶の鮮明さに驚かされる。絵の作者に限らず、原爆を生き延びた者の語りには、聴き手が在る〈いま・ここ〉とは別様の時空間が顔をのぞかせている。聴き手に向かって語りかけてはいるのだが、証言者と聴き手の間に見えない壁があって、語り手は原爆によって変わり果てた広島に現にいながら言葉を発しているかのようなのである[18]。

こうした記憶の在り方は、トラウマ的な出来事を生き延びた者に共通している。ホロコースト生存者でもある精神科医のドーリー・ローブがトラウマ記憶の特徴を論じている。

トラウマの生存者は、過去の記憶と共に生きているのではない。終わることのない、完了することがない〈出来事〉と共にあるのだ。生存者にとってその〈出来事〉は、今も続いている。トラウマは、あらゆる意味で現在進行形のものなのである[19]。

ローブが「現在進行形」と表現したトラウマ記憶の特徴を、フロイトは「反復」という症状として捉えていた。たとえば、列車事故の生存者や戦闘体験者が、事故や戦闘のシーンを夢で繰り返し見るという症状である[20]。外傷夢としてトラウマ体験を反復することは、当人にとって辛いことである。同時に、反復は「心的な秩序、つまり象徴的な秩序のなかにトラウマ的な出来事を統合しよう」とする心的な機能をもち、トラウマの衝撃を克服しようとする試みでもあるのである[21]。

原爆を生き延びた者が、フロイトが論じるような理由で原爆体験を「反復」しているのか否かは個別にしか判断できないが、その多くが繰り返し襲ってくる記憶に苦しめられてきたことは間違いない。原爆に遭った当時の状況を何度も体験するかのごとく、記憶が生々しく蘇るのである。

当分ね、夢を見たり、どうしたり、忘れられませんでした。嫌でした。嫌でね。忘れようにも忘れられんのんですよね。うーん、忘れたいです、忘れたいですよ。(22)

被爆から五六年目の夏、「原爆の絵」の作者である石川文恵を訪ね、二時間余りの聴き取りも終わりに差し掛かったときだった。石川は何度も唸りながら「忘れたい」と苦しそうに繰り返した。被爆後しばらく忘れられなかっただけでなく、いまだに「忘れたい思うても忘れられん」のである。ローブがホロコーストの生存者にみたように、原爆の生き残りにとっても、〈出来事〉はいまだに続いているのかもしれない。

〈地獄〉の記憶

筵の上へ、筵がこう一枚あったら、こうして〔一枚につき〕一人寝せるいうんじゃないんですよ。ずーと、こうやって筵を並べといて、こうやって並べてある。〔中略〕マグロを並べたようにこう、こっちからと、こっちからと頭だってね。こうやって、〔頭が向かい合うようにして〕並べてある。で、足は〔反対側〕へ。この間へもね、入るところ〔には、人が並べられていた〕。これはまあ、〔絵では〕間が開いてますがね、〔実際は〕びっちりなっとるんです。その縁へ、教室の縁ですよね。それは、皆しゃがんだままで、生きとるんか死んどるんかわからんけど、火傷はね〔しとったです〕。ずーっと、こう、いるわけ。で、ここの間をね、〔弟を捜して〕ひとつひとつの顔を見て歩くの。

三〇年近くも前に描いた絵であるにもかかわらず、弟を探して歩いた救護所の一室を描いた絵の中にある一人ひとりについて、石川は指でなぞりながら詳細に説明してくれた。それはまるで、絵を通して、当時の光景を見ているかのようだった。絵の中には「死体をまたいで、弟に似た様な背恰好の死体をのぞき込み乍ら探し廻る。足の踏み場もない。此の世の地獄図であった。合掌。こゝでも弟は見つからなかった」とある。「地獄図」に類似する言葉は聴き取りのなかでも繰り返された。

図9　石川文恵（広島平和記念資料館所蔵）

火傷の、生きたのから死んだのから、いろんな格好でそこへね、盛り上がるようにね、倒れとってん。人間の重なったような、火傷の、いろんな、女の子じゃろうが、女の人じゃろうが、男の人じゃろうが、男の人や、女の人、子ども……。まぁ、とにかく、そこの姿ゆうたらね、なんというんでしょうね。修羅……。何ゆうんでしょうね。地獄絵ですね。そうようでした。

図10　原田知恵（広島平和記念資料館所蔵）

爆心地近くで被爆した高蔵信子も、その場の情景を「地獄の絵と同じ」であると語った(23)。

火が燃えるときは、もう、ああ私たちはここで死ぬんだなっと思って〔中略〕火が燃えさかってるなかでね、いろいろな人がもがき苦しんでるのが描かれている。「あの絵と同じだなぁ」って、「地獄の絵と同じだな、今のここは」って実感でしたね。

福屋百貨店の建物の中で被爆した原田知恵は、燃え盛る炎のなかをくぐりぬけ、福屋の建物の外に出てから、泉邸（現・長寿園）にたどり着いたとき目にした情景を描いた。その絵を説明しながら、やはり「地獄」という言葉が口をついた(24)。

〔皮膚が〕ボロボロにむけてね。目だけがぎょろっとしとる。力のない目がぎょろっとしとる。ほんとに赤むけ。全部火傷の皮がむけて。ぽこっと真っ赤。でも、そこに慣れるんですね、人間て。そんな恐い状況一人の人見たとき、ぞーっとするのに、みんなそうじゃから、自分もそうなってるような気になってね、ちっとも恐くなしに、かえってこれって地獄ってこんなものかね、とか思いましたよ。これ以上のことは起きない。これが地獄なんじゃと思いましたよ。でもほんとは地獄ってない。

石川も高蔵も原田も、六〇年近く前に目にした惨状を細部にわたって語りながらも、結局は「地獄」という言葉を持ち出して表現することになった。原爆が落とされた後に現れ出たのは「地獄」としかいいようがない、「この世」ではありえない情景だったのである。しかし、寺で見た地獄絵巻よりも現実の方が凄惨だった。いや、「凄惨」という言葉も、おそらく適切ではないような異世界が広がっていたのであろう。

世界の崩壊

「原爆の絵」には、絵では表現できない部分を補うために言葉が書き込まれているが、そこには、ある特徴がみてとれる。「ゆでだこのように赤くなり男女の区別も判らない」防火用水の中の死体。「魚が浮上って死んでいるよう」に大量の死体が川面を埋めていた。数百の死体が「丸でゴミをかき集めた様」に山積みにされて焼かれた。石川文恵も救護所に並ぶ瀕死の重傷者たちを「マグロを並べたよう」と表現している。

原爆に灼かれた死体を描写するために、「ゆでだこ」「魚」「ゴミ」「マグロ」など、日常生活に馴染みのもの、とりわけ食べ物が比喩として使われている。しかし、これらの言葉で死体を描写することは、通常ありえない。ましてや、「地獄」としか表現のしようのない凄惨な死を表すには、あまりにも生活臭のする言葉であり、比喩としてそぐわないように思える。

図11　保田アキノ（広島平和記念資料館所蔵）

こうした比喩とその指示対象とのギャップは絵に添えられた文章のなかだけではなく、絵そのものからも見て取れる。

川の水際は丁度、小鰯の箱を、ひっくりかえしたように中学生や女学生が、上衣は勿論、ズボンもモンぺもみんな焼けおちて、パンツが残っているのがよい方で、ほとんど裸で死んでいました。

保田アキノの絵には、多数の人らしきものが描かれている。それが無残な姿で死んでいる学徒を表現したものだとは、説明文がなければわからないであろう。同時に、数え切れない程の人を描き込むことで、「小鰯の箱を、ひっくりかえしたよう」という文章が説得力を増す。絵と文章とが互いを補完しあって、死屍累々たる状況を伝えているように思われるが、学徒の大量死という凄惨な場景を表現するために、「小鰯」という言葉や象形文字のような絵が適切な表現手段だといえるのだろうか。保田が使用した記号と、それが指し示す出来事との間には、あまりにも大きな隔たりがあるように思われる。

保田と同じく、新大橋（現・西平和大橋）付近で川に浮かぶ学徒を描いた炭本末子の絵は、色を使っていることもあり、保田の絵に比べると写実的な描写に見える。しかし、炭本の絵も、記号とその指示対象との間のギャップを露わにする。

原爆が落とされた翌日、本川東側の石段から川に倒れ込み息絶えている多くの動員学徒が「さながら大根をながした如く浮きつ沈みつ川下に流れて行く」光景を炭本は描いた。それが人間であることは絵を見ればわかるが、川に浮かぶ大根のようにも見える。文中にある「大根」という言葉は、比喩にすぎないのだろうか。たしかに、人間が大根になるはずはない。しかし、視覚に訴える絵画表現が、「大根」を単なる比喩として片付けようとする態度に待ったをかける。原爆は学徒たちをほんとうに大根のように変えてしまったのかもしれない。それは、いったいどういうことなのだろうか……。こう立ち止まって考えを巡らせるように、炭本の絵は見る者を誘うのである。

図 12　炭本末子(広島平和記念資料館所蔵)

死んだ学徒が小鰯や大根になるなど、あり得ない。そう感じるのは、絵を目にする者だけではない。出来事の只中に在った者にとっても、信じられなかったのである。しかし、あり得ないことが現実となっていた。「大根」「小鰯」「ゆでだこ」などの言葉が喚起する日常性と、指示対象となっている惨状とのギャップが、そのことを伝えているのである。

原爆が落ちたあとの世界では、それまで機能していた言語の体系が崩れてしまったのかもしれない。しかし、意味が成立しないところに、人が生きることはできない。象徴秩序の崩壊は、それまで生きていた世界そのものの崩壊を意味するのである。だからこそ、生き残りは被爆直後の状況を「この世の終わり」と証言するのであろう。

「コレガ人間ナノデス」

アカクヤケタダレタ　ニンゲンノ死体ノキミョウナリズム
スベテアッタコトカ　アリエタコトナノカ
パット剝ギトッテシマッタ　アトノセカイ

（原民喜「夏の花」）

コレガ人間ナノデス
原子爆弾ニ依ル変化ヲゴラン下サイ

（原民喜「戦争について」）

原爆炸裂後の「地獄」とは、単に大量の死体が横たわる現場ではない。夥しい数の死体を見ただけであったとしても、十分に衝撃を受けるであろうが、「地獄」という言葉で表現された情景は、それとは異質なものである。だから、原は、その鋭い感性で死体に「キミョウナリズム」を感じたのである。

電車が天満町に止まり、何かと思えば……。人間の黒焦げが電車の中から点点と外に倒れ、もう炭と云って良い、人間の炭……。信じられない事だった。

図13　木原敏子(広島平和記念資料館所蔵)

原爆投下の翌日に母と弟たちを捜し歩く道中で絵にある光景に遭遇した木原敏子は、自分の目を疑った。それが人間であったことを伝えるために、焼けた電車の中や周りに横たわる黒こげの死体を、木原は人らしき形にした。同時に、それを「人間の炭」、つまり〈モノ〉のようにも描いている。それまであった世界は崩れ、原爆は人間を〈モノ〉と化したことを伝えるためにである。

〈モノとしての死〉に飲み込まれていく人で埋め尽くされた世界。[25] それは、死者が大量に居る世界とは違う。死者でも生者でもない、人間性と呼ばれるものをはく奪された〈臨界人間〉、つまり、ゾーエーと化した者たちが蠢く世界なのである。[26] それは、人間の想像物である「地獄」を超えた〈セカイ〉である。だからこそ、原民喜は被爆した直後の状況を描写するにあたって「新地獄」という造語を使わざるを得なかった。大田洋子も避難途中で見た光景を「いまはもう人間ではない形相の人間の群が、白日の広い河原を埋めていました」と振り返る。[27]

原や大田の作品と同時期に書かれた体験記も、人間でありながら人間ではない存在が原爆によって現れ出たことを証言している。

> 人といっても今まで此の世では見た事のないように焼かれ傷つけられた裸体の群（村本節子『天よりの』）

> 街路にころがっている無数の死体は、人間の影を留めているのは一体もなかつた。（伊藤道子『天よりの』）

> 原爆の日以来、死体は見飽きるほど見てきた。死んでしまつたものは「ひと」ではなくて、「もの」である。（壺井潔『日本談義』）

一九八五年に日本被団協が行った「原爆被害者調査」の自由回答欄にも「これが人間なのか」という慄きが数多くの回答者から寄せられた。たとえば、「人間とは見れない生き物」「人権もない虫ケラ同様の死体」「こんな姿が、こんな死にざまが、人間の世界にあってよいものだろうか！」などである。[28]「新地獄」から生還した者は、時が流れてもなお〈モノとしての死〉の記憶に戦慄を覚えるのである。

3　トラウマという臨界領域――日常世界と〈地獄〉を生きる

二つの時間性

〈地獄〉の記憶は時の流れとともに消えていくわけではなく、体験者にとっては鮮明なままである。しかし、惨状が広がっていたはずの場所は、ありふれた日常に彩られて、〈地獄〉の痕跡は消え去ってしまったかに見える。そもそもそんなことがあったのだろうかと思わせるほど、跡形もなくである。

爆心地のすぐそばにある芸備銀行（現・広島銀行）で被爆した高蔵信子が、今は広島の繁華街の中心部となったその場を目にするときの複雑な想いを語ってくれた。

そごう〔百貨店〕がありますね。何階かに喫茶室があってね、そこに行くとね、ちょうど紙屋町、広銀のあたりがひと目で見えるわけですね。〔中略〕お茶を飲みながら、あんなことが、ほんとにここであったのかしらって。今こうして平和にみんなが浮かれたような生活を、老若男女しているけども、どっちが本当なのかなって思いますよ。電車通りはざーっと全身火傷をした人が折り重なって、ぱあーっと見渡す限り死体でしたからね。〔中略〕時間の経過っていうものが、すごくむごく感じられますね。

あの日の記憶が焼きついたまま、いっさいの忘却が許されないのであれば、生き続けることはできなかったであろう。時の流れが〈地獄〉の跡を記憶から僅かばかりでも消してくれたならば、それは歓迎すべき

図 14　原田知恵(広島平和記念資料館所蔵)

ことである。しかし、日常の時間のなかだけで生きるという幸せが許されない者にとっては、むしろ「むごく感じられる」のである。時が流れて街から〈地獄〉の痕跡が消えていくなかで、生き残りだけが〈地獄〉の記憶のなかに取り残されてしまう。それだけではない。もはや〈地獄〉の痕跡を残さない日常世界と、確かに体験した〈地獄〉という両極にある二つの世界を生きるために、「どっちが本当なのか」わからなくなるのである。

> 三十年前此の目で〔見て〕此の手が肌がふれた当時の様は余りにも恐ろしく、書く事はおろか語る事もさけて来て、今書きながら湧いて来る血のにおい、真赤にただれた肌、男女の見判けも付かない惨い姿。むけかけの皮がぶらさがり恐怖にゆがんだ表情は、此の世のものとも思われません。〔中略〕三十年間のめまぐるしい社会の変貌に、あれ程の記憶もいざ書こうとしたらぼかされて、これ以上書けそうもなくまづしい(ママ)此の絵の中のうめ様もない空間をはがゆく思いながら書きました。

原田知恵が絵に添えた文章にも、日常と〈地獄〉という二つの異世界に生きる苦悩が表現されている。

「めまぐるしい社会の変貌」を生きていくなかで、時が経つとともに記憶の生々しさは和らいだ。時が経てば記憶が薄れるという日常の時間の流れに身を置き、時計の針を進めてきたのである。しかし、刻み込まれた記憶を消し去ることができたわけではない。三〇年という時を経ても「血のにおい」が湧いてくるのである。時間の経過によって自然に記憶が薄れたというよりも、意図的に避けてきただけなのかもしれない。だから、いざ表現しようとすると再び生々しい〈地獄〉の記憶に襲われることになる。同時に、記憶が「ぼかされて」いるとも感じるという。

これだけ〔描こうとするだけ〕でも、思い出そう思うて精一杯じゃったけど、現状じゃったら、もっともっとね、思い起こしてね、そこの状況をすぐに描けたと思うんですよね。だけどもう、ほんとに、だんだん薄れて、今こうやってお話ししながらもね、そこの状況を即そこに見出すかいうたら、そうじゃないね。なんか遠いものになってるっていうね……。

絵に添えた文章を書いてから三〇年近く後に、こう語る原田は、確かに日常世界の時の流れのなかで生きてきたといえる。思い出そうとしても記憶は薄れているというのだから。しかし、原田の中に〈地獄〉の記憶は依然として居座っていた。

言葉とかね、絵とかでね、簡単に片付けられるものじゃあ絶対にないですよね。だから少々どんなことが起きても、あれを照らしあわすからね、恐くてもね、大変だと思う思いが薄れますね。〔中略〕それはもう自分の中に組み込まれたものなんでしょうね。

生々しさが薄れてしまい、当時の惨状をうまく表現することができなくなったといいながらも、忘れ去ることができたわけではない。それは「自分の中に組み込まれたもの」なのである。だからこそ、忘れたいと願うのである。避けがたく記憶が迫りくる八月六日の「記念日」には、記憶から逃れようとするのだと原田は涙声で語った。

思い出したくないけぇ、山のほう行きます。思い出したら、テレビが朝から晩まででしょう。もう目をつむっていたい、耳もふさいでいたい。

原田の語りからは、「凍りついた記憶」と「薄れゆく記憶」という、相反する二つの方向へと引き裂かれていく記憶の動きが見えてくる。それは〈地獄〉と日常世界という二つの世界における時間の在り方を表している。原爆がもたらした〈地獄〉から生還した者は、現在を生きながら過去に連れ戻されるだけでなく、「止まった時間」と「過ぎ去る時間」という時間の二重性をも抱え込んでしまうのである。

〈地獄〉の侵入――トラウマ体験の時間的構造

弟を探して歩いた救護所の情景を「地獄絵」と表現した石川文恵の語りからも、時間の二重性が浮かび上がってくる。

書いて残しといたらと思っても、とてもあの有り様はようかかんね、とかいう気が先に立ってね。

そして次第に、どういうんですかね、生々しさ……そりゃ忘れてきますよね、うん。よう書かなくなったですよね。

記憶が薄れてきたという石川だが、原田と同じように、被爆から五九年経っても記憶から逃れることができない苦しみを吐露した。

七月の終わりからね、八月、八月六日大嫌い。ワーワーワーワーいいだすでしょ。ほしたら今度ね、そうするとね、嫌でもそれを思い出すわけよね。八月六日になると。もう忘れたい思うても忘れられん。思い出しとうないですよ……。

夏になると「想起せよ」の大合唱のなかで、否が応でも思い出さざるを得ない苦しみを石川は語ったが、記憶と格闘するのは夏だけではない。

もう、かちかち、ピンピンですよ、これは。ちょうどね、マネキン、マネキンみたいなん。まぁ火傷の人はね、みんなマネキンみたいにピカピカになっ

図 15　石川文恵(広島平和記念資料館所蔵)

図16　石川文恵（広島平和記念資料館所蔵）

て。ぜんぜん、どういうんじゃなくて、とにかくピカピカになっとったんですよね。〔中略〕まったくもう、何だかわかりませんでしたね。自分がもう、どういうんか、怖いとか何ともわからないんですよ。

石川は、己斐国民学校の校庭で目にした場面とその後の道中で見た情景を描いた絵を説明しながら語ってくれた。ここでは、全身火傷の死体を「マネキンみたい」と表現しており、〈地獄〉で目にした情景を日常世界の記号で表している。このように、日常世界を足場として〈地獄〉を表現しているときには、〈地獄〉に対してある程度の距離を保つことができている。しかし、〈地獄〉の記憶は遠くに留まってくれはしないのである。

こういう格好した人がね、こう積んで〔あって〕。まぁこれでもね、〔皮膚が火傷で〕ピンピンですから。ピーンとしてね、全然ね、ピーンとして張りきって、ピューっと。まったくね、デパートの、あれですよね。マネキンのね、あれを見るたんびにですね、いっつも嫌だけど思い出すん。

マネキンを見るたびに原爆に灼かれた全身火傷の死体が石川の脳裏をよぎる。日常世界に生きていても、〈地獄〉へと連れ戻されるのである。黒焦げた死体を彷彿させるからと、焼き魚が食べられなくなったという人や、内臓を思わせるからと白子やレバーを嫌う人もいる。原爆がつくりだした〈地獄〉からの生還は、日々を生きながら「地獄絵」に捉われることであり、見慣れた日常に突如として「あの世」が侵入するということでもある。

このように日常と〈地獄〉という二つの異世界の臨界領域で生きるのは、原爆の生き残りに限られるわけではいないことが、トラウマ研究から明らかになっている。ホロコースト生存者の文学作品を「トラウマ的リアリズム」の表現として読み解いたマイケル・ロスバーグによると、生存者のトラウマは、ホロコーストという極限的な出来事そのものにあるわけではない。むしろ、本来別々のものであるはずの日常世界と「極限状態」が並存するという事態こそが、生存者にトラウマをもたらし、日常世界の理解の枠組みを揺るがしてしまうのだという[29]。しかし、ここで注意しなければならないのは、日常世界の理解の枠組みが完全に崩壊してしまうわけではないということである。そうでなければ、マネキンを見るたびに「嫌だけど思い出す」こともないだろうし、白子やレバーを嫌うこともないであろう。極限的な状況から日常世界に生還したからこそ二つの異世界の臨界領域に生きることになり、トラウマを体験することになる[30]。カルースが「トラウマの本質は、死に直面したことにあるのではなく、われ知らずのうちにその危機を生き延びてしまったことにある」と指摘する通りなのである[31]。

「極限状態」を脱して日常世界に舞い戻り、過ぎ去る時間に身をおいて生きるなかで〈地獄〉の跡は少しずつ薄れていく。しかし、忘却する幸せを手にすることは叶わない。日常世界で目にする焼き魚やマネキンが、生き残りを〈地獄〉の時空間に連れ戻すのである。だが、そのまま〈地獄〉に居続けるわけではない。

〈地獄〉では生きることができないからである。生きていくためには〈地獄〉が日常世界から切り離されなければならない。だから〈地獄〉の記憶を避けようとする。それでも〈地獄〉の影が否応なく生き残りたちの日常世界に侵入する。

「パット剝ギトッテシマッタ　アトノセカイ」から生還した者は、〈地獄〉の影に覆われつつも日常生活を営む。〈地獄〉と日常世界という二つの異世界が並存する不気味な時空間に生きざるをえないのである。

4　トラウマの表現

体験者という主体と知

見慣れた日常が突如としてよそよそしく現れることにより、主体が揺らいで不安に陥る事態をフロイトは「不気味なもの」という概念を通して考察したが、原爆体験の記憶について考えるうえで、この概念は示唆に富んでいる。なぜなら、〈地獄〉の記憶は通常の記憶のように主体が制御できるものではなく、突如として主体に襲いかかり、激しい情動を引き起こすものだからである。

フロイトの議論を発展させたラカンの「現実界」という概念を導きとして、西谷修が原爆投下直後の「ヒロシマ」を論じている。体験者が「ヒロシマ」や「ナガサキ」という出来事を理解することは原理的に不可能であると西谷は主張する。なぜなら、そこには意識を持って世界を認識することのできる主体が存在しないからである[32]。

西谷は生き残りの証言を検討したわけではないし、トラウマという概念にも触れていないが、現実界と主体に関するラカンの理論はトラウマ論でも重要な位置を占めており、西谷の主張は原爆体験を考えるうえで一考に値する。近年のトラウマ研究に多大な影響を与えたカルースも、フロイトやラカンの議論を踏まえながら、トラウマ体験者の主体性と知に関して論じながら「〔トラウマ的出来事の〕情景が目の前で繰り返し出現するという現象の中心には、遅延と理解不可能性がある」と指摘する。[33]

トラウマ的出来事の「理解不可能性」は、出来事が記憶に登録される、その仕方に起因するとカルースは主張する。

> 圧倒的な出来事を認識するのに遅れが生じてしまったり、十分に把握できなかったり、しっかり見据えることさえできなかったために、その出来事が繰り返し立ち戻ってくるとき、出来事は〔象徴化されずに〕そのままの形で保存されているのである。[34]

カルースが「直写性（literality）」と名付けたトラウマ記憶の特徴は、体験者が自分の身に起こった出来事を「意味のつながりのなかに同化」して、「知識として獲得」することができない状態にあることを表している。[35]トラウマ的出来事の只中では、それを把握することはできず、出来事の「後」という「遅れた時間」のなかでフラッシュバックや外傷夢などの「症状」という形で出来事を体験する。[36]つまり、体験者自身でさえも、自分に起こった出来事を充分に把握することができないのである。[37]

原爆の生き残りの語りからも〈地獄〉に在った体験は、その場で意識下に置くことができず、認識に遅れが生じていることが伺えるし、何度も外傷夢やフラッシュバックに襲われていることからも、記憶の「直写性」がみてとれる。[38]原爆炸裂直後の〈セカイ〉は象徴秩序を逸脱しており、状況を把握して意味づける主体が、そこでは解体の危機に瀕していた。何が起こったのかを理解するという人間的な営みの彼岸に連れ去られてしまったのである。だから「人間世界」に舞い戻った後も〈セカイ〉をつかみ損ねるのである。

被爆者こそが原爆体験の所有者であり、原爆被爆に関する権威的な知の保有者であると当然のように考えられているが、必ずしもそうではない。むしろ、体験者だからこそ出来事に関する知が欠落しているとさえいえる。そのために、第一部でみたように、原爆体験の語りには非体験者にしかとりえない視点が取り込まれているし、それが体験の空白を埋め、語ることを可能にしている。出来事のただなかで把握できなかったことを事後的に知識に組み込むことで、混沌とした体験を因果関係や時系列の流れの中に位置づけることはできる。しかし、トラウマ論が示唆するのは、他者の知識によって埋めることのできる知の空白ではない。それは、もっと根源的な空白なのである。

表象不可能性と構造的トラウマ

〈炎に包まれているところを歩く絵などを描こうとしたが〉だけど絵にならないんですよね。こうじゃなかった、ああじゃなかった、もっと猛烈な火だった。もっととてもたとえようもなく、こわい火だったっていうことが頭を去らなくて、そういうのは描けなかったんですよね。

高蔵信子は何度も絵を描き換えながら、結局は〈地獄〉を表現することができなかったといった。絵の作者たちは「もう、こんなもんじゃないんですよ」「一〇〇年描いても描きつくされません」と、描ききれないもどかしさを打ち明けた。何枚も描こうとしてはやめ、ようやく一枚描きあげた人も少なくない。一枚もの絵を描いた岡崎秀彦も「自分で一生懸命でこれ描いたんだけど、その、あの感じは、あの凄惨な感じは出ないですね、いくら描いてもね」と描ききれない歯がゆさを訴えた。

表象の困難に直面するのは、「原爆の絵」の作者たちが素人だからという技法的な問題ではない。丸木位里・丸木俊作の「原爆の図」も、体験者からは「きれいすぎる」と評されている。

原爆が炸裂した直後に創りだされたのは前代未聞の情景であったが、それを表象するには、既存の言語に拠るしかない。〈地獄〉を「この世」の言語で表象しなければならないのである。だから、体験とその表象との間の裂け目を突き付けられて「こんなものではなかった」と描ききれない歯がゆさを感じる。どんな手法をもってしても、けっして〈地獄〉を再現することはできないのである。

トラウマ的な出来事を生き延びた者は「体験の表象」に強烈な違和感を覚える。表象されることにより、トラウマ体験の混沌とした性質や衝撃の強度が失われてしまうからである[39]。出来事を他者に伝えるには、表象する必要がある。しかし、表象を通してでは、トラウマが与える衝撃を伝えることができなくなってしまう。このジレンマこそが、トラウマ的な出来事を生き延びた者の多くが体験を語ることをためらう要因であると、カルースは指摘する[40]。

トラウマ論には直接言及しないが、酒井直樹もトラウマ体験者の沈黙に注目している。

> もし、歴史的体験が歴史的語りを生み出すまさにその共同的表象体系を破壊するほどの強烈さを持つものならば、その場合にはそれは沈黙を守り、表現され得ぬまま残る運命であろう。〔中略〕そうした重大な歴史的体験は同様に無言のまま取り残され、埋葬されるに相違ないのである[41]。

体験者の沈黙や証言の空白をトラウマ体験の表象不可能性として論じる研究は多い[42]。しかし、詳細に検討してみると、トラウマ記憶が言葉を持たないというのは、いささか正確さに欠けるし、トラウマに苦しむ者の多くは、フラッシュバックや外傷夢に苛まれながらも言葉を発している。

「トラウマ体験は表象不可能である」もしくは「沈黙だけがトラウマを正当に表現できる」と断言してしまうならば、生き残りの沈黙を崇拝することになり、苦痛にさいなまれながらもなんとか表現しようとする格闘を「表象の危機」や「主体の死」といった現代思想の問題のなかに解消してしまうことになる[43]。ドミニク・ラカプラが「構造的トラウマ」として分類した論考にみられる傾向である。「構造的トラウマ」は、経験的な出来事としての「歴史的トラウマ」よりもトラウマの原理的な構造を重視し、その構造を前提として証言を分析するために、証言を通して何が語られているのかを聞き漏らしてしまう危険性を孕んでいるのである[44]。

たしかに、原爆の生き残りの多くは体験を語ってこなかった。しかし、同時に、四千枚もの絵や三万編以上の体験記、数多くの文学作品も残している。これらの表現を手がかりに、トラウマ理論を参照しつつ、原爆体験を表象するにあたっての困難、証言するという行為のただなかで主体が分裂しているさまや、「証言の空白」を浮かび上がらせることはできる。証言することの難しさにもかかわらず、そして、いかに不完全で未完であろうとも、生き残りが語ってきたからこそ、原爆体験の「表象困難性」が伝わってくるのである[45]。

ゴルゴンの首を見た者——感情の喪失と人間の崩壊

その情景は到底筆舌のよくつくす所ではない。悲惨といえば悲惨、凄絶と言えば凄絶。

だがそんな言葉が一たい何だろう。表現以上、想像以上の現前の事実である。悲しんでも足りない。悼んでも無駄である。慟哭も空、号泣もまた空。〔中略〕もはや人間的な感情も意欲も、悉く凍死してしまったような感じさえするのだった。

稲富栄次郎は被爆から四年後に刊行した体験記『世紀の閃光』のなかで、被爆直後の状況を詳細に描写しつつも、それは「表現以上」であったと作中人物に言わせている。あまりのことに、そのただなかにあっては、「ゴルゴンの首を見」た者のように「人間的な感情も意欲も、悉く凍死してしまった」という。同じ時期に刊行された体験記にも、感情が麻痺していたと振り返るものが多い。

稲富が体験記を刊行してから十余年後に調査を行ったリフトンは、ヒロシマの生存者の間に心的麻痺状態が広く見られたことに着目した。「到底筆舌のよくつくす所ではない」と稲富が表現した被爆直後の状況にあっては、「生と死が交錯し、転倒し、もはや区別できないという感覚」が人びとを覆っていたとリフトンはみる[46]。生と死の領域が交差した異世界のなかに投げ込まれた者にとって、それまで属していた世界の象徴秩序はもはや機能せず、人間らしい感覚も遠のいていった。このような精神状態を、リフトンは「心理的閉め出し」(psychic numbing)と呼んだ[47]。極限状態に置かれたとき、心を閉ざすことによって外部の刺激から自己を守ろうとする精神の働きのことである。

多くの体験記には、精神的な麻痺状態に陥り、人間的な感情を失っていくさまが綴られている。稲富の体験記には、「まるで諸(いも)の焼け加減でも見るような態度で、親や兄弟の屍体を焼いている」という記述があるが、「原爆の絵」を描いた原田知恵や石川文恵も、凄惨な姿の重傷者や死者を目にしても恐怖を感じなくなっていたと振り返っている。

「構造的トラウマ」論とは違い、リフトンは「心理的閉め出し」の状態にあっても、必ずしも周りの状況を認識できないわけではないと主張する。極限状態において精神が麻痺してもなお認識する能力は保持されたが、「認識した事柄を感情や行動に結びつける象徴的統合能力」が失われたというのである。[48]たしかに、精神的な麻痺状態に陥りながらも認識する力は保っていたであろうと思わせる証言がいくつもある。一方で「無感動」に陥っていく心理に言及しながらも、他方で周辺の状況を詳細に描写しているからである。しかし、状況を把握する際に参照するのは、それまで機能してきた認識の枠組みであり、歴史上前例のない核兵器攻撃によって現出した〈セカイ〉を理解する助けとはならなかった。[49]リフトンが、ヒロシマの生存者は「状況を理解するために必要な先行するイメージを持たないか、ほとんど持っていない」ために、体験を自分のものにすることができないと指摘する通りである。[50]

自分が体験した出来事を理解して自己の歴史の中に取り込むことができないとき、主体の歴史は切断されてしまう。極度のトラウマを体験した人には「一種の二重人格」が生じてしまい、二つの人格を自己に再統合することが生き残りの再生にとって重要であるとリフトンは主張する。[51]しかし、生き残りが〈地獄〉と日常世界の臨界領域から抜け出して日常世界だけに住まうことは容易ではない。六〇年という長い年月が経ってさえなお〈地獄〉の影が消え去ることはないのであるから。人間が人間でなくなった〈セカイ〉から生還した者は、「新人間」として生きる他はなく、元の「人間」に戻ることはないのだろう。[52]

5　「人間」を取りもどす

感情の回復と証言

前代未聞の惨状を前に、精神的な麻痺状態に陥ることで〈地獄〉を生き延びることができた。しかし、生き延びるための防衛手段は、後に羞恥心や罪意識という代償を払わせることになったとリフトンは指摘する[53]。冷淡な行動をしたり、人間としての感情を失っていたことを振り返り、生存者は恥ずかしく思ったり、罪の意識を覚えたりするというのである。

図17　松村智恵子(広島平和記念資料館所蔵)

「原爆の絵」にも罪意識を表現したものが少なくない。段原国民学校の教師だった松村智恵子は、倒壊した校舎の下敷になり、その隙間から右手と頭を出して助けを求める子どもの姿を描いた。あの日から三〇年経っても「先生助けてー」その声が今も耳元にきこえてたまらない気持」になるという。

迫りくる炎のなかから助けを求める生徒を救うことができなかった松村にとって、三〇年という長い年月も記憶を和らげるのに十分な時間ではなかった。子どもたちの最期の姿が、その声とともに迫ってくるのである。松村が生々しい記憶にさいなまれたのは、出来事がトラウマ的であったからというよりも、子どもたちを「見捨てて」生き延びたという罪責感に苛まれるがゆえだと考えられる。

松村に限らず、自分が生き延びるために死者を「見捨てた」と罪の意識に苦しむ生き残りは多い。ただ、それが有縁者であるからというわけでは必ずしもない。見知らぬ死者に対しても、自責の念を覚えるのである[54]。

死者の命と引きかえに自分の生があると感じるために、記憶が回帰するたびに、生きていること自体に苦痛を覚えることになる。こうした罪意識は「心理的閉め出し」の代償であり、生存者を死者と一体化させて「生きながら死んでいる」状態に追いやるのだとリフトンは主張する[55]。それに対して石田忠と濱谷正晴は、生存者にみられる罪意識を、人間性を回復した証として読み替えた[56]。「己れを〈人間の立場〉に置くがゆえに罪を自覚する」のであって、感情が麻痺した「非人間」のままであったならば、罪の意識を覚えることはないからである[57]。

罪意識の他にも、生き残りが人間性を取り戻していった回路が「原爆の絵」の作者の証言から浮かびあがってくる。

「この世ではありえないこと」が広がっていた被爆直後のヒロシマにも、日常につながる徴があったと生き残りは証言する。岡崎秀彦は弟を捜して歩く道中、女学生の遺体を見たときの思いを話してくれた。

遺品がいっぱい、いっぱいある中に女の子の、リリアンのついた革の赤い小さい財布なんかがあってね。それを見た時には可哀相でね。あんな財布を持つ子どもが皆ね、こういう風になったんかなあと思うとね。〔中略〕

ほんと、涙こぼれますよ。あまりの大差にね。こんなにかわいいのを持って、さぞかしもらった時にはうれしかっただろう。その姿を思うとね、可哀相になあと思うしね。

死体を見ても「怖いとも思わなくなった」と無感動に陥っていたが、女学生の遺体の近くにあった遺品のなかに「リリアンのついた革の赤い小さい財布」があるのを見て可哀相に思ったという。実際にその時そう思ったのか、それとも後に当時を振り返る中で生じた感情を過去に遡及させているのか、その真相は岡崎本人を含めて誰にもわからない。絵を前に当時の状況を語りながら、岡崎の語りの時制は過去から現在へと移行していき、赤い財布を見た当時の感情と、絵を描いたときの感情と、語りを展開している現在の感情とが融合していくからである。重要なことは、「地獄絵」の記憶のなかにも「この世」と繫がる風景があり、そのコントラストがやりきれなくなるという感情がそこに湧き上がってくるという点にある。

図 18　伊藤広江(広島平和記念資料館所蔵)

灼けつくやうな八月の炎天下も夜には満天の星空……。ひる間の呻き声も次第に聞かれなくなって数多くの人が昇天していった。そうして町のあちこちで穴が掘られ、やけただれた鉄骨を並べた上に死体がうづ高く積まれ油をかけて焼かれていった。毎日家族を捜して歩き廻り疲れ果てて空しく足を引摺って帰りかける……。いつもと変らぬ夕やけを眺め、やがて空を見上げれば何事も無かったやうに大小の星が輝いている。

地獄さながらの中に立ちながらこの情景をこの感慨をどう言い表わせばよいのでしょう。

夫を捜して市内を歩き回った伊藤広江の絵は、けっして「何事も無かった」日常の光景を描いてはいない。積み重ねられ、炎の中で数々の死体が丸太のごとく焼かれるのである。しかし、それは、「いつもと変らぬ夕やけ」や「満天の星空」の下で、つまり日常につながる風景のもとで行われていた。この日常と〈地獄〉との裂け目とつながりは、伊藤自身の言葉にもあるように、感情の領域に表現しえない空白をつくる。

岡崎と同様に、伊藤の絵や文章が被爆当時の感情そのままを表現しているのか否かはわからない。しかし、絵を描いた当時、三〇年前を振り返りながら、〈地獄〉のなかに日常の風景を見つけて、二つの世界の裂け目とつながりに言葉を失ったことは事実である。〈地獄〉を証言するときには、この世にありながら〈地獄〉に再び舞い戻らねばならず、苦痛を感じる。同時に、日常世界の感覚を〈地獄〉に持ち込んで〈地獄〉との距離を広げている。証言するという行為は、たとえそれが〈地獄〉についての証言であったとしても、人間的な感性がなければなし得ないものなのである。

死者を抱きしめる

〈地獄〉を証言するなかで、生き残った者は死者の姿を想起しながら、死者の人間性をも取り戻そうとしてきた。

広島地方貯金局の一階で勤務中に被爆した沖本茂子は、似島に運ばれた後、救護所となっていた廿日市国民学校に移された。救護所で横たわる負傷者たちに火傷に蛆がわき、次々と死んでいく様子を見ても

「なんともないのね。かわいそうないう気もしないし。麻痺するんだと思うんですね」と沖本は振り返る。(58)
しかし、麻痺した心のままで絵を描いたわけではない。

絵の中の男の子は、全裸で手も脚も曲がったまま筵の上で仰向けに横たわり、全身にはウジがわき、ハエがたかっている。独り寂しく目を閉じたまま弱々しげに苦しむ姿は悲しげに映るが、鉛筆を使った柔らかなタッチの画風から、沖本がこの子を思いやる気持ちが伝わってくる。

図19　沖本茂子(広島平和記念資料館所蔵)

とっても印象に残ってるから。似島なんかで皆さんお会いした人〔のなか〕で、この子だけ、一番こっちが印象に残ってる。〔中略〕教室の半分ぐらいのところぽつんと置かれて〔中略〕やっぱりね、見たとたんドキンとしましたよ。そうかといって目をそらすわけにいかないしね。やっぱりなんだか哀しかった。

独り淋しく横たわる少年が印象に残ったという沖本だが、その子を絵にしたのは、よく覚えていたからだけではない。翌朝、少年はいなくなっていたという。夜のうちに息を引き取ったのであろう。誰にも看取られることなく一人淋しく逝った少年を、何とかして親元に帰してあげたいと思ったのである。

　やっぱりこの子がね。ものすごくいろんな思いがあったわけ。気の毒〔に〕なって。可哀相。この親はどうしてるか。親は知ってるか。この子〔が〕ここに来てるのをね。この子は親を待ってたんじゃないかしらん。それも会えない。それを思ったらねぇ、描かずにおれない気持ちになって。〔中略〕描くのどうかと思いましたけど。やっぱり描いてあげないと、この子も何もないじゃないですか。何も残らないじゃないですか。〔中略〕この子が生きていたんだよって……。

孤独な死を強いられた子どもがいて、子どもの遺体さえ抱きしめてやることのできなかった親がいる。そんな親子が、せめてあの世でめぐり会えるようにとの願いを込めて、男の子が生きていた証を沖本は残そうとした。救護所では何も感じなくなっていた沖本だが、それから三〇年後、絵を描くことを通して、死者を〈モノとしての死〉から救い出そうとしたのである。

他にも、描いた絵を通して死者たちに寄り添おうとしている者がいる。たとえば、平川壽子は戦争が終わった後、二週間ほどの間、救護所となっていた草津国民学校で看護活動にあたったが、そこで見たことを「供養のひとつにでもなれば」と絵にした[59]。しかし、見たままを描いたのではない。収容所で横たわる負傷者たちに、実際にはその場になかった毛布を、絵の中でかけてあげたのである。

　毛布をかけた絵にしましたのは、傷あといっぱいウジもわいてたし、暑いときだからなんにもかけない人もいたし、下着やなんかは着てらっしゃるけど上の方は裸んぼうでしょう。それへもって、ウジがわいたりしたのは何となくかわいそうだから、皆ちょっと見えないようにしたげて、絵だけでもせめてね。あんまり辛いのは、あれだからと思ってね。

図20　平川壽子(広島平和記念資料館所蔵)

一〇〇枚以上の「原爆の絵」には、「合掌」「合掌念仏」など死者を慰める言葉が添えられている。多くの者が筆をとったのは、人としての死さえも迎えることなく逝き、悼み弔ってくれる家族や仲間さえも奪われた死者たちが、たしかに生きていたという証を刻み、その魂を慰めようとしたからであろう[60]。だからこそ、あの人は家族とめぐりあうことができたのだろうか、今はどうしているのだろうかなど、見知らぬ死者や負傷者たちに対する思いやりの言葉を絵に織り込んだ。無縁の死者に対して、安らかに眠ることができる場を差し出そうとしたのである。

証言者と聴き手

証言という行為を通して、生き残った者は、死者を想起しながら、自らの人間性だけでなく、死者の人間性をも取り戻そうとしてきた。ただし、生き残りと死者だけで「証言」を成り立たせることはできない。証言は語り手と聴き手との共同作業によって、初めて成立するからである。

崩壊してしまった自己を再生するためには、他者とつながる必要がある。だからこそ、「証言」が重要な位置を占めてきた。なぜならそれは、他者に呼びかける者と他者の声を聴き迎える者とが出会うこと――それは、往々にして偶然によるが――によって、初めて成り立つからである。逆に、聴き手を得られなかった場合、生き残りは再びトラウマに飲み込まれてしまうことになる[61]。

トラウマ体験の証言に耳を傾けることは、たとえ訓練を受けた専門家であったとしても、苦痛を伴う[62]。だから、「ありえない」出来事の記憶を前にして、証言のなかから私たちを不安にさせるものを取り除いて「物語」に仕立てあげる誘惑にかられる。たとえば、〈地獄〉の描写を「再び繰り返してはならない悲劇」という常套句に落とし込もうとする。「意識的ないし無意識に外傷や喪失の痕跡を拭い去るために企てられた語りの構築や展開」である「物語フェティシズム（narrative fetishism）」に依拠することで、証言が喚起する情動を鎮めようとするのである[63]。

物語フェティシズムは、トラウマを否認することであって統治することではない。たとえ物語化したとしても、トラウマが他者に心的影響を与えることを止めるわけではないからである。被爆証言のなかでも「原爆の絵」は、視覚表象を通して被爆直後の〈地獄〉の光景を差し出すことで、受け手にも「脳裏に焼きつく」という疑似体験を迫る[64]。「原爆の絵」と向き合い続けることを通して、私自身も、まるでトラウマ体験者の「外傷夢」のように、炎の中に閉じ込められる夢などを繰り返し見るようになった。しかし、それはあくまでも絵に描かれた情景でしかない。出来事そのものではなく、その表象を反復するのである。だから、そこには臭いや感触はない。表象を通して体験するトラウマの情動は、表象から離れることで、やがて消え去っていく。たとえトラウマに「感染」したとしても、原爆を生き延びた者と私たちとの間には、埋めがたい隔たりがあるのである[65]。

空白を証言する言葉

原爆を生き延びた者は、日常世界に生還した後も〈地獄〉の記憶に襲われる。だから、忘却を望むのだが、記憶を制御することはできない。〈地獄〉に在った体験は、理解という行為を拒絶するからである。その只中にあった当人でさえ、「パット剝ギトッテシマッタ　アトノセカイ」を把握して統治下に置くことはできないのである。

こうした体験の空白を伝える言葉として「遭うたもんにしかわからん」という呟きを聴いてみてはどうだろうか。原爆に遭ってしまったことで、体験者の主体の歴史は切断されてしまった。生き延びた者は、自らも知りえない体験を内に抱えながら「一種の二重人格」を生きなければならない。それは、体験者にしかわからないことだろう。「遭うたもんにしかわからん」という言葉は、体験に関して十全な知を保有する立場から発されているわけでは必ずしもないのである。

〈セカイ〉を生き延びた者は「新人間」として生きる他ないのかもしれない。しかし、「新人間」としての生は「生きながらの死」とは違う。砕け散った自己のかけらを拾い集めて新たにつなぎ合わせながら、生き残りは体験を証言してきた。証言という行為を通して、死者を抱きしめながら、人間性を回復していったのである。それは、証言に耳を傾ける他者なくしては、成し得ないことであった。たとえ、遭った者にしかわからないことであったとしても、〈原爆後〉を語る言葉は他者に向けて送り届けられてきたのである。

終　章　被爆の記憶を引き継ぐために

国の愚かな戦争で一瞬に校舎の下敷になり被爆した。父(四一歳)母(三五歳)兄(一二歳)妹(二歳)を殺され遺体もなく、最後どんな様子で死んだのかもわからない!!　一瞬に瓦礫と化し道端には苦しんで転がっていた人、人、人、地獄を見てきた。

あれから六四年忘れられない悲しみ苦しみをひきずっている。心の痛みにつける薬はない。私もあの時「両親と一緒に死んでいた方がよかった」と今でも思う。

「被爆者からのメッセージ」(二〇〇九年)
広島被爆、当時九歳、女性

人類が二度とあの〝あやまちをくり返さない〟ためのとりでを築くこと。——原爆から生き残った私たちにとってそれは、歴史から与えられた使命だと考えます。この使命を果たすことだけが、被爆者が次代に残すことのできるたった一つの遺産なのです。

「原爆被害者の基本要求」(一九八四年)

原爆を生き延びた者たちが体験を語るということは、けっして容易いことではなかった。「今では「原爆を売りものにする」とさえいわれている広島の被爆者たちの訴えも、地表に出るまでには、無視され抑圧された長い努力の時期を経過しています」と「原爆被害者の会」を支えた山代巴が注意を促したように、生き残りの声を引き出すことが、被爆者運動の出発点だった(1)。原爆投下から間もない時期から原爆体験は記録されてきたが、圧倒的多数の生存者は体験を公の場で語ることはなかった。第三部でみたように、原爆を生き残った者は、死と死者の記憶に苛まれながら、「戦後」とは異質な〈原爆後〉という時空間を生きてきた。死者を慰めようとして、その死に意味を付与しようとしたが、他方で〈地獄〉の記憶や死者の視線に捉われて、言葉を発することは容易ではなかった。それが、変化していくのは、〈地獄〉の惨状についてだけでなく、その後の苦悩や痛みについて、耳を傾けてくれる聴き手が現れ、語り合う場が拓かれていくことによってであった。

敗戦後の日本において、被害者意識に基づく戦争の記憶が厭戦感情や平和擁護の訴えと結びつけられながら形成されていた。そのさなか、冷戦が激化し、再び戦争が起きるのではないかという危機感が高まり、原爆体験の証言は「反核・平和」の訴えとして受け止められるようになった。五四年の第五福竜丸事件をきっかけとして高揚した原水爆禁止運動の広がりによって、被爆者は「三度におよぶ原水爆の被害を受けた日本」という被害者共同体の代表として平和を訴えるよう主体化された。しかし、病気と貧困の悪循環に苦しみ、いつ訪れるかわからない原爆症の恐怖に怯えつつ、偏見と差別にさらされながら生きる被爆者の現状が理解されたわけではなかった。むしろ、原水爆被害の象徴として被爆者が他者化された面がある。原爆から一〇年の月日が経ち、ようやく社会に迎え入れられたはずが、かえって疎外感が強まって、少なくない被爆者が「遭うたもんにしかわからん」「遭うてみればいい」という言葉を口にした。しかし、原水爆禁止運動を契機として、勇気を得た被爆者たちは、自らを組織し、原爆被害を明らかにしながら、償いを求める運動を展開していく。

本書では、被爆者という主体性を、原爆を体験した者、原爆の傷害作用を受けた者、法によって定められた「被爆者」、原爆による被害を受けた者、原爆死者が逝った後に残された者、原爆による大量死を生き延びた者という観点から、多面的に捉えてきた。被爆者は米国による原爆投下直後に誕生したのではなく、戦後日本における戦争体験の記憶、原爆被害調査、戦争被害者援護制度、核をめぐる国際政治、国内の保革政治、原水爆禁止運動や被爆者運動など、多様な言説の編成のなかで形成され、また変容していったのである。同じように「原爆体験」や「被爆体験」も、こうした言説群によって形成され、その指示機能を変化させてきた。「原爆体験」や「被爆体験」は、必ずしも被爆者が所有するものではないのである。「戦後日本」という言説空間――そこで米国が果たしてきた役割は大きい――において被爆者という主体性や原爆体験が形成され変容してきた歴史的な過程を考察してきたが、その結果、私たちが知る被爆者――原爆の悲惨さを語り、核兵器反対と平和を訴える原爆被害者――は、特定の歴史的条件のもとで作られた主体性であることが明らかになった。そのことは、「被爆体験の継承」を考えるうえで示唆に富む。なぜなら、被爆者や原爆被爆体験の境界線は可変であると教えてくれるからである。

だからといって、私たちが被爆者になって体験を共有することはできない。また、体験しなければわからないことは、やはりあると思う。被爆者や被爆体験の境界線が揺らいできたからといって、境界線がなくなったわけではない。放射線による被害という点で共通性を見出そうとして、原爆を製造する過程で生じた被害者(たとえば、ウラン鉱山の労働者や被ばく兵士)、原水爆実験の被害者、原発労働者や原発事故被害者などが「ヒバクシャ」と総称されることはあるし、核時代を生きる者はすべて「ヒバクシャ」であるという指摘もなされてきた。しかし、たとえば、第六章でみたように、被爆者を「原爆の惨状を生き延びた者」として捉えた場合、それが極限体験であるがゆえに、核時代を生きる者という観点から共通性を見出すことは難しい。やはり、被爆者と私たちとの間には埋めがたい断絶があるのだろうか。

たしかに、六〇年以上が経った後にもなお「死んでいた方がよかった」と吐露する被爆者がいることに、私たちは愕然とする。原爆体験を極限体験や被害体験として捉えた場合、「苦痛は、それを覚えている者が受け持つしかない」(林哲佑)[2]のかもしれず、生き残った者の孤独は他者の共感を拒絶するであろう。

しかし、「遭うたもんにしかわからん」という言葉は、体験した者にしかわからない、という孤絶感だけを表現してきたわけではない。それが、絶望や拒絶の言葉であったとしても、言葉が発せられたというその事実に、誰かに言葉を届けたいという願い――たとえ、わずかであったとしても――を感じることができるからである。

原爆被爆体験や被爆者の境界線を動かしてきたのは、言説編成の変化によるものであり、特定の行為者の意図に基づくものではないことは本書で示してきたとおりである。同時に、既存の条件のもとであれ、被爆者をはじめとする多様な人びとの行為によって、制度や世論が変わってきたし、言説編成も変容してきた。私たちの営みによって――その意図の通りにとは限らないが――境界線をゆるがすこともできるのである。原爆被害を受けた体験として原爆体験を捉え返し、運動を通して原爆被害者としての被爆者が生まれたことを第二章でみたが、運動を担ってきたのは、被爆者だけではない。被爆者が「ふたたび被爆者をつくらない」という信念を作り上げるようになったのは、自己の在り方や社会関係の編成を変えようとしながら、共に被害を発見し、反原爆へと向かう同伴者たちが存在したからであった。その多くは、日本社会の構成員であるが、日本の内外に生きる人びとと出会うことで、原爆を生き延びた者は、被爆者になっていったのである。

本書の冒頭で、戦争体験の継承という問題設定の前提が若い世代には共有されておらず、体験世代が世を去るとともに体験は風化してしまう可能性が高いと示唆した。しかし、継承すべき体験が何であるのかを今一度考えてみることで、別の可能性が開けてくる。

現在まで、被爆体験は被爆者の所有物であるという前提で議論が進められてきた。だから、被爆者の高齢化によって体験の風化が加速すると懸念されてきたのである。しかし、原爆被爆体験も被爆者という主体性も戦後日本における言説活動の所産であり、原爆被爆体験は被爆者の所有物では必ずしもないことは、本書で示してきた通りである。

さらに、「被爆体験の継承」という問題意識のもとで語られる「被爆体験」とは、原爆に遭った体験そのものではない。当たり前だといわれるかもしれないが、そうだろうか。原爆の被害に遭うという体験を他の誰にもさせないためにこそ「被爆体験の継承」がうたわれてきた。つまり、「被爆体験の継承」といわれるときの「被爆体験」とは、被爆者が「ふたたび被爆者をつくらない」という信念を導き出した、その体験を指す言葉だといえる。そうだとすると、「被爆体験」は被爆者とその同伴者とによって形成されたものだということになる。つまり、継承されるべき「被爆体験」は、被爆者と被爆者でない者との共同作業の果実なのであり、被爆者から非被爆者に受け継がれるべきものでは、そもそもないのである。「被爆体験の継承」とは、被爆者が同伴者とともに築いてきた理念を次代に引き継ぐことを指すのである。

被爆者に残された時間を思うと、今までのような形で「被爆体験」を作り続けていくことは難しい。被爆者とともに生きた同伴者の多くも年老いた。今日の日本において「ふたたび被爆者をつくらない」という理念を引き継ごうという者はそう多くないだろう。その点で「被爆体験の継承」は難しいといわざるを得ない。だからといって、悲観的になることはない。被爆者が死に絶えた後に核時代が終わりを迎えるわけではない。核時代において、原爆体験の記憶は形成され続けるだろう。その際に、被爆者が同伴者——そこには死者も含まれる——と形にしてきた証言や被爆者運動の記録など、「被爆体験」が形成されてきた軌跡に触れることで、「被爆体験」が想起され、まだ見ぬ未来の創造を志す人びとに受け継がれるかもしれない。日本では難しかったとしても、紛争地の子どもたちには「被爆体験」の歴史が胸に響くだろう。「被爆ナショナリズム」を超えたところにこそ、その可能性があるかもしれないのである。

新たに被爆者が生み出されかねない可能性とともに、私たちはしばらくの間、生きていかざるを得ないだろう。被爆者とその同伴者たちが残してくれた「遺産」の行方は、未来に委ねられているのである。

註

＊巻末「分析対象手記一覧」に掲載した手記は、註では原則として書名のみを記した。

[序章]

(1) 日本原水爆被害者団体協議会が二〇〇五年に行ったアンケート「わたしの訴え」より。

(2) 酒井直樹『日本思想という問題――翻訳と主体』岩波書店、一九九七年、二五六頁。原文にある experience は「経験」と「体験」に訳し分けられているが、ここでの議論の内容を踏まえて、一貫して「体験」と訳す。

(3) たとえば広島市は、「被爆体験証言者の被爆体験等を受け継ぎ、それを伝える「被爆体験伝承者」」の養成事業を二〇一二年から開始した(広島市市民局国際平和推進部平和推進課「被爆体験伝承者及び被爆体験証言者の募集等について」二〇一二年五月一一日)。

(4) 『朝日新聞』が自紙の原爆関連記事を振り返るなかで、六七年ごろから「原爆を忘れるな」といった見出しが増えたと指摘している(『朝日新聞』一九七七年八月一三日)。六七年には、風化の一途をたどっていた原爆ドームが「悲惨な事実を後世に伝え人類の戒めとする」ために保存されることが決定された。七〇年は被爆二五周年ということもあり、各紙で「風化と継承」について取り上げられている。ほかにも、七〇年の原水禁世界大会で採択された「広島アピール」が被爆体験を風化させないよう訴え、七一年の広島の平和宣言で「次の世代に戦争と平和の意義を正しく継承するための平和教育が、全世界に力をこめて推進されなければならない」と訴えるなど、「風化の危機」が各方面で取り上げられた。

(5) 米国の「北爆」が始まった六五年の世論調査では、「ベトナム戦争が激しくなると大国間の大きな戦争になる心配があると思いますか」という質問に「思う」と答えた人が五七%で「思わない」の二〇%より圧倒的に多く、「日本が戦争に巻き込まれる危険性」を感じる人も以前に比べて多くなり、その傾向は七三年ごろまで続いた(NHK放送世論調査所編『図説 戦後世論史 第二版』日本放送出版協会、一九八二年、一六三―一六五頁)。

(6) 成田龍一は九〇年代以降、「戦争を語る磁場を支えてきた「戦後」が自明のものではなくな」ったと指摘する(成田龍一『「戦争経験」の戦後史――語られた体験／証言／記憶』岩波書店、二〇一〇年、二五〇頁)。

(7) 被爆三〇年の時点ですでに、朝日新聞社の世論調査結果を伝える『朝日ジャーナル』記事が「被爆関心と核・原子力の関心は、別の次元」である可能性を示唆している(朝日新聞世論調査室「日本人の核意識構造を解剖する――全国世論調査結果の多次元分析」『朝日ジャーナル』一七巻三五号、一九七五年、二七―三一頁)。この記事に言及しながら、「過去の被爆体験の口伝(中略)で〔戦無派世代の核意識のすべてが〕左右できると考えるのは、誤った「オプティミズム」」であると田中靖政は指摘した(田中靖政「現代日本の核意識再考」『核時代の安全保障――世界の核と日本一九七五年版』政策科学研究所、一九七五年、一四二―一八五頁)。

(8) ただし、戦争体験が再軍備反対につながるとは限らないことは、五五年一一月に実施された朝日新聞社世論調査の結果から日高六郎が指摘した通りである(日高六郎「戦争体験と戦後体験――世代のなかの断絶と連続」『世界』一九五六年八月号、五〇―五六頁)。さらに、厭戦感情が戦争反対や軍備反対につながるとは限らないことが、各種世論調査の結果から明らかにされている。戦争の記憶が鮮明であったはずの五〇年代半ばまでは、戦争を条件付きで肯定する人は絶対否定を大幅に上回っていたし、再軍備に反対という人は賛成の人を下回っていたのである(前掲NHK放送世論調査所編、一六三―一七一頁)。

(9) 小田実『「難死」の思想』岩波同時代ライブラリー、一九九一年、七三頁。

(10) ポピュラー・カルチャーに目を投じると、五〇年代終わり頃から「戦記もの」のブームが訪れ、六〇年代初めには、男の子の間で戦記マンガが流行った(吉田裕『日本人の戦争観――戦後史のなかの変容』岩波現代文庫、二〇〇五年、九四―一〇七、一二五―一二八頁)。

(11) 牧田徹雄「日本人の戦争と平和観・その持続と風化」『放送研究と調査』五〇巻九号、二〇〇〇年、二―一九頁、電通総研・日本リサーチセンター編『世界六〇カ国 価値観データブック』同友館、二〇〇四年。

(12) 吉田裕「戦争責任論の現在」倉沢愛子他編『岩波講座アジア・太平洋戦争1 なぜ、いまアジア・太平洋戦争か』二〇〇五年、八七―一二四頁。

(13) 日本戦歿学生手記編集委員会編『きけわだつみのこえ――日本戦歿学生の手記』(東大協同組合出版部、一九四九年)の受容を分析しながら、赤澤史朗は「戦争体験が平和思想と結びつくためには、そこには「反省」や「悔恨」という契機が必要であり、自己の戦争体験を、何らかの否定的な経験として振り返ることが不可欠」であると指摘している(赤澤史朗「「戦争体験」と平和運動――第二次わだつみ会試論」『年報・日本現代史』八号、二〇〇二年、四頁)。

(14) 第一次世界大戦を経たヨーロッパにおいては戦争の恐怖や悲劇よりも栄光や意義が記憶され、戦争が美化されたが、敗戦国であったドイツも例外ではなかった。戦争を肯定的に想起する集合的記憶が、ヴァイマル期に「人命に対する無関心」を高じさせたとジョージ・モッセは指摘する(ジョージ・L・モッセ『英霊――創られた世界大戦の記憶』宮武実知子訳、柏書房、二〇〇二年)。

(15)「戦争体験」のメディア論的分析の試みとしては、野上元『戦争体験の社会学――「兵士」という文体』弘文堂、二〇〇六年を参照されたい。

(16) Elaine Scarry, *The Body in Pain: The Making and Unmaking of the World* (New York: Oxford University Press, 1985), pp. 60-81.

(17) 原爆被爆体験から引き出された最初の教訓は、被害を最小限に防ぐため「侮るな少数機」というものであった(『読売新聞』一九四五年八月八日)。

(18) 橋川文三「近代日本における戦争体験継承の一視角」『思想の科学 第五次』二九号、一九六四年、一三頁。

(19) 戦争体験を継承する可能性について論じるなかで、作田啓一は、戦争体験の多様性を認識しながらも、「既製のあらゆる価値観や秩序感を相対的に眺める視点」こそが、戦争体験によって広く獲得されたものであると指摘した(作田啓一「戦争体験の今日的意味」『思想の科学 第五次』二九号、一九六四年、二―九頁)。竹内好も、戦争体験世代には「ファシズムの兆候に対する敏感な反応」がみられ、国家批判の視点が共有されていると主張した(竹内好「戦争体験の一般化について」『文学』二九巻一二号、一九六一年、一四二三―一四二八頁)。

(20) 前掲成田、六五頁。「「体験」の時代」に「「戦後」の言説の共通の基盤」が作り上げられたが、それが、九〇年代以降の「「記憶」の時代」に再考に付されていると成田は指摘する(同上、二六九頁)。

(21)「被爆体験と平和憲法は戦後日本の原点である」といった言明がその典型例である(『朝日新聞』一九七五年八月六日「社説」)。被爆体験を「反核・平和」の根拠として訴える広島市の平和宣言においても、第一回の宣言(四七年)で憲法の平和理念に言及して以後、継続的に憲法の精神が掲げられてきた。なお、本書で「反核・平和」とカッコつきで表記する場合の「反核」は、反核兵器を意味し、核の産業利用に反対する立場は含まれない。「反核・平和」としたのは、この表現が使われてきた歴史を喚起したいからである。

(22) ヨーロッパを中心に核戦争勃発の危機感が高まった八〇年代には、核戦争の不安を感じる人が感じない人を上回っていたことが世論調査の結果にみられる(稲木哲郎「世論調査にみる戦後日本の平和意識2」『東洋大学社会学研究所年報』二二号、一九八九年、二三―一〇八頁)。冷戦崩壊後、不安感は一端弱まったが、二〇〇一年の米国同時多発テロから間もない時期に行われた世論調査によると、今後一〇年の間に「テロリストが核爆弾や大量破壊兵器を使う」可能性があると答えた人は七〇%にも上った(伊藤周・山岸達雄・百瀬和元「核テロ「起きる」六割、危機意識増す世界――一一カ国調査「国際社会・日常生活への脅威」」『朝日総研リポート』一五七号、二〇〇二年、四―二一頁)。

(23) 米国の精神科医であるロバート・J・リフトンも、被爆者が「死の知識」を持つ権威者としてみられる反面、「死の保菌者」として忌避の対象となると指摘している(ロバート・J・リフトン『死の内の生命――ヒロシマの生存者』桝井迪夫監修、湯浅信之他訳、朝日新聞社、一九七一年、四八三頁)。リフトンの議論については、第六章をみられたい。

(24) この点は、原爆被爆に関する社会学や歴史学の先行研究で七〇年代後半から八〇年代初めにかけて、すでに明らかにされている(江嶋修作・春日耕夫・青木秀男「広島市における「被爆体験」の社会統合機能をめぐる一研究」『商業経済研究所報』一五号、一九七七年、一―九〇頁、石田忠編『反原爆――長崎被爆者の生活史』未来社、一九七三年、宇吹暁「日本における原水爆禁止運動の前提――「被爆体験」の検討」『日本史研究』二三六号、一九八二年、八三―一〇三頁)。七七年に広島市、長崎市、金沢市、岡山市の中学二、三年生の父母四〇二八人を対象とした社会調査(「核意識構造の実態調査」)、NHKが七一―七二年に、RC C―NBCが七五年に広島市と長崎市で行った世論調査の分析結果も同様の結論となっている(初瀬龍平「今日の核意識と被爆体験・政党支持態度」『北九州大学法政論集』七巻一号、一九七九年、五七―九〇頁、永井秀明「日本人の核意識構造――戦後三〇年の世論調査資料の分析から」『広島平和科学』一巻、一九七七年、三七―七五頁)。

(25) 七七年の社会調査によると、日本の核武装に賛成する者が「被爆経験者」の二一%を占め、非被爆者も同様の傾向を見せたが(前掲初瀬)、この結果は同種の全国世論調査の結果よりも若干高い傾向を示している(前掲NHK放送世論調査所編、一七一頁)。被爆者のなかで報復心を持ったことがあるという者はけっして少なくない。

(26) 原爆被害者のなかに、原子力「平和利用」へのためらいがあったことも事実である。たとえば、米議会でイエーツ下院議員が広島に原子炉建設を提案したことを受けて、原水爆禁止運動広島協議会は「原爆のつぐないをするのなら原子炉より原爆症患者の治療に力をかしてほしい」と声明を発表した(『毎日新聞』一九五五年一月三〇日)。

(27) 武谷三男と中曽根康弘が代表的である。

(28) 「共感の共同体」は「個人と集団(主として国民あるいは民族)の融合一の空想」の所産であり、特定の他者——この場合は、加害者としての米国——との対立関係のなかで成立する（酒井直樹『日本／映像／米国——共感の共同体と帝国的国民主義』青土社、二〇〇七年、二〇、一三九頁）。

（29）『朝日新聞』や『世界』といったリベラル言論メディアだけでなく、戦争の記憶の転換を呼びかける『読売新聞』も、日米安保の重要性や米国の核の傘の維持を訴えながらも「唯一の被爆国」として「核による惨禍が二度と繰り返されないよう、被爆の実相を伝え、核軍縮の潮流を確かなものにしなければなるまい」と主張している（『読売新聞』二〇一四年八月七日「社説」）。

（30）被爆証言の最中に騒いだり、証言者に暴言を吐く中学生や高校生がいると報道されることが増えてきた。こうしたあからさまな拒否反応は近年の現象かもしれないが、「聞き飽きた」「マンネリだ」という声は、六〇年代には、すでにみられていた。同時に、「紋切り型」や「スローガン」としてだからこそ、語ることができるという面があることも見逃すべきではない。

（31）先駆的な論考としては、栗原貞子『ヒロシマの原風景を抱いて』（未来社、一九七五年）、長岡弘芳『原爆文学史』（風媒社、一九七三年）、中島竜美「〝朝鮮人被爆〟を考える」（中国新聞社編『ヒロシマ・二五年——広島の記録3』未来社、一九七一年、一三五—一三六頁）を参照されたい。近年の批判は、イアン・ブルマ『戦争の記憶——日本人とドイツ人』（石井信平訳、TBSブリタニカ、一九九五年）、藤原帰一『戦争を記憶する——広島・ホロコーストと現在』（講談社現代新書、二〇〇一年）、米山リサ『広島——記憶のポリティクス』（小沢弘明他訳、岩波書店、二〇〇五年）、川口隆行『原爆文学という問題領域』（創言社、二〇〇八年）、奥田博子『原爆の記憶——ヒロシマ／ナガサキの思想』（慶應義塾大学出版会、二〇一〇年）などが該当する。栗原と中島は、一九七〇年代という「被爆ナショナリズム」が勢いを誇っていた時期に、日本の植民地支配の過去や朝鮮人被爆者問題を通して「被爆ナショナリズム」批判を行った先駆者であるというだけでなく、研究者としての高みからではなく、栗原の場合は被爆者として、中島の場合は朝鮮人を含む被爆者の同伴者として、自らの戦争・戦後責任を見つめながら批判を展開し続けたという点で、他の論者とは一線を画す。

（32）奥田博子は「唯一の被爆国」という神話を解体すると意気込むが、ナショナリズムの機制を理解することのないまま、「ローカル」や「普遍」を「ナショナル」への有効な対抗軸として立てながら、単純な二項対立の構図の中で「被爆ナショナリズム」を論じており、被爆者を「被爆ナショナリズム」の外部に位置するかのごとく扱っている（前掲奥田）。ナショナリズムは普遍主義とも特殊主義とも接合されるし、普遍主義と特殊主義が補完関係にあることは、多くの論者が指摘する通りである（大澤真幸『ナショナリズムの由来』講談社、二〇〇七年、萱野稔人『国家とはなにか』以文社、二〇〇五年、酒井直樹『死産される日本語・日本人――「日本」の歴史-地政的配置』新曜社、一九九六年、エティエンヌ・バリバール、イマニュエル・ウォーラーステイン『人種・国民・階級――「民族」という曖昧なアイデンティティ』若森章孝他訳、唯学書房、二〇一四年）。

（33）「被爆ナショナリズム」に訴えることで、これらの運動が原水爆反対の理念を国民の間に浸透させて、核武装や米国の核政策への全面協力に対しては一定の歯止めをかけ、被爆者に対する国家援護をいくばくか前進させてきたことは否めない。

（34）道場親信『占領と平和――〈戦後〉という経験』青土社、二〇〇五年。

（35）前掲酒井、二〇〇七年、一〇六頁。

（36）日本の加害責任に言及しない日本人戦争体験者を糾弾する進歩的言論人や運動家たちは、糾弾の対象を「意識の低い日本人」の位置に置きながら、自らを「意識の高い日本人」として差異化する。それは、酒井直樹が提唱する「日本人を割る」という戦争責任のとり方とは似て非なるものである（前掲酒井、二〇〇七年、二七八―三〇七頁）。

（37）本書では、法で定義された主体位置を指す場合、「被爆者」とカッコつきで表記する。

（38）本書において「記憶」は有用な理論的枠組みであるが、それがいかなる時代の戦争体験分析においても有用であるとは断定できない。なぜなら、「集合的記憶」が前提とする社会集団も、「トラウマ記憶」という概念も、近代の産物であるからである。

（39）「記憶」概念については、拙稿「ヒロシマの記憶風景――国民の創作と不気味な時空間」（『社会学評論』六〇巻四号、二〇一〇年、五〇〇―五一六頁）を参照されたい。

（40）二〇〇〇年以降の研究成果だけをみても、小熊英二『〈民主〉と〈愛国〉――戦後日本のナショナリズムと公共性』（新曜社、二〇〇二年）、前掲道場、中野敏男他編『沖縄の占領と日本の復興――植民地主義はいかに継続したか』（青弓社、二〇〇六年）、岩崎稔他編『戦後日本スタディーズ 全三巻』（紀伊國屋書店、二〇〇八―二〇〇九年）、北村毅『死者たちの戦後誌――沖縄戦跡をめぐる人びとの記憶』（御茶の水書房、二〇〇九年）、前掲成田など、多くの先行研究が蓄積されている。

（41）世界的に「メモリーブーム」と名付けられるほど多くの研究が蓄積されており、学際的研究の一分野として認められている。日本語で書かれた記憶論を導きとする研究は、アジア太平洋戦争に限ってみても、小森陽一・高橋哲哉編『ナショナル・ヒストリーを超えて』(東京大学出版会、一九九八年)、石田雄『記憶と忘却の政治学――同化政策・戦争責任・集合的記憶』(明石書店、二〇〇〇年)、前掲藤原、前掲米山、長志珠絵『占領期・占領空間と戦争の記憶』(有志舎、二〇一三年)をはじめ多数ある。

(42) 『社会学評論』(六〇巻四号)の特集「記憶と場所――近代的時間・空間の変容」を参照されたい。

(43) 高橋三郎の『「戦記もの」を読む――戦争体験と戦後日本社会』(アカデミア出版会、一九八八年)は、「戦記もの」という語られた「戦争体験」を「戦後社会の産物」として捉え、その形成と受容を分析したが、戦争体験研究が出発点として参照すべき先駆的な歴史社会学研究の成果である。

(44) 濱谷正晴「原爆被害者問題の社会調査史」(石川淳志他編『社会調査――歴史と視点』ミネルヴァ書房、一九九四年、二七三―三一〇頁)、浜日出夫・有末賢・竹村英樹編『被爆者調査を読む――ヒロシマ・ナガサキの継承』(慶應義塾大学出版会、二〇一三年)を参照されたい。

(45) 前掲藤原、小沢節子『原爆の図――描かれた〈記憶〉、語られた〈絵画〉』岩波書店、二〇〇二年、前掲奥田などが該当する。

(46) 構築主義的前提には立っていないが、広島修道大学グループの共同研究も、行為者による「被爆体験」の意味づけを類型化しながら、それが広島市においていかなる社会統合の機能を果たしているかを抽出することによって、「被爆体験」の主体を被爆者から社会へと開いた。

(47) 米国のカルチュラル・スタディーズ研究は、人文学に偏っており、国家や政策を正面から扱わない傾向にあると批判されてきたが、分析対象の中に「抵抗」や「批判」の可能性を見出すことが重要な目的となっているからだといえる。米山の研究も、「批判知」としての記憶行為を抽出することが主たる目的であるために、ヘゲモニーを行使する国家や、米山が「アイデンティティ・ポリティックス」として理解する被爆者運動は、分析に値しないのかもしれない。

(48) 前掲米山、四八―五三頁。

(49) トラウマ論を参照することで、行為者の主体性と「出来事」の実在性を示すことができる。

●第一部

(1) 二〇一一年八月七日にアクセス。うち五件が米国の原子爆弾傷害調査委員会(ABCC)による調査の関連記事で、あとの二件は広島市による被害調査と広島大学助教授による社会調査の内容を伝えるものであった。

(2) 平和宣言に「被爆者」という言葉が登場するのは六四年(広島)と六八年(長崎)である。

(3) たとえば、学童疎開で郊外にいた子どものうち、原爆で家族を失ったものは少なくないが、その多くは現在に至るまで「被爆者」として認められていない。

（4）ただし、原爆症認定に関しては、日米の安全保障上の関心も絡んでくる。

（5）後に放射線障害として把握された症状は、当初、チフスや赤痢として扱われ、「新型爆弾」に被爆したことによるとは考えられていなかった。

（6）後述する『原爆の子』は、その代表例である。

（7）宇吹暁『原爆手記掲載図書・雑誌総目録』日外アソシエーツ、一九九九年、三八八頁。

（8）宇吹の「原爆手記」には、原爆体験をめぐる時事評論、原爆の仕組みや傷害作用だけに言及したもの、原爆障害に関する医学的論考なども含まれているが、それらは本書の分析対象とはしない。さらに、追悼記のうち、原爆に一切触れておらず、かつ、追悼の対象が原爆死者かどうか不明なものについても対象外とした。また、ごく少数ではあるが、宇吹の一覧にない体験記も発掘できたため、それらも分析対象とした。

（9）具体的なサンプリング方法については、各章で示す。

［第一章］

（1）ヨネヤマ・リサ「記憶の弁証法――広島」『思想』八六六号、一九九六年、七頁。

（2）同心円状の空間設定は、原子爆弾という兵器に限らず、原子力利用に際して放射線被害や被害のリスクを測定する際に参照される。

（3）前掲ヨネヤマ、七頁。

（4）二〇〇二年に「長崎被爆体験者精神影響等調査研究事業（被爆体験者支援事業）」によって「被爆体験者」が行政上の定義を与えられたが、米山の用法とは意を異にする。

（5）占領期には原爆に関する言論が禁止されていたと論じられることが多いが、プレスコード（一九四五年九月一九日指令）の影響により、原爆批判はマスメディアからは消えることになり、占領期（少なくともプレスコードが解除される四九年一〇月まで）に原爆被害の実態が被爆地以外で広く知られることはなかった。しかし、宇吹が指摘するように、五三四編の原爆手記が出版されたことも、また事実である（前掲宇吹、一九九九年、三九〇頁、宇吹暁「原爆体験と平和運動」藤原彰・今井清一編『十五年戦争史4 占領と講話』青木書店、一九八九年、一四八―一五一頁）。

（6）『読売新聞』は八月二五日の紙面で爆心からの距離と熱傷との相関性を報じており、『朝日新聞』（大阪本社版）は八月二二日から二三日にかけて、爆心からの距離と物理的被害および身体的被害について報道した。さらに、阪大附属医院に入院していた原爆被害者の臨床報告として「落下中心点と思はれる個所から三キロ離れた地点で罹災」「中心点から一・二キロの地点にある工場で罹災」など、被爆地点に言及しながら病状を報じている（一九四五年八月二九日）。

（7）『ロザリオの鎖』『長崎の鐘』などの著者である永井隆は、放射線医学の専門家であった。

（8）吉川清の『平和のともしび』には広島市の北西部の地図が載っているが、爆心地の記載はなく、同心円状のものではない。長崎市民から体験記を募って編集した『長崎』にも爆心地を記した地図が載っているが、同心円は描かれていない。

（9）『朝日新聞』一九四五年八月一〇日。

（10）当時、日本においても陸軍の指揮の下、「ニ号作戦」という原爆開発の研究が行われていたが、実用化には程遠く、他国においても使用可能な原子力兵器が開発されることはしばらくないと予測されていた。

（11）谷本は、ジョン・ハーシーが『ヒロシマ』で取り上げた一人であり、原爆後の広島において平和運動を推進した中心人物の一人である。

（12）『サンデー毎日』（五二年）、『週刊サンケイ』（五五年）、『週刊大衆』（五八年）などである。特に女性誌には、そうした傾向が強かった（『婦人朝日』五五年、『婦人公論』五六年、『婦人画報』五七年、『新女苑』五七年、『マドモアゼル』六〇年、『婦人公論』六五年）。

（13）代表的なものとして、『星は見ている』『原爆と母たち』『流燈』などがある。これらについては、第五章を参照されたい。

（14）四九年には永井隆ブームが起こり、四九年上半期のベストセラーの第一、三、五、八位を永井の作品が占め、五一万冊もが販売されたという（前掲宇吹、一九九九年、三九〇頁）。しかし、永井の作品に対しては「原爆エレジー」という批判も多く見られた（今堀誠二『原水爆時代——現代史の証言（下）』三一新書、一九六〇年、七一—七二頁）。

（15）伊藤正徳他監修『実録太平洋戦争6 銃後篇』（中央公論社、一九六〇年）、昭和戦争文学全集編集委員会編『昭和戦争文学全集13 原子爆弾投下さる』（集英社、一九六五年）、山田宗睦編『近代日本の名著9 戦争体験』（徳間書店、一九六六年）、安田武編『青春の記録第1 あしたの墓碑銘——戦争と人間』（三一書房、一九六七年）、鶴見俊輔・安田武・山田宗睦編『無名戦士の手記——声なき声いまも響きて』（光文社、一九七五年）、「核戦争の危機を訴える文学者の声明」署名者企画『日本の原爆文学』（ほるぷ出版、一九八三年）、家永三郎他編『日本の原爆記録』（日本図書センター、一九九一年）などが代表的なものである。

（16）『中国新聞』一九五〇年五月二八日、『市政広報ひろしま』一九五〇年八月一日。広島市や朝日出版社によると、集まった体験記の数は一六四編となっているが、広島市公文書館に保存されている原稿は一六五編である。一編は著者不明のため、一六四編と数えたと推測される。五〇年八月に『原爆体験記』として出版され、一五〇〇部を印刷して国会、全国の県や市に寄贈する予定であったが、朝鮮戦争勃発後の政治状況を踏まえ、関係者だけに配布されたという(『中国新聞』一九六五年四月二九日、七月二八日、二〇一五年一月一九日)。六五年に朝日選書として再版されるにあたって、新たに一一編の体験記が加えられた。六五年四月には、『原爆体験記』が五〇年当時GHQにより発刊禁止処分となっていたと報じられて波紋を呼んだ(『朝日新聞』一九六五年四月二〇日)。しかし、そうした事実はなく、広島市職員の記憶違いだったと推測される(『中国新聞』一九八六年七月一〇日)。原稿の募集時期についても、朝日選書版に寄せた浜井市長の序文の影響のためか、四七年説が根強いが、実際に募集されたのは、五〇年の六月から七月にかけてのことだった。

(17) 土井の体験記は『戦争体験』『あしたの墓碑銘』『無名戦士の手記』に再録されるなど、『原爆体験記』を代表する体験記として読み継がれている。

(18) 朝日選書版では「悲しみ」という言葉が削除されている。

(19) 原爆体験者のなかで、こうした視線を共有するのは、同盟通信の中村敏のようなジャーナリストや仁科芳雄のような科学者である。なお、本書では「ヒロシマ」を、原爆によって作り出された異世界を指す言葉として使用する。「ヒロシマの心」に代表される用法とは区別されたい。

(20) ジョン・ハーシー『ヒロシマ〈増補版〉』石川欣一他訳、法政大学出版局、二〇一四年、二二一頁、『中国新聞』一九八五年八月一日。

(21) 占領軍の許可を得るのに時間がかかり、四九年春の刊行となったが(『中国新聞』一九九三年四月一四日)、翻訳書が刊行される以前から、『ヒロシマ』は新聞報道や月刊誌などで取り上げられていたし(『中国新聞』一九四七年八月三日、『毎日新聞』一九四八年八月六日、『読売新聞』一九四七年三月二六日、一九四九年八月六日、『世界』一九四七年二月号)、出版に際しても『読売新聞』(一九四九年五月二日、五月二五日)や『朝日新聞』(一九四九年四月二四日、五月二八日)の一面に広告が出された。

(22) 『中国新聞』でも『ヒロシマ』は取り上げられ、原爆の悲劇を世界に知らしめるのに寄与したと評された(『中国新聞』一九四九年七月七日、八月六日)。庭山慶一郎、田邊耕一郎、大原三八雄といった広島の文化人たちも『ヒロシマ』を高く評価した(庭山慶一郎「原爆体験記」『財政』一五巻八号、一九五〇年、二二一二九頁、田邊耕一郎「原爆の文学」『文学』二二巻一一号、一九五四年、一一八七—一一九五頁、大原三八雄「「文芸作品に表われた原爆」序説——小説・記録編」平和と学問を守る大学人の会編『原爆と広島』

広島県教職員組合事業部、一九五四年、六五―七七頁)。

(23) 大田洋子の『屍の街』が自分の体験した範囲での部分的な描写であるために「物足りない感じ」がするのに対して『ヒロシマ』は「八月六日の凄惨な広島の全貌を彷彿たらしめた」(傍点・筆者)と田邊が高く評価し、「映画的なテクニック」で「原爆前後の状況を各種各様のカメラ・アングルから捉えている」と大原が指摘したように、ハーシーの俯瞰的な視線は肯定的に受け止められていた。なお、『ヒロシマ』の影響の他、四九年にはABCCの調査がいくつか発表されており、爆心地からの距離と症状の相関性について述べていることも指摘しておきたい(『毎日新聞』一九四九年一一月二二日、『中国新聞』一九四九年一一月三日)。

(24) 原爆体験と同様に、他の戦争(戦闘)体験の記述においても、四九年前後に、個々の状況の描写から「状況の「全体像」」へと転換を見たと成田龍一が指摘している(前掲成田、一一〇頁)。

(25) 一九九〇年には岩波文庫として再版された。初版から三五年間で、四五刷、一七万部のロングセラーとなり、二度の映画化もされている(『中国新聞』一九八六年七月一五日)。

(26) 大田洋子はハーシーの視線を「傍観的」と批判している(大田洋子「平和への発言」『平和を守る闘い』一二三六頁)。

(27) 記憶の形成と変容を考えるうえで、メディアの果たす役割は大きい。写真というメディアが、肉眼では見ることのできない視点を提供したことで、知覚の在り方が変容したことを、ベンヤミンは鋭く捉えたが、出来事の只中では取り得ない視点が体験者の記憶を規定していくという事態は、写真や映画といったメディアの存在抜きには考えることができない。

(28) 成田によると、七〇年代の空爆体験記において、そうした傾向がみられる(前掲成田、一八五頁)。

(29) 『朝日新聞』一九四一年八月三日、一九四四年一月三一日。二〇一二年五月二八日アクセス。

(30) 『朝日新聞』一九四五年八月二四日、『中国新聞』一九四五年九月四日、『毎日新聞』一九四六年二月六日などにみられる。

(31) うち、二編は『天よりの』に手記を寄せた藤井五平の、三編は蜂谷道彦のものである。

(32) 『朝日新聞』一九四五年八月三〇日。大阪本社版では「原子爆弾を浴びて」というタイトルになっている。

(33) 広島市役所編『広島原爆戦災誌5』一九七一年、三二一―三四〇頁、長崎市役所編『長崎原爆戦災誌5 資料編』、一九八三年、三〇六―三三一頁。『朝日新聞』一九四五年一一月三日。

(34) 圧倒的多数の体験記は「負傷者」と「罹災者」という言葉で被害者を言い表している。

(35) 広島市役所編『広島原爆戦災誌1』一九七一年、五八四頁。

(36) こうした認識が、後に消えてしまったわけではない。『空襲・敗戦・引揚』では「空襲」のセクションに原爆被害の写真や証言が収録されているし、『日本の空襲 全一〇巻』にも広島と長崎の原爆被害についての記述が含まれている。空襲を受けた地域を「被爆地」と表記したり、広島と長崎で原爆に遭ったことではなく、長崎市が空襲と原爆の攻撃に遭ったことを「二重被爆」という言葉で表現した(『日本の空襲8 九州』一六五頁)。

(37)『広島郵政』一九五二年八月号、二〇―三〇頁。

(38) 八月下旬に被爆地に入った報道関係者も、仁科や奥宮正武のように調査のために原爆投下直後に被爆地入りした者も、被爆した者としてではなく、目撃者として惨状を記述した。仁科は飛行機で広島に向かい、上空から見た被害の大きさに驚いたという(仁科芳雄「原子爆弾」『世界』一九四六年三月号、一〇九頁)。

(39) 昭和二〇年代の体験記や新聞報道では「原爆体験」「広島の体験」という言葉が使われており、「被爆体験」という言葉は、ほとんど見られない。『中国新聞』の記事では、六〇年代半ばごろから「原爆体験」より「被爆体験」が多用されるようになっている。広島市の平和宣言では「被爆体験」が七一年に初めて使われて以降、頻用されるようになるが、長崎の平和宣言では、八〇年に初めて使われて以降、九三年まで用いられていない。

[第二章]

(1) 第一部註(1)で指摘したように、原爆投下から五年間の『中国新聞』において「被爆者」という言葉は、全て調査関連の記事のなかで使われており、一つを除いて医学的調査についての記事であったことを思い起こされたい。

(2) 都築正男ら東大調査団は八月末に広島入りしている。

(3) 仁科記念財団編『原子爆弾――広島・長崎の写真と記録』光風社書店、一九七三年、四七―五一頁。

(4) M. Susan Lindee. *Suffering Made Real: American Science and the Survivors at Hiroshima.* University of Chicago Press. 1994. p. 27. 前掲仁科記念財団編、一二二頁。

(5) 調査結果は一九五三年に日本学術会議 原子爆弾災害調査報告書刊行委員会編『原子爆弾災害調査報告集』(日本学術振興会)としてまとめられた。

(6)『広島原爆戦災誌5』八八五―八八七頁。被害調査の結果を伝える新聞記事でも、放射線汚染地域という意味で「被爆地」や「被爆地域」を使っている(『中国新聞』一九四五年一〇月一九日)。体験記では、蜂谷医師が「二次的放射能潜在地域」を指す言葉として

「被爆地域」を使っている(『モダンテラピー』三巻八号、一九五〇年)。

(7) 『毎日新聞』一九四六年二月四日。

(8) 日本原水爆被害者団体協議会・日本被団協史編集委員会編『ふたたび被爆者をつくるな——日本被団協五〇年史 一九五六—二〇〇六——』あけび書房、二〇〇九年、六二頁。

(9) 広島市編『広島新史 行政編』一九八三年、一四一—一四三頁。

(10) 原対協の会長は市長、副会長は県医師会長が務めた(『広島新史 行政編』一四三頁)。

(11) 長崎市原爆被爆対策部『長崎原爆被爆五〇年史』一九九六年、一二〇頁。

(12) 『広島新史 行政編』一四五頁。

(13) 『読売新聞』一九五四年三月一六日。

(14) この点については、第四章で詳述する。

(15) 『中国新聞』一九五四年四月二七日。

(16) 『広島新史 行政編』一五〇—一五一頁。

(17) 『広島新史 行政編』一五二頁。

(18) 調査票九万通が配布されたが、回収総数は三万四九六三通で、一万七三四六人がなんらかの異常を訴え、八六三三人が治療を希望していた(『中国新聞』一九五六年五月二日)。調査票の配布対象は、米国のABCCの調査によって把握された「被爆生存者」であった。

(19) 広島原爆医療史編集委員会編『広島原爆医療史』広島原爆障害対策協議会、一九六一年、六四六頁。

(20) 広島市衛生局原爆被害対策部編『広島市原爆被爆者援護行政史』一九九六年、九〇—九一頁。

(21) 医療の給付を受けることができるのは、原爆の傷害作用に起因して負傷するか疾病にかかり、医療を要する状態にある場合、もしくは、負傷もしくは疾病が原爆の放射線に起因するものでない場合は、治癒能力が放射線の影響を受けているために医療を要する状態にある場合に限られた。

(22) 第一項に該当するケースを「一号被爆」もしくは「直接被爆」、第二項は「二号被爆」もしくは「入市被爆」、第三項は「三号被爆」もしくは「救護被爆」、そして第四項は「四号被爆」もしくは「胎内被爆」と呼ばれる。法律にあるように、具体的な「被爆者の範囲」は「原子爆弾被爆者の医療等に関する法律施行令」(一九五七年四月二五日)で規定されている。詳細は、拙著『被ばくと補償——広島、長崎、そして福島』(平凡社新書、二〇一一年)の第二章を参照されたい。

(23) 昭和三五年政令第二二四号。「特別被爆者二号」は認定被爆者を指す。

(24) 昭和三七年政令第八九号。

(25) 昭和四〇年政令第三一一号。

(26) 広島市健康福祉局原爆被害対策部『平成二六年(二〇一四年)版 原爆被爆者対策事業概要』二〇一四年、五六頁。「被爆者」は一九六〇年に一二三万五一八

九人、一九七三年に三四万九一七七人であった（厚生労働省「被爆者（被爆者健康手帳所持者）数の推移」http://www.mhlw.go.jp/bunya/kenkou/genbaku09/15b.html）。

(27) 医療法の「三号被爆者」規定（「身体に原子爆弾の放射能（ママ）の影響を受けるような事情の下にあった者」）が、この点を端的に言い表している。

(28) 原爆症認定をめぐる政治については、前掲拙著の第三章を参照されたい。

(29) 長崎の場合は、地形の関係で、必ずしも同心円状に爆風や熱線が広がったわけではなく、山の陰になった場所とそうでない場所とでは影響に差が見られる。

(30) とりわけ長崎の場合、爆心地からの距離が一二キロでも「被爆者」の要件に該当する地域がある一方、五キロ以遠は外れてしまう地域もあるために、不公平感が一層強くなる。

(31) たとえば、直後に市内に入った救援・救護者、ジャーナリストや調査団員などである。

(32) 国勢調査であるために、日本在住の旧植民地出身者も「被爆生存者」として把握されることになった。ただし、五〇年代後半からＡＢＣＣ／放射線影響研究所（放影研）が継続して行ってきた「寿命調査」や「成人健康調査」は、五〇年調査で把握した被爆生存者のうち、本籍が広島市か長崎市にある者に限られていることから、旧植民地出身者は対象外とされていることがわかる（放射線影響研究所『要覧』二〇一四年、五頁）。

(33) 「ＡＢＣＣ調査要領」放射線影響研究所所蔵、Thomas Francis, Jr., Seymour Jablon, and Felix E. Moore, "Report of Ad Hoc Committee for Appraisal of ABCC Program." *ABCC Technical Report Series*, 33-59, 1955.

(34) このように、「被爆」という言葉が広島と長崎で原爆に遭ったことを指す言葉として定着して以降も、「爆撃を受けた」という意味で「被爆」という言葉が使われることはあったが、空襲被害者を「被爆者」と呼ぶことは稀であった。七〇年代後半には、放射線を浴びることを「被曝する」と表現することが多くなり、新聞用語の規定上も「被爆者」は原水爆被害者のみを指す言葉として使用されることになる。共同通信社の『記者ハンドブック』シリーズでは、七五年に初めて「ひばく」が用語集に入ったが「（被曝）→被ばく（放射能などに）」「被爆（爆弾などに）」と記載されている。『広辞苑』では六九年の第二版に「被爆」が登場し、「被曝」が掲載されるのは八三年の第三版からである。二〇一一年三月の東京電力福島第一原子力発電所事故以降は、原爆被爆者を「被曝者」と表記することも増えており、「被爆」の指示機能は今後も変化していく可能性がある。

(35) 「被爆」をめぐる言説編成を考えるうえで、原爆投下、水爆実験、「原子力の平和利用」といった米国の世界戦略の影響力を無視することはできない。日本の国内だけに視野を限定されていては「被爆者」誕生を描くことはできないのである。

(36) 医療法制定過程については、前掲拙著の第二章を参照されたい。

(37) 福竜丸事件後、被爆地の要請に対応したのが環境衛生部長であり、原爆医療法が、戦争被害者の援護を担当する厚生省援護局ではなく公衆衛生局の管轄下に置かれたことからも、「被爆者」援護が戦争被害者援護として位置づけられてはいなかったことがわかる。

(38) 山下が起案した「原爆症患者援護法案要綱」の第一案には、ビキニ被災者、将来の原水爆実験の被害者に加えて原子力の産業利用の被害者も援護の対象として挙げられていた。しかし、原水爆実験の被害者は加害国によって賠償されるべきであり、産業利用の被害者は労災保険制度によって賠償されるべきであるという参議院法務局の指摘を受けて、後の法案から外されることになった(東京大学法学部附属近代日本法政史料センター原資料部編『山下義信関係文書目録』一九九二年)。

(39) 広島に原爆が落とされた日には、西宮市や今治市も空襲を受けていたが、「八・六」は広島の原爆投下を示す記号として日本の集合的記憶に登録されてきた。原爆被爆の集合的記憶の形成が空襲被爆の忘却を促したのである。

(40) 前掲『ふたたび被爆者をつくるな』七九—九〇頁。被団協初代事務局長で、原水爆禁止日本協議会(原水協)の理事でもあった藤居平一が指摘するように、世界大会は参加者と被爆者の双方を変えたのである(広島大学原爆放射能医学研究所附属原爆被災学術資料センター資料調査室編「まどうてくれ」『資料調査通信』六号(別冊)、一九八二年、一一—一二頁)。

(41) 「被害者の会」は会の発足から二年足らずで分裂したが、原爆被害の発掘という点において、後年まで参照される重要な基盤を築いた。山代巴や川手健らが中心となって、広島の山村に住む被害者の家を一軒一軒たずね歩き、その声を引き出し、『原爆に生きて』にまとめて、世に問うたのである。

(42) 交戦国ではなかった韓国と米国の間には、サ条約のような規定はないため、韓国籍の原爆被害者には米国に対する賠償請求権があるという考えに基づいて、韓国の弁護士が米国での提訴を模索したが実現を見ていない。

(43) 画期的な判決をもたらすことになった「原爆裁判」については、松井康浩『原爆裁判——核兵器廃絶と被爆者援護の法理』(新日本出版社、一九八六年)を参照されたい。

(44) 日本原水爆被害者団体協議会「原爆被害者援護法要綱」五六年九月発表。

(45) この点は、原爆医療法成立後に発行された機関紙で「原爆福祉三法を作ろう」と呼びかけたことにも表れている。「原爆福祉三法」は、被爆者援護法、原爆死没者援護法、原水爆調査研究法を指す。

(46) 五九年八月、被団協は、日本原水協と共同で実施した調査を『原爆被害の実相と被害者の苦しみ』(日本原水爆被害者団体協議会)にまとめた。「病気と生活苦の悪循環」におかれる被害者たちの実態を明らかにしながら、医療保障と生活保障の実施を要求したのだが、憲法第二五条にうたわれた生存権を掲げながら、社会保障を確立させる他の運動との連携を重視している。

(47) 国民皆保険体制の実施と国民年金の施行は共に一九六一年である。

(48) 「つるパンフ」は『原爆被害の実相と被害者の苦しみ』で示された生存権としての被爆者援護という視点を継承している。それに加えて、原爆裁判の判決を基に、結果責任として国家には原爆被害に対する補償責任が生じるという論理を展開した。

(49) 軍人軍属に対する援護費用と被爆者対策費用との差は、六八年度に二二七八億円弱だったのに対して、七二年度は三二九六億円余りとなっている(『社会保障統計年報』から計算した)。

(50) 七三年一一月には、要求骨子を掲げながら「一一月中央大行動」を起こした。全国から被爆者と支援者が集ってデモを行い、厚生省前にテントを張って五日間にわたって徹夜の座り込みをするなどして、援護法制定を政府に要求し、世論に支持を訴えた。首相や厚生大臣から援護法を検討するという回答を勝ち取り、各党からも支持を取り付けるという成果を得ただけでなく、大行動をやり遂げることで、互いに連帯を深め、被爆者という集合的な運動主体が明確に立ち現れることになった。大行動が「被爆者運動の歴史に残る」といわれるゆえんである(前掲『ふたたび被爆者をつくるな』一三〇―一三五頁、斉藤義雄『私の被爆者運動』新日本出版社、一九八六年、九四―一〇六頁)。

(51) 要求骨子改定の三年前の七七年夏に「NGO被爆問題国際シンポジウム」が開催された。その準備のために、全国約八千人の被爆者(五六人の外国籍被爆者を含む)に対する調査が行われた。医療ソーシャルワーカーや看護師、学生、研究者と被爆者ら約四千人もの調査員が生活史の手法を用いて、被爆者の「あの日」の体験だけでなく、被爆以前の生活や被爆後の苦しみについて耳を傾けたのである。少なくない被爆者は、この時初めて「見捨て体験」――助けを求める人を「見捨てて」逃げた体験――を口にすることができたという。「調査する方も、される方も変えた」といわれる大規模な調査は、それまで口を閉ざしていた被爆者たちが体験を語るきっかけを作ったことで、新たな被害の実態を明らかにすることができた。そして、八〇年代に展開される大規模な被団協運動にエネルギーを与えることになったのである（前掲『ふたたび被爆者をつくるな』一六一―一六三頁）。

(52) 基本懇設置の直接の契機は、朝鮮人被爆者の孫振斗が被爆者健康手帳の交付を求めた訴訟の最高裁判決（七八年三月）であった。広島で被爆した孫は原爆症治療のため日本に「密入国」して逮捕されたが、療養中に申請した被爆者健康手帳の交付が却下されたために裁判を起こした（詳しい経緯については、中島竜美『朝鮮人被爆者孫振斗裁判の記録』在韓被爆者問題市民会議、一九九八年を参照のこと）。最高裁は、原爆による被害が「遡れば戦争という国の行為によってもたらされたもの」であると認め、原爆医療法は社会保障の制度であると同時に「特殊の戦争被害について戦争遂行主体であった国が自らの責任によりその救済をはかるという一面をも有するものであり、その点では実質的に国家補償的配慮が制度の根底にあることは、これを否定することができない」と断じた。被爆者対策をあくまでも社会保障の枠内に収めようとしてきた政府に対して、国には原爆被害を招いた主体としての責任があることを指摘しながら再考を迫ることになったのである。政府が被爆者援護の国家補償的性格を否定するときに言及する「社会保障」という概念は、「国家の構成員が健康や所得面などで一定水準の社会生活を確保できるよう配慮していく行政分野」であると政府委員の佐分利輝彦が公言したように（第七五回参議院社会労働委員会、一九七五年三月一八日）、統治の技術を指すのであって、生存権としては捉えられていない。

(53) 受忍論の形成過程や効用については、拙稿（「棄民を生み出す国家の論理――受忍論とその効力」『世界』八四七号、二〇一三年、一二一―一二九頁）を参照されたい。

(54) 「基本要求」では、死者を「最大の被害者」と捉えている。

(55) 一九九四年に成立した現行法は、各種手当への所得制限を撤廃するなど、わずかな前進が見られるものの、実質的には旧二法（医療法と特別措置法）を引き継いだものである。政府は、原爆死没者に対する償いを拒否し続けてきたのだが、基本懇意見書も、原爆が終戦をもたらしたと論じながらも弔慰金や遺族年金の支給を否定している。こうした政府の姿勢を受けて、原爆被害者援護法を成立させるには、死没者に対する償いを要求から外して、生存者の援護を優先するという方針をとることも考えられたが、被団協はそうしなかった。実際に、援護法制定の最大の障害は死没者補償であった。九四年に自・さ・社連立政権下で成立した「原子爆弾被爆者に対する援護に関する法律」の制定過程では、死没者補償を制度化するという社会党の案に対して自民党は絶対に譲ろうとしなかった。国内外の戦争被害者補償に「波及する」という懸念があったからである。「援護に関する法律」の前文は、「国として原子爆弾による死没者の尊い犠牲を銘記するため、この法律を制定する」（傍点・筆者）と結ばれている。しかし、死没者対策として打ち出されたのは、広島と長崎に国立祈念館を建設することだけであった。新たに加えられた「特別葬祭給付金」も、「生存被爆者対策の一環」として設けたものであり、弔慰金的な性格はないと断った。国家補償として援護法を制定すると、国の戦争責任を認めることになるからである（拙稿「償いなき国の被爆者対策――いまだ叶わぬ被爆者援護法」高橋眞司・舟越耿一編『ナガサキから平和学する！』法律文化社、二〇〇八年、六四―七六頁）。

●第二部

［第三章］

（1）『中国新聞』一九四五年一二月一九日。

（2）長崎では四六年に永井隆が唱えた「燔祭説」が一定の影響力を持った。「燔祭（ホロコースト）」は元々ユダヤ教に拠する言葉だが、それを流用しながら、永井は原爆死を神への犠牲と捉えた（四條知恵「純心女子学園をめぐる原爆の語り――永井隆からローマ教皇へ」『宗教と社会』一八号、二〇一二年、一九―三三頁）。永井の「燔祭説」は、原爆死を人類の罪悪を償うための犠牲と捉えることで、原爆で殺された者たちの死に積極的な意味を付与したが、原爆によって平和がもたらされたと解釈する点では、原爆平和招来説の変形であるといえよう。

（3）『中国新聞』一九四六年八月六日。

（4）『中国新聞』一九四六年八月六日。

（5）広島平和文化センター『平和宣言集』一九八六年。

（6）平和祭について県の軍政部に打診した際、司令官は「膝を乗り出して賛成した」という（浜井信三『原爆市長――ヒロシマとともに二十年』朝日新聞社、一九六七年、一〇三頁）。平和祭へは、マッカーサーからメッセージが寄せられるという「極めて異例」の対応があった（宇吹暁『平和記念式典の歩み』広島平和文化センター、一九九二年、三九頁）。

（7）宇吹は「ＧＨＱと合意した原爆被害観」と呼んでいる（宇吹暁『ヒロシマ戦後史――被爆体験はどう受けとめられてきたか』岩波書店、二〇一四年、三三―三五頁）。

（8）「人命を救うため」、「早期終戦に持ち込むため」に原爆を使用したという米国側のロジックは占領初期のジャーナリズムでも見られた（「海外情報　原子爆弾」『科学朝日』五巻一二号、一九四五年、二一―四頁、武井武夫『原子爆弾』同盟通信社、一九四五年）。

（9）『中国新聞』一九四五年一二月六日。広島の復興が日米の合意のもとに進められていたことは「米日合作都市　恩讐越えて再建せん」という楠瀬知事の所感にも表れている（『中国新聞』一九四六年八月六日、傍点・著者）。
（10）『広島新史 行政編』五八―七〇頁。
（11）『中国新聞』一九四九年四月一三日。
（12）他方、長崎市の場合は「国際文化都市」を掲げ、文化国家としての日本再生という文脈において位置づけられた。
（13）『中国新聞』一九四九年八月六日。
（14）『中国新聞』一九四七年一二月八日。
（15）五十嵐惠邦は戦後日米関係の〈起源の物語〉として平和招来説を読み解いている（五十嵐惠邦『敗戦の記憶――身体・文化・物語 一九四五―一九七〇』中央公論新社、二〇〇七年、三〇―七四頁）。
（16）『中国新聞』一九四六年七月六日、八月九日。
（17）『中国新聞』一九四七年六月二二日、八月一日、八月二日、八月五日。「あのようなお祭り騒ぎをすることはもってのほかだ」「厳粛な祭典は一つも見られなかった」という批判が連日殺到したといい（『中国新聞』一九四七年八月一五日）、市民の間で平和祭はあまり支持されなかったようである。五〇年に広島市が実施した「世論調査」によると、今後の平和祭についての希望を聞いたところ「お祭りのようにやる」が二五・五％であるのに対して「地味にやる」が六一・四％であった（『中国新聞』一九五〇年二月一一日）。
（18）八〇年代の広島市の都市計画を分析しながら、米山リサは「明るさ」を強調しつつ原爆の暗い記憶を封じ込める「ポストモダン」な戦略をみたが（前掲米山、七五―一三〇頁）、原爆の記憶の「封じ込め」は、戦後間もない時期から始まっていた。平和記念都市法制定当時の市長であった浜井信三が「広島を再建するとき、私たちはできるだけ早く目に見えるところから原爆のツメ跡を除こうと努力した。そして将来のために、その悲惨を一か所だけに集めた。それが資料館です」と振り返っている（『読売新聞』一九六五年八月六日夕）。
（19）公園の整地や建設工事には、原爆被災者や遺族、復員軍人などの日雇い労働者が市の失業対策事業として低賃金で雇われた。
（20）『中国新聞』二〇一三年六月九日。
（21）『毎日新聞』一九六五年四月二七日。
（22）マッカーサーは、四七年の広島平和祭へ寄せたメッセージのなかで、原爆による破壊力を「遂には人類を絶滅し、現世界の物的構成を一挙にして壊滅に帰せしむる手段」と位置づけた（『朝日新聞』一九四七年八月七日）。
（23）『ヒロシマの十字架を抱いて』。
（24）前掲宇吹、一九九二年、二二一―二二三頁。
（25）『中国新聞』一九五〇年八月六日。同社説では、急進的な平和運動だけでなく、「踊ったり唄ったりするお祭り騒ぎ」も「神聖な祈りの日」にそぐわないと平和祭を批判している。

(26) 『中国新聞』一九五一年八月四日。四七年から四九年にかけて行われた平和祭は、広島市戦災死没者慰霊祭とは別の行事として位置づけられていたが、五〇年の中止を経て、五一年以降は「平和」に加えて「慰霊」を意図するものに変化したと宇吹は指摘する。五二年には、原爆死没者慰霊碑(正式名称・広島平和都市記念碑)の前で平和式典が行われ、「尊い精霊たちの前に誓う」と、初めて死者が宣言の対象として位置づけられた。その後も、死者は誓いの対象であり続ける(前掲宇吹、一九九二年、二七、五四頁)。五一年から五二年にかけての変化は、占領下では禁止されていた地方公共団体による慰霊祭が条件付きではあるが解禁されたことによる後押しもあったであろう。

(27) 『中国新聞』一九五二年八月六日。武谷三男のレポートによると、広島市の助役も同年の平和祭が共産党主導で行われたという認識をもっていた(武谷三男「生き残つた二万人――一九五二年の広島」『改造』一九五二年一一月増刊号、一七―二八頁)。

(28) 一九五九年には広島県自民党が、原水禁運動は「不純な偽装平和運動で、世界大会が安保改定を論じるのは平和への介入だ」と主張し、原水禁世界大会への広島県の補助金をカットした(中国新聞社編『ヒロシマの記録 年表・資料編』未来社、一九六六年、一三〇頁)。

(29) 第一章で述べたように、昭和二〇年代の体験記については、入手可能な限りを分析の対象とした。

(30) 安部は長崎で一七歳のとき被爆し、「原子爆弾の尖光を半身に浴びて、投げ出され、血まみれになった妹を、不眠不食で介抱し、父母姉弟を、変り果てた我家の草木で、自らの手で火葬に付した」という。遺族にみられる原爆平和招来説については、第五章を参照されたい。

(31) 『原爆の子』は刊行直後にベストセラーとなり、その後も広く読み継がれるロングセラーである。刊行から一年後もベストセラー入りしており(『読売新聞』一九五二年九月七日)、五一年度の一般書(「児童書」ではなく)の「良書ベストテン」に入っている(『読売新聞』一九五一年一二月三〇日)。また、第六回(五二年度)毎日出版文化賞を受賞した。

(32) 倉本のような心情を吐露した体験記や論考は少なくない。五〇年の時点で、広島市の総人口(二八万五七一二)に対する被爆生存者(九万八一〇二)の比率は三四・三%である(広島市役所編『新修広島市史7』一九六〇年、六五六頁)。

(33) 図7を参照されたい。

(34) 『星は見ている』については、第五章を参照されたい。

(35) 『中国新聞』一九四九年三月二一日、一九六五年七月二四日。

(36) 『市政広報 ひろしま』一九五〇年八月一日。

(37) 朝日選書版でいうと、二九編の体験記のうち、「平和」や「ノーモア」を主張しているのは、大江が引用した大学教授のものを含めて五編である。
(38) 『原爆体験記』の原稿は、広島市公文書館に保管されている。
(39) 他にも、広島市政への批判が削除されている。
(40) 米国批判も削除されているが、当時の政治状況から考えると、占領軍に配慮した自己検閲であると推測される。
(41) 朝日選書版には「原文のまま」とあるが、事実に反する。
(42) 「女子ども」という言い回しが端的に表現しているように、女性は「子ども」として扱われ、「無垢な存在」として戦争被害を代表/表象する役割を担わされてきた。子どもを持つ母親であっても「原爆乙女」と呼ばれることもあった。他方で、母親は平和を願うものであるという「母性神話」によっても、女性は「平和」のシンボルとされてきた。
(43) 『原爆の子』の原稿は、広島市内の教師たちによって集められたが、子どもに原爆体験記を書かせるための基盤を作ったのは「広島青年文化同盟」の若者たちであった。「同盟」に参加した小学校教師の中本剛は、四七年には生徒に原爆体験を書かせる綴方教育を始めていた(山代巴編『この世界の片隅で』岩波新書、一九六五年、ii—iii頁)。こうした素地があったからこそ『原爆の子』の成功があったと山代巴は指摘する(山代巴「一つの補足——『この世界の片隅で』を編集して」『文化評論』四九、一九六五年、八六—九二頁)。
(44) 『中国新聞』一九五一年一〇月七日。
(45) 野上弥生子、初版帯より。
(46) 石井桃子、増刷版の広告文より。
(47) 『読売新聞』一九五一年一〇月二一日。
(48) 同時期に出版された子どもの戦争体験記も同じように受容された。たとえば児童養護施設で生活する戦災孤児の手記を収録した『われらかく育てり』は「心から平和をねがう子ども」の声として受け取められ、原爆孤児の手記は「たどたどしく書きつらねた手記そのものが、戦争に対する反抗の叫びであり、平和を希求する心からの祈りである」と解説された。しかし、そこに収録された四編の原爆体験記のうち「もう戦争なんかやめて」と書いたものは一編のみである。『お父さんを生かしたい』の編者も、子どもの戦争体験記(原爆体験記一編を含む)を読んで「胸のなかからわいて来る平和の叫び」を感じたという。
(49) 四九年から五三年までは、「日本が戦争に巻き込まれる危険性」があると感じる人が、ないという人よりも圧倒的に多く、特に朝鮮戦争勃発後には七割以上に上った(前掲NHK放送世論調査所編、一六二—一六五頁)。

(50)『天よりの』の序文で賀川豊彦は共産党員を「唯物暴力主義者」と非難し、第三次世界大戦の危機を訴えながらも、広島の惨禍を黙示録に重ねながら、愛による連帯を訴えている。反共・人道主義を信奉する者にとっても原爆体験記は「平和」への指針となるのである。反体制的な平和運動を否定しながら原爆体験記を「平和への祈り」として提示し受容する政治的背景として、米軍による占領の影響があったことは間違いないであろう。しかし、広島市のエリートたちを含む日本の支配層が積極的に占領軍と「抱擁を交わした」ことも見過ごすわけにはいかない(ジョン・ダワー『敗北を抱きしめて——第二次大戦後の日本人(上下)』三浦陽一他訳、岩波書店、二〇〇一年)。

(51) 五一年刊行の一五三編の体験記のうち、『原爆の子』が占める割合は六九%である。

(52)『きけわだつみのこえ』の刊行により、戦争体験を記録することが平和運動につなげられるようになり、その後の戦争体験記の「原型を形作るものとなった」と赤澤史朗は指摘する(前掲赤澤、一頁)。長田新は自らが編纂した『原爆の子』を「広島のきけわだつみの声」に例えた(『朝日新聞』一九五二年一月一六日)。戦争体験記を平和への訴えとして読み解く傾向は、四〇年代末から五〇年代初めにかけて顕著となったが、戦争の記憶が生々しかったということのみならず、東西冷戦が激化し、世界戦争の危険性が感じられたという時代背景の産物でもあった。

(53) 六七年には『原爆の子』から二〇編を収録した『わたしがちいさかったときに』が刊行され、一二年で四二刷を数え、八九年には文庫化された。羽仁説子は、一方で『原爆の子』を「子どもたちの血を吐くようなかなしい手記」として受け取りながらも「彼らの平和への叫びは、いまも、私たちの心を強くはげまして」くれると評価する。しかし、収録された二〇編のうち「戦争はいやだ」という訴えは一編に見られるのみである。岩崎ちひろの挿絵とも相まって、無垢な子どもが原爆の被害に遭ったというイメージが増長されたといえる。

(54)『中国新聞』一九六三年七月二四日。しかし、原子力の「平和利用」に希望を見出すものは四編にすぎない。

(55)「原爆の子」のなかには、後に自死を遂げた者もいたし、祖母と二人残されて苦難に満ちた人生を歩んだ者もいる。『朝日新聞』の連載記事は、彼ら、彼女らの「その後」を取り上げながらも、「原爆や戦争への憎しみが消え去ることはない」と総括している(『朝日新聞』一九八〇年七月二八日—八月五日)。

[第四章]

(1) 朝日新聞百年史編修委員会編『朝日新聞社史 昭和戦後編』朝日新聞社、一九九五年、一五五頁。

(2) 他にも田島賢裕・梅野彪編『原爆第一号 ヒロシマの写真記録』が同年八月に刊行されている。

(3) 宇吹暁「日本における原水爆禁止運動の出発――一九五四年の署名運動を中心に」『広島平和科学』五巻、一九八二年、一九九―二二三頁。

(4) 「人類で原爆を浴びたのは日本人だけである」(『朝日新聞』一九五二年八月五日「天声人語」)、「日本人こそあの経験をとおして世界に向つて平和を求める資格を与えられたと思う」(山本杉「七たび原爆記念日を迎えて」『婦人画報』一九五二年八月号)などである。

(5) AP通信記者の質問に答えるなかで、東久邇宮首相は「米国民よ、どうか真珠湾を忘れて下さらないか、われわれ日本人も原子爆弾による惨害を忘れよう」と米国民に対して呼びかけた(『朝日新聞』一九四五年九月一六日)。また、徳川義親は、世界恒久平和研究所の設立に際して「原子爆弾の唯一の被害者は日本です。その惨害の実情を一番よく知つてゐるのも日本です。したがつて、私達日本人だけが原子爆弾の跳梁するであらう明日の戦争の恐怖を体験的に知り得るのです」と主張した(『朝日新聞』一九四五年九月九日)。

(6) 『朝日新聞』一九四五年八月二九日。

(7) 『読売新聞』一九四六年一月九日。

(8) 『読売新聞』一九四九年八月六日。パリで開かれた平和擁護世界大会に送った日本代表の報告には「世界最初の原子爆弾のもたらす惨状を身をもって体験してきた日本の人民」とある(前掲『平和を守る闘い』一五七頁)。

(9) 宮本顕治は『改造』一九五四年五月号に「原爆犠牲民族の知性」と題する論文を発表し、「三度にわたる原子兵器の被爆をうけた日本人は、世界の平和のために発言し、行動する新しい決定的に重要な責任を負っている」と主張した。また、福竜丸事件発覚から間もない衆議院本会議において、改進党衆議院議員の須磨弥吉郎は「わが日本は、人類多き中に、初めて原子兵器の犠牲となり、しかも二度ならず三度までも惨害を受けた」のだから「人類を破壊から救う」よう原子兵器の禁止を提唱するうえで「最も崇高なる権利と、そしてまた最大の発言力とを有するものと信ずる」と力説した(第一九回衆議院本会議、一九五四年四月一日)。

(10) 前掲今堀、一四〇―一四一頁。

(11) 重要な蛋白源である魚が大量に廃棄され、雨が放射能を帯びたせいで農作物にも影響が出たために、漁業や農業に携わる人だけでなく、消費者の生活にも大きな打撃となった。

(12) 五月中旬に朝日新聞社が行った世論調査では、七割もの人が「これからも原子爆弾や水素爆弾の被害をうける心配がある」と答えた(『朝日新聞』一九五四年五月二〇日夕)。

(13) 前掲道場、二七五―二七六頁。政治学者の石田雄

も「平和な家庭」が脅かされた場合には激しく反発するが、それが維持される限りにおいては政治に関心をむけない保守的な傾向を世論にみる(石田雄『日本の政治と言葉――「平和」と「国家」(下)』東京大学出版会、一九八九年、二一四―二一六頁)。

(14)『読売新聞』一九五四年七月二七日。

(15) 前出(註(12))の『朝日新聞』の世論調査で「心配がある」と答えた人に「原水爆の心配にどうしてほしいか」と訊ねた結果、原水爆実験や兵器の禁止が三四%、国際管理が六%であったのに対して、「日本の近くで実験するな」と答えた人は五%にとどまった(『朝日新聞』一九五七年七月二六日)。

(16) 広島県『原爆三十年――広島県の戦後史』一九七六年、二九二―二九三、二九九頁。

(17) 原水爆禁止日本協議会専門委員会編『原水爆被害白書――かくされた真実』日本評論社、一九六一年、二一九頁。

(18)「長崎原爆青年乙女の会」は、五五年に結成された「長崎原爆乙女の会」と、「乙女の会」に続いて結成された「長崎原爆青年会」が合流して五六年に誕生した(渡辺千恵子『長崎に生きる』前掲『ふたたび被爆者をつくるな』四四二―四四五頁)。

(19)「私たち」という集合的な位置から発話することで、呼びかける相手を発話の主体として取り込むことができる。

(20)『原爆に生きて』一二三頁。

(21) 日本共産党中国地方委員会によって非合法的に発行された『平和戦線』特集号(一九五〇年)は、広島と長崎の原爆投下直後の負傷者や遺体の写真を掲載して「再び原子爆弾を繰返すな 全愛国者は平和戦線へ!」と呼びかけた(宇吹暁「被爆体験と平和運動」『戦後日本 占領と戦後改革4 戦後民主主義』岩波書店、一九九五年、一一九―一二〇頁)。

(22)『原爆体験記』がその典型である。

(23) 原水禁運動を安保問題と結びつけながら高めるためには「もし戦争になって、あなたの家や近所に、眼の一つの赤ちゃんが生まれたらどうしますか」と訴えかけるなどして、広島と長崎の原爆被害を「徹底的に宣伝する必要」があると認識されていた(「国民平和大行進の教訓――戦争被害と原爆・基地・安保問題」『平和日本』三五九号、一九六〇年、六―八、一八頁)。

(24) 原水禁の集会に招かれた「原爆孤児」の女性は、「当時の事よりも、この十一年の苦しみ」を聞いてほしかったという。しかし、ケロイドのある被爆者の話に関心が集まり、「原爆の実情を訴えるには、やはりケロイドのある人が一番よく理解してもらえるし、私達の来る処ではなかった」と聴衆の反応に落胆した(横須賀三浦原水爆禁止懇談会編『世界のすみずみまで――被爆者を囲む懇談会と原爆展の記録』)。

(25)「ある年はケロイドの残る被爆者、次の年は原爆小頭症と、〝目玉商品〟を求めては、年に一度の儀式をとり行なう」と平岡敬は皮肉を込めて批判した(『偏見と差別——ヒロシマそして被爆朝鮮人』未来社、一九七二年、二六六頁)。

(26) 中野清一編『広島・原爆災害の爪跡』蒼林社出版、一九八二年、九六—一〇四頁。中野は主にマスメディア関係者に対して苦言を呈しているが、中野の批判は原水禁運動や平和運動関係者にも該当する。実際に、被爆者の側からも「原水爆使用禁止、戦争反対などと、原爆を利用して、売名行為や、利権のために奔走している平和屋に、この私たちの苦悩がわかるのだろうか」(佐々木久子「形なき原爆の恐怖に生きて」『婦人公論』一九五九年一〇月号、一六三頁)というような反発が多くみられた。

(27) 「半放浪」『新潮』一九五六年三月号。

(28) 『群像』一九五四年一一月号。

(29) 正田篠枝『耳鳴り——原爆歌人の手記』平凡社、一九六二年、一五九—一六〇頁。

(30) 安保問題に揺れた五九年、自民党をはじめとする保守陣営が原水協から脱退し、六〇年八月には民社党が「第二原水協」結成を決定して、六一年一一月に核兵器禁止・平和建設国民会議(核禁会議)を発足させる。六〇年九月には、ソ連核実験再開をめぐって「いかなる国問題」が前景化して社会党と共産党の対立が決定的となり、六三年に広島で開かれた世界大会は社会党と総評系団体がボイコットする分裂大会となる。

(31) 高橋昭博『ヒロシマ、ひとりからの出発』筑摩書房、一九七八年、九五頁。六〇年には、兵庫県原爆被害者の会が県原水協を脱退し、それに対して批判の声が上がるなど、日本被団協内でも原水禁運動とどのような関係を持つべきかについて、激しい議論が交わされた(『被団協連絡』二六号)。六二年には「第二被団協」と呼ばれる保守派の組織も出現し、大分県被団協が日本被団協を脱退するなど、分裂の兆しが見られた(『被団協連絡』五四号)。

(32) 『原爆に生きて』二八一頁。

(33) 『原水爆被害白書』八一頁。

(34) 前掲平岡、二六—二七頁。

(35) 六三年には原水禁大会が社会党系と共産党系に分裂したが、原爆忌前夜に全学連の学生たちが慰霊碑前を占拠して、警察や機動隊、右翼と衝突し、平和公園は「怒号と暴力のウズにまきこまれた」(『中国新聞』一九六三年八月七日「社説」)。七一年四月に天皇が来広した際には、全共闘の学生を中心に反対デモが繰り広げられた。同年の平和記念式典に初めて総理大臣を迎えることになったが、佐藤政権の核や安全保障政策に対する反発から、新左翼をはじめとする左派の活動家が広島に結集し、活動家の女性が佐藤首相の花輪を奪おうと近づいたりした。若者たちが爆竹を鳴らすなど、直接行動に出て市民の顰蹙を買ったが、県警の過剰な暴力行使に対しても市民は批判的であった(『中国新聞』一九七一年八月三日、八月七日、八月八日)。

(36) 『中国新聞』一九六二年八月六日、一九六四年三月八日、一九七一年八月六日夕、一九七一年八月七日、『朝日新聞』一九六六年八月八日、『読売新聞』一九七〇年八月一日。本書で検討した体験記のなかにも、「平和公園の慰霊碑の前では、毎年のように、旗や幟が立ち並び、色々な行事が繰り返されることであろうが、若しするのなら、他の日にして貰いたい。あの日だけは静かに犠牲者の冥福を祈りたい」(沢田美代子の父・沢田静馬『続 流燈』)というような遺族らの声がいくつもみられる。

(37) 五〇年代中盤ごろから、特に六〇年代以降、「原水爆禁止運動(平和運動)は、追悼(祈り)と対立するという認識」が拡がった(宇吹暁「戦後政治と原爆被害者の動向——原爆死没者追悼と政府の対応」『歴史評論』六三五号、二〇〇三年、七六頁)。六三年の混乱を受けて、翌年、広島県議会で「原爆記念日を静かな祈りの日」とするという自民党議員会所属議員の発議が議決され、『中国新聞』は社説において「全面的」に賛同した(『中国新聞』一九六四年三月二四日、三月二五日「社説」)。続いて広島市が原爆記念日前後の八月五、六、七日には、原爆慰霊碑前の広場の使用を一般団体に対して許可しない方針を決めた(『中国新聞』一九六四年六月六日)。その後、六七年四月に市長となった山田節男のもとで、平和公園の聖域化構想が打ち出され、公園内での露店営業の許可を取り消したほか、デモや集会を禁止し、芝生内への立ち入りを禁止するなどの規制が敷かれた(前掲宇吹、一九九二年、三八頁)。

(38) 広島関係では、竹西寛子の「儀式」(六三年)、大江健三郎の『ヒロシマ・ノート』(六五年)、広島市原爆体験記刊行会編『原爆体験記』(六五年)、山代巴編『この世界の片隅で』(六五年)、井伏鱒二の『黒い雨』(六六年)、長崎関係では、井上光晴の『地の群れ』(六三年)、秋月辰一郎の『長崎原爆記』(六六年)、福田須磨子の『われなお生きてあり』(六八年)などである。大江の『ヒロシマ・ノート』はベストセラーになり、『原爆体験記』は、大江の解説の効果もあったのか、やはりベストセラーとなった。『黒い雨』は野間文芸賞を受賞した。

(39) 『中国新聞』は「広島の記録」(九〇回)、「ヒロシマ二〇年」(三〇回)、「炎の系譜」(三〇回)などを連載して、一九六五年に新聞協会賞を受賞した。全国紙では『朝日新聞』が六四年に「ケロイドは消えない」(六回)を連載した他、六五年には『産経新聞』が「不死鳥のごとく——ヒロシマ被爆二〇年に当たり」(一四回)、『毎日新聞』が「原爆十話——浜井信三」(一〇回)を全国版で連載した(全国紙に関しては、宇吹暁氏のご教示を得た)。とりわけ『朝日新聞』は、六四年以降、毎夏全国版で原爆関連特集を組むようになる。テレビでもNHKを筆頭に、原爆特集番組が放映されるようになる。

(40) 「単に一九四五年八月、広島・長崎で被爆しただけで、思想、信条の異なる被爆者が集団として行動していく上での統一目標・統一行動のむつかしさをあらためて感じた」と被団協で事務局長や代表委員を務めた伊東壮が後に振り返ったが、六〇年代の運動経験は「体験」を結節点とした運動の弱さを露呈させた(伊東壮『被爆の思想と運動――被爆者援護法のために』新評論、一九七五年、一九三頁)。しかし、その苦い経験をばねに、被団協運動は「原爆体験」を問い直し、運動の基盤となる「原爆体験」とは何であるのかを明らかにしていくようになる。

(41) 引揚者らは在外財産の補償獲得運動において、あからさまな政治的圧力を行使した(『朝日新聞』一九六七年五月一一日、『読売新聞』一九六七年三月五日、引揚者団体全国連合会『全連通信』一三二号、一九六七年)。

(42) 七七年の国際NGOシンポを経て、七八年一一月には被爆問題市民団体懇談会(市民懇)が被団協、日青協、日生協、全地婦連などで結成され、「被爆者援護法制定要求二千万人国会請願署名国民運動」に取り組み、援護法制定の機運を高めていく。八〇年一二月の基本懇意見書を受けて、八〇年代には「国民法廷運動」をはじめ、国民に支持を広げる運動に精力的に取り組んだ(前掲『ふたたび被爆者をつくるな』一七二―一九〇頁)。

(43) 原水爆禁止署名運動の広がりを受けて、五五年に高碕達之助・経済審議庁長官が「唯一の被爆国」という言葉を国会演説で使用し(第二二回衆議院本会議一九五五年四月三〇日)、六〇年には池田勇人首相が広島の平和式典に送ったメッセージのなかで「世界最初の原爆被害国として」原水爆禁止を世界に訴える必要があると述べた(『中国新聞』一九六〇年八月六日夕)。それ以降、毎年のように平和式典での首相挨拶のなかで「被爆国としての義務」が表明されていく(Naono Akiko, Embracing the Dead in the Bomb's Shadow, dissertation, University of California, Santa Cruz, 2002, pp. 94-101)。

(44) 広島市は、七八年以降、平和宣言を通して、被爆ナショナリズムに訴えながら日本政府に核兵器廃絶への「先導的役割」や非核三原則の堅持などを要求してきた。『朝日新聞』や『読売新聞』をはじめ新聞各紙も、社説を通して日本政府に核持ち込み反対や被爆者援護の制定を訴えた。

(45) 朝鮮人被爆者の孫振斗が「被爆者」としての権利を求めて「密入国」したとき、孫が「犯罪者」として起訴されていたことを理由に、広島県被団協が組織としての支援を拒否するなど、日本人被爆者の間で救援活動は広がらなかった(前掲中島、一九九八年)。なかには、「韓国の被爆者を救援したら、被爆者対策予算が減るので反対だ」と背を向けた被団協関係者もいた(平岡敬『無援の海峡――ヒロシマの声、被爆朝鮮人の声』影書房、一九八三年、八〇頁)。ただし、森瀧市郎のように個人的に支援した被団協関係者はいたし、福岡県被団協のメンバーも支援に協力した。しかし、孫の問題提起を植民地支配に対する責任とつなげながら支援活動に取り組んだ日本人被爆者は圧倒的に少数だった。

(46) 朝鮮人原爆被害者の実態については、日本人被害者以上に不明な点が多いが、そのこと自体、朝鮮人被害者が置かれてきた状況を物語っている。朝鮮人被害者の推定総数は三万七千から七万人、死者数に関しても六千五〇〇から四万人と開きがあり、なかには根拠が示されていないものもあるが、本書では、広島については七九年にまとめられた『広島・長崎の原爆災害』(広島市・長崎市 原爆災害誌編集委員会編、岩波書店)にある「二五、〇〇〇~二八、〇〇〇」を、長崎については、実態調査に取り組みながら被害者発掘に努めてきた「長崎在日朝鮮人の人権を守る会」による「一二、〇〇〇」を被爆した朝鮮人の総数とする(『朝鮮人被爆者』九一―九四頁)。

(47) 原爆の集合的記憶から忘却されてきた朝鮮人被害者の「原爆体験」を考察するために、朝鮮人被爆者の体験記については、八九年までに出版されたものを出来る限り入手して総四五〇編を分析対象とした。本書で扱う体験記の二〇%にあたる。

(48) 他に『長崎』に一編、『白夾竹桃の下』に一編、『原爆の子』に一編、『長崎精機』に一編あるほか、『文藝春秋』(五一年八月号)と『雄鶏通信』(四九年臨増号)にそれぞれ一編ずつ掲載されている。

(49) 日本名で発表された体験記は『いわての被爆者は願う 第二集』掲載のものなどがあるが、「在日朝鮮人」と特記されたもの以外については、確認できていない。

(50) 朝鮮戦争勃発を受けて、五〇年代初めの原爆禁止運動では、在日朝鮮人の活躍が目立った(前掲平岡、一九八三年、一三六―一三七頁)。当時中学生だった朴寿南はストックホルム・アピール署名運動に取り組み、日本平和委員会から表彰されたという(『朝鮮・ヒロシマ・半日本人』二二一―二二二頁)。

(51) 原水爆禁止世界大会日本準備会『原爆許すまじ――原水爆禁止世界大会の記録』一九五五年、五四頁。

(52) 前掲平岡、一九八三年、五六頁。

(53) 「君は一中でしょう」とたずねられて「君はここに倒れていてはだめだ」と言って、自転車にのせられてその人の家まで運ばれた」(『倒壊校舎脱出手記』)、「軍医さんが、君は一中の生徒だね、僕も一中の出身だ、一中の生徒はしっかりするんだ、大丈夫だ僕が包帯をしてやる、と大変に親切にして貰うたんです」(『ゆうかりの友』)などの証言が残っている。

(54) 日本人被爆者と同様、朝鮮人被爆者も社会階層や年齢によって、受け止め方に違いはみられる。日本で「少国民」としての教育を受けた者のなかには敗戦を悔しがったものもいた。

(55) 筆者が在韓被爆者に対して行った聴き取りのなかでも、朝鮮戦争による被害の酷さに言及する人は多く、なかには、原爆の時よりも朝鮮戦争の時の方が悲惨だったと証言した人もいる。

(56) ほかに、「わたしも、神さま会うまえに、アメリカ恨んだです。殺したいぐらい呪うたです」(宋年順『朝鮮・ヒロシマ・半日本人』)、「アメリカ人見たらアメリカ人が原爆落としたからこうなった思うて、もう憎くて憎くてたまらなかったですよ」(韓広順『もうひとつの被爆碑』)など、怒りの矛先を米国に向けるものも少数ある。しかし、「韓国の原爆被害者を救援する市民の会」がソウル地区と慶尚北道地区で七八年から七九年にかけて行った実態調査では、原爆被害の責任が日本政府にあると答えた人が三七%(ソウル)と六〇%(慶北)、日本政府と米国政府の両方にあると答えた人が六〇%(ソウル)と一九%(慶北)だった(韓国教会女性連合会・韓国の原爆被害者を救援する市民の会『在韓被爆者実態調査共同報告書』一九八三年、一一二頁)。「広島県朝鮮人被爆者協議会」が広島市内に居住する朝鮮人被爆者二〇八人を対象とした調査でも、「被爆の責任」は日本にあると答えたものが八〇%を占めた(『白いチョゴリの被爆者』二六二―二六七頁)。

(57) 広島在住の朝鮮人被爆者二六二名を対象に、七七年に行われた意識調査(回収率二一%)によると、核ぬきであったとしても九七%が戦争に反対で、七六%が核実験の全面禁止を支持しており、日本人を対象とした同種の世論調査の結果よりも、反核兵器・反戦の傾向がやや強いという結果となった(小寺初世子「在日外国人(在広朝鮮人・韓国人)被爆者の核意識」『広島女子大学文学部紀要』一四号、一九七九年、一九―四二頁)。

(58) 「韓国原爆被害者協会」の会誌には、活動目的として「核禁平和」が挙げられているが(木原範恭「韓国原爆被害者実態調査報告と問題点――韓国人被爆者の救援活動の問題点を中心として 資料編Ⅱ」『近畿大学九州工学部教養論集』三巻一号、一九七九年、二一頁)、二代目会長の辛泳洙がいうように、それは原水爆禁止や平和主義を訴える運動ではなかった(『早く援護を!』一八号、一九七七年)。

(59) 朝鮮民主主義人民共和国に居住する被爆者の体験の記録は非常に限られている。ドキュメンタリーの「ヒロシマ・ピョンヤン」(二〇〇九年)を参照されたい。

(60) 近年では鄭根埴・晋珠『韓国原爆被害者 苦痛の歴史――広島・長崎の記憶と証言』(市場淳子訳、明石書店、二〇〇八年）や『ハンギョレ21』など、韓国人の研究者やジャーナリスト、運動家による聞き書きが少しずつ増えてきている。

(61) 在韓被爆者をはじめとする在外被爆者に対する差別的な扱いは、裁判闘争を経て少しずつ是正されてきた。被爆者援護法研究会・韓国の原爆被害者を救援する市民の会編『在外被爆者にも被爆者援護法の適用を』（一九九八年）、平野伸人編『海の向こうの被爆者たち——在外被爆者問題の理解のために』（八月書館、二〇〇九年）、田村和之「在外被爆者援護の今日的課題」（荒木誠之・桑原洋子編『社会保障法・福祉と労働法の新展開』二〇一〇年、信山社）などを参照されたい。

(62) 前掲大澤、一二一—一二四頁。

(63) 冨山一郎『増補 戦場の記憶』日本経済評論社、二〇〇六年、一五三—一五六頁、成田龍一『増補〈歴史〉はいかに語られるか——一九三〇年代「国民の物語」批判』ちくま学芸文庫、二〇一〇年、二八三—二九三頁。

(64) 前掲成田、二〇一〇年、二九一頁。

(65) 原爆で死んだ動員学徒については、第五章を参照されたい。

(66) 「私ら、親戚も、知り合いもおらんし、頼るとこなかったよね。それで、しょうがないけ、焼け跡にずっとおったんよ」（文洪蓮『もうひとつの』）という証言もあるように、日本人と違って、郊外に親類縁者がおらず、市内中心部付近に留まったために、より多くの残留放射線を浴びたであろうという点においても、朝鮮人被爆者の受けた被害は重い（前掲『在韓被爆者実態調査共同報告書』一〇二—一〇三頁）。

●第三部

(1) 「原爆体験」の形成に大きく寄与した『原爆体験記』にも二編だけではあるが、疎開中だった子どもの手記が含まれているし、『原爆の子』にいたっては書き手の四割は疎開していたため直接原爆には遭っていない。

(2) 宇吹も「原爆被害から生き延びることのできた人々の戦後は、原爆死没者への追悼から始まったといっても過言ではない」と指摘する（前掲宇吹、二〇〇三年、八〇頁）。

(3) たとえば、「女」「年寄」「学徒」「日本人」として想起される。

［第五章］

(1) 前者は七六年に広島・長崎市長が国連に提出した「原爆被害の実態——広島・長崎」（『原爆白書』）に基づく。後者は、広島市『原爆被爆者動態調査事業報告書』（二〇一三年）による。二つの公的死没者数の間には大きな隔たりがあるが、「原爆死亡者数の真実は、一四万人と九万人の間にある」と宇吹は推測している(前掲宇吹、二〇一四年、二九六頁)。

(2) 以前は、「広島県動員学徒等犠牲者の会」が各学校の死没者数を集計した「六八九一人」が公式数として採用されており、その数が「動員学徒慰霊塔」にも刻まれている。

(3) 長崎での死者は二〇六二人、全国では一万九六六人と推定されている(『動員学徒誌』一一二頁)。

(4) 原爆遺跡保存運動懇談会編『広島——爆心地 中島』新日本出版社、二〇〇六年、一一三—一三九頁。国民精神総動員体制の中、学徒も勤労奉仕を要求され、動員の体制が整備されていったが、四四年八月には「学徒勤労令」(勅令第五一八号)が発せられ、中等学校以上に相当する生徒に勤労奉仕が強制された(福間敏矩『増補 学徒動員・学徒出陣——制度と背景』第一法規出版、一九九三年、二一—五七頁)。同年一一月、空襲時の火災拡大を防止するために建物疎開が始まった。四五年七月には、実質上「学徒動員令」(「決戦非常措置要綱ニ基ク学徒動員実施要綱」)が適用されていなかった下級生たちも、建物疎開に駆り出されることになる(前掲『広島——爆心地 中島』、一一五—一二〇頁)。原爆投下の当日、建物疎開作業の後片付けに、国民学校高等科・中等学校・高等女学校の一、二年生が動員されたが、作業場の多くが爆心地から一キロ以内であったために、多くの生徒が死亡した。なかでも、崇徳中学校では被害が大きく、作業に出ていた生徒の九九パーセントが原爆死した(広島市役所編『広島原爆戦災誌4』一九七一年、四、三三二—三三六頁)。

(5) 原爆死した動員学徒については、「広島県動員学徒犠牲者の会」と「長崎県動員学徒等犠牲者の会」による記録と追悼記集、各学校の学校史と追悼記集のほか、『中国新聞』の「遺影は語る」シリーズを参照されたい。

(6) 本章で取り上げる広島県立広島第一中学校(一中)も広島市立第一高等女学校(市女)も四八年に慰霊碑を建立したが、占領軍に配慮して校内に建て、一中の慰霊碑には「追憶之碑」とだけ刻まれ、市女の慰霊碑は「平和の塔」と呼ばれた。

(7) 四六年一一月に内務文部次官より通達された「公葬等について」(発宗第五一号)により、政教分離の観点から、国または地方公共団体による慰霊祭などが禁止されていた。

(8) 一中は県下随一のエリート男子校で、社会階層の高い家庭の子弟が多く、遺族会の結成や追悼記集の編纂に早くから取り組んだ。初期遺族会会長は市議会議員の秋田正之が務めた。

(9) 『中国新聞』二〇一〇年八月一四日、広島県立広島国泰寺高等学校百年史編集委員会編『広島一中国泰寺高百年史』一九七七年、四八五頁。

(10) 松尾雅嗣・谷整二編『IPSHU研究報告シリー

ズ43『ゆうかりの友』関連 原邦彦資料目録』広島大学平和科学研究センター、二〇一〇年、i頁。

(11)『中国新聞』一九九九年二月二八日、二〇〇〇年六月二二日、二〇〇〇年六月二三日。

(12) 時間の経過による変化および死者との関係性による追悼行為の違い(遺族か学友か)を検討するために、早い時期から継続的に追悼記集をまとめている三つの集団を中心に取り上げた。なお、追悼記のなかには、詩や短歌だけを載せたものも若干あるが、本書ではナラティヴ分析を行うため、それらは分析の対象とはしなかった。

(13) ほかに「お国のために命を捧げた」と死を意味づけるもの、靖国合祀を肯定したり死者を「英霊」と讃えるものは「殉国の語り」として分類する。

(14) 平和への誓いだけでなく、平和を願う言葉や厭戦の思い、核兵器廃止の訴えが含まれるものは「平和の訴え」として分類する。

(15) 原爆死が終戦、つまり「平和」をもたらしたと意味づけたり、死者の犠牲が平和の維持や戦後日本の繁栄の基礎を築いたと謝意を述べるものは「平和の礎論」として分類する。これに該当する手記は、『追憶』では一〇編(一二%)あるが、『流燈』には二編(五%)しかない。なお、ここで引用した岡田の文章は『星は』に再掲される際、削除された。

(16)『追憶』では五四編(六八%)、『流燈』では三〇編(七九%)である。

(17) 総力戦とはいえ、階層間の不平等を実感した者は少なくなかったし、特に、軍指導部に対する恨みの感情は敗戦直前にはかなり高まっていた(吉見義明『草の根のファシズム——日本民衆の戦争体験』東京大学出版会、一九八七年、二四六—二五五頁)。敗戦が色濃かったにもかかわらず戦争を継続して原爆投下を招いたという理由で、原爆被害者に限らず、国家指導者層を批判する遺族は少なくない。原爆被害者意識を持ち、日本国民の多くは指導者層に対して被害者意識を持ち、GHQの戦略とも相まって「指導者責任観」が浸透することになった(吉田裕「戦争の記憶」『岩波講座世界歴史25 戦争と平和』一九九七年、九九—一一七頁)。

(18) 編集の労をとったのは、広島女子高等師範学校(女高師)教員だった星野春雄である。星野は五〇年に『原爆記』を著しており、その収益金で女高師と山中高女の生徒らの慰霊祭を行った。慰霊祭に集った保護者たちから受け取った手紙や手記六八編を収録したのが『原爆と母たち』である。『原爆と』には「殉国の死」や「平和の礎」として子どもの死を意味づける語りは皆無に等しく、前者が一編あるのみである。

(19) 二〇〇四年に広島平和記念資料館が実施した調査結果による。

(20) しかし、市女の遺族たちが当時の校長・宮川造六に向けた目は厳しかった。宮川は原爆投下当日、県の教務課に出頭するよう命じられており、作業場で生徒を前に朝礼を行った後、そこを後にして助かったが、作業を命じた生徒たちのほとんどが被爆死した。親にしてみれば、子どもを死に追いやった直接の責任者が生き延びたということになる。しかも、宮川の家族はみな無事であった。宮川は翌年、遺族に「合わす顔がなかった」と振り返っているが（広島平和文化センター『原爆被爆者等面接記録 米国戦略爆撃調査団資料――テープ部門』広島平和文化センター、一九八六年、四六頁）、『流燈』にも「遺族の方々の心中を拝察すれば何とお詫びの申し上げ様もありません」と謝罪の一文を認めた。宮川の息子・裕行の日記にも、父親に詰め寄る遺族たちの姿が記録されている（ＮＨＫ平和アーカイブス「昭和二〇年 被爆の言葉 宮川裕行さんの日記」http://www.nhk.or.jp/peace/library/program/19961026.html）（宮川校長に対する遺族の感情については、中国新聞社の西本雅実記者のご教示を受けた）。

(21) 明確に原爆禁止をうたったのが一編、「ノーモア」というのが二編あるのみである。

(22) 『星は』の巻末に掲載された「読後感」による。

(23) 『中国新聞』の特集記事で、『原爆の子』や『原爆に生きて』とともに『星は見ている』が「平和のための一五冊」として挙げられている（『中国新聞』一九六三年七月二四日）。

(24) 広島市立中学校では教職員五名と生徒三六八名が原爆死した。生き残りの一人である石田晟が調査したところによると、小網町に動員されていた一、二年生の被害が大きく、死者三一三名（うち教師一名）を出し、一四三名は行方不明のままである（石田晟『亡き友は何処へ――原爆死した広島市立中学校生徒の記録』（非売品）、二〇〇二年）。

(25) 遺族による手記（アンケートへの回答）一八八編のほか、生存生徒の手記五編、教職員の手記四編の計一九七編が収録されている。なお、『脱出手記』にある一六編の体験記も再録されているが、『ゆうかり』を分析するうえでは対象外とした。

(26) 『ゆうかり』は七四年に発行されたが、遺族へのアンケートは六八年に行われた。

(27) 「殉国の死」として我が子の死を意味づける語りは、『原爆追悼記』にはなく、『ゆうかり』では二編（一％）、『鎮魂』では三編（五％）、『続 流燈』では二編（一五％）である。

(28) 『鎮魂』では四編（七％）、『ゆうかり』では二編（一％）、『続 流燈』では二編（一五％）の手記が「平和の礎論」に該当するが、『原爆追悼記』にはない。「平和の礎論」を「殉国の語り」と併用した手記は、ほかに、『鎮魂』に一編、『続 流燈』に二編ある。

(29) 四五年一二月に校長に就任した数田猛雄が六二年に私家版として発行した。

(30) 序文だけは教員の手による。

（31）『泉 第一集』は亡き級友に捧げる追悼記集であるために、筆者自身の被爆体験に言及したものも少数あるが、その多くは、自らの体験は語っていない。あくまでも、在りし日の友との思い出を中心としている。三五学級の生き残りである中元克が亡き友の追悼文集を作ろうと提案し、中元が中心となって、浜田平太郎、土井田宏之、須藤頼巳が編集にあたったという（浜田平太郎への聴き取りによる、二〇一三年一〇月六日、広島市）。ガリ版刷りの追悼記集は一〇〇部ほどだけ印刷され、関係者に配られただけで、広く流通することはなかった（浜田平太郎『泉 第二集――原爆と私』（非売品）、二〇一二年、六四頁）。三五学級の生徒たちは、一年生の秋から広島航空で勤労動員にあたっていたが、二年生のクラスがそのまま進級したために、四五年八月五日まで継続して広島航空で作業していた。それが、八月六日は特別出勤命令により土橋付近（爆心地から約八〇〇メートル）で屋外での家屋疎開作業が割り当てられたのである（前掲『広島一中国泰寺百年史』四九四頁）。三五学級に在籍する五七名のうち、四二名が原爆で命を落としたが（うち一名は防空要員として学校で被爆）、広島航空は爆心地から約三・五キロ離れており、被爆前日まで通り、そこで作業にあたっていたならば助かった命であった（前掲浜田『泉 第二集』三九頁、浜田への聴き取り）。中元も浜田も当日病気で休んだために被爆はしたものの助かった。土井田は防空要員として学校に出ていたが、一命を取り留めた（前掲浜田『泉 第二集』、三九―四〇頁）。須藤は四五年七月下旬に海軍通信学校に入っていたために直接原爆の閃光を浴びることはなかった（『中国新聞』二〇一〇年八月一五日）。クラスの大半が原爆死したなかで、中元や浜田らは、生き残った「うしろめたさ」を抱えて生きたが、浜田は県女一年生の妹を、須藤は市女一年生の妹を亡くした遺族でもある。

（32）一中学徒たちは「御楯隊」と呼ばれていた。

（33）『ゆうかり』序文より。

（34）被爆から二二年後に、生き残りの一年生の一人が白血病で他界した。二〇年以上経ってもなお原爆に級友の命が奪われたことに衝撃を受けた同級生たちが、追悼会の席上で『ゆうかり』刊行を決意したのである。

（35）『ゆうかり』序文より。

（36）避難先で遭遇したという幼稚園時代からの同級生の姿に触れながら、負い目のような感情を抱いてきたことを原は打ち明ける。その友人は全身に火傷を負い、靴しか身につけておらず、声をかけても返事らしい返事はなかった。彼は動くこともできなかったため、どうすることもできず、その場に残して駅に向ったが、そのことが今でも「心残りになって仕方がない」という。

（37）原爆死した同級生のためだけでなく、「原爆を知らない若い人に広く読んでもらう必要がある」という気持ちもあったという(『中国新聞』一九七四年五月二六日)。

(38) 竹西は作曲家である。

(39) 被爆から三〇年を前後して発行された追悼記集を分析の対象として取り上げた(表3参照)。『ゆうかり』のほか、中国軍管区司令部に動員されていた比治山高等女学校(比治山高女)三年生だった生徒の手記を集めた『炎のなかに』、被爆当時三年生だった山中高女の同期生の手記を集めた『おもかげ』、広島県立広島第二高等女学校(第二県女)の元教員と同窓生による手記集『しらうめ』、市女の追悼記集『続 流燈』である。

(40) 第二部の最後で取り上げた関千枝子も、その一人であろう。

(41) 市女の新制校である広島市舟入高等学校の同窓会が市女の同窓会とともに「発行所」に名を連ねており、原爆体験の記憶が次世代に引き継がれつつあることを示唆している。

(42) 縄本のように、親となることで、子どものままの姿で記憶に残る学友を我が子に重ねてみた者は少なくないだろう。

(43) 波平恵美子は戦死を「異常死」と捉えて、民俗誌的な死者儀礼のなかで論じている(波平恵美子『日本人の死のかたち――伝統儀礼から靖国まで』朝日新聞社、二〇〇四年、一二二―一二〇四頁)。

(44) 刑法の厳罰化や事故防止策の策定などが思い浮かぶ。

(45) なかには、米国領事館に踏み込んだ原爆孤児の少年のように「報復」を試みた者もあったようだが、「仇討」は果たされなかった(森瀧市郎「原爆孤児」平和と学問を守る大学人の会編『原爆と広島』広島県教職員組合事務部、一九五四年、四一頁)。

(46) 野家啓一『物語の哲学――柳田國男と歴史の発見』岩波書店、一九九六年、一〇七頁。

(47) 前掲小田、六―八頁。

(48) 「死者との連帯意識」については、作田啓一『恥の文化再考』(筑摩書房、一九七六年、一六四―一六六頁)を参照されたい。

(49) 遺族の場合、本章で分析した追悼記のうち、「殉国の語り」に訴えるものは三%、「平和の礎論」で我が子の死を意味づけるものは五%ある。

(50) たとえ大義のない負けた戦争による死であったとしても、「平和国家」として再生するという国家的課題に寄与する犠牲であったならば、その死は「犬死」ではなく「尊い犠牲」となる――このロジックは、吉田満が『戦艦大和ノ最期』で臼淵大尉に言わせた言葉(「敗レテ目覚メル、ソレ以外ニドウシテ日本ガ救ワレルカ 今目覚メズシテイツ救ワレルカ 俺タチハソノ先導ニナルノダ」)にもみられる。加藤典洋は臼淵発言を高く評価して、「わたし達「戦後日本人」の人格分裂」を乗り越える解決策として提示する(加藤典洋『敗戦後論』ちくま文庫、二〇〇五年、五九―一〇二頁）。しかし、加藤を批判した多くの論者が指摘するように、加藤の処方箋は、「日本人」という共同性を再構築することに主眼があり、客死した戦死者の追悼へとは至らない。それだけでなく、「深く弔う」対象である戦死者を再び国家との関係に幽閉することになり、「深く弔う」という意図に反することになる。

(51) 赤澤史朗『靖国神社――せめぎあう〈戦没者追悼〉のゆくえ』岩波書店、二〇〇五年、七〇頁。

(52) 「護憲派」や「平和主義者」が戦死者を「清い」存在として祀ろうとするときに原爆死者を持ち出すと加藤はいうが、「改憲派」や「靖国神社法案推進者」も同様に原爆死者を「清い」死者として慰霊の対象としてきたことを見逃している（前掲加藤、五九―六三頁）。

(53) 本章で分析した追悼記は七八四編であるが、敗戦翌年に書かれた『泉 第一集』は例外的な傾向を持つために、全体の傾向を論じるうえでは分析の対象外とする。

(54) 鹿島徹『可能性としての歴史――越境する物語り理論』岩波書店、二〇〇六年、九二頁。

(55) 死者が殉じた対象が「国家」ではなく「平和」であると示すことで、戦後生まれの世代に対する説得力が増す。

(56) エルネスト・ルナン「国民とは何か」『国民とは何か』鵜飼哲他訳、インスクリプト、一九九七年、四八頁。

(57) 「核の普遍主義」とナショナリズムの相互補完性については、前掲米山、二〇〇五年、一八―三五頁を参照されたい。

(58) ベネディクト・アンダーソンはナショナリズムの興隆が啓蒙主義と合理主義的世俗主義の時代、つまり、宗教的世界観の衰退と同時期であることを指摘している。「病い、不具（ママ）、悲しみ、老い、死といった人間の苦しみの圧倒的重荷に対し、想像力に満ちた応答」をしてきた宗教に代わって、ナショナリズムが「偶然を有意味なものへと、世俗的に変換すること」によって応えてきた（ベネディクト・アンダーソン『増補 想像の共同体――ナショナリズムの起源と流行』白石さや・白石隆訳、NTT出版、一九九七年、三二―三四頁）。現代において宗教がこうした機能を失ってしまったわけでは、もちろんない。広島では浄土真宗の教え、長崎ではカトリックの教えが「生と死」を意味づけるうえで助けとなってきた。しかし、ナショナリズムこそが人びとを死と殺戮へと動員したのであり、近代戦の死を意味づけるにあたっては、ナショナリズムの提供する「国民の物語」の方が影響力を持つのである。

(59) 生と死は必ず偶然性を伴うが、原爆体験記には「偶然助かった」「紙一重で命拾いした」「生き延びたのは運命としかいいようがない」などの記述が数多く見られ、偶然性が強調されている。

(60) 前掲アンダーソン、三四頁。

(61) 動員学徒犠牲者の会の歴史と活動内容については、『動員学徒誌』と『戦後三十年の歩み』を、会における追悼の語りについては、拙稿「戦死者追悼と集合的記憶の間——原爆死した動員学徒を事例として」(『理論と動態』七号、二〇一四年、二―二〇頁)を参照されたい。

(62) 戦前の靖国神社を制度的に復活させて、国家による戦死者への謝意として靖国合祀が位置づけられるように、「動員学徒犠牲者の会」は靖国神社国家護持を訴えた。

(63) 『ともしび』は「広島県動員学徒等犠牲者の会」の会報である。

(64) 父・福永信蔵が書き留めた言葉である。

(65) 戦後日本で「無辜の(戦)死者」の筆頭に挙げられてきた原爆死者も「汚れている」ということに大岡昇平は正面から向き合ったと高く評価しながら、戦後の日本人には「敗戦者の自覚」、「戦争通過者」の自覚」が大岡と違って欠けており、その結果、戦死者を弔うことも、戦争責任と向き合うこともできなかったと批判した加藤の問題提起それ自体は重要であるが、その処方箋に大きな問題がある(前掲加藤)。星野の序文を含め、『原爆と母たち』の一部は、九三年に山中高女の生存学徒らがまとめた『追悼記 増補』に再録されることになるが、星野の序文からは仇を討ってほしいと懇願した生徒の声が削除されている。他にも、学校批判やあからさまな米国批判の言葉が三編の遺族の手記から削除されている。

(66) 八五年に日本被団協が実施した「原爆被害者調査」によると、家族の死に目に遭えた人はわずか四%、そして遺体や遺骨が確認できていない死者(当日死亡)は、四〇%にものぼる(濱谷正晴『原爆体験——六七四四人・死と生の証言』岩波書店、二〇〇五年、二四頁)。

(67) 前掲リフトン、一七七頁。日本の死者儀礼を研究する波平恵美子も、死者を弔うには遺体が必要であることを強調している(前掲波平)。

(68) Dominick LaCapra, *Writing History, Writing Trauma* (Baltimore: Johns Hopkins University Press, 2001), p. 22.

[第六章]

(1) 『文藝春秋』一九五六年八月号。

(2) トラウマ概念に言及して原爆体験を論じたものとしては、中澤正夫『ヒバクシャの心の傷を追って』(岩波書店、二〇〇七年)、拙稿「原爆被害者と「こころの傷」——トラウマ研究との対話的試論」(三谷孝編『戦争と民衆——戦争体験を問い直す』旬報社、二〇〇八年、八五―一一一頁)、拙稿「被爆を語る言葉と痛みの共振」(『日本学報』二七号、二〇〇八年、六九―九二頁)などを参照されたい。「トラウマ」という概念を参照しているか否かにかかわらず、被爆者の「こころの傷」に関しては、まだ多くが明らかにされていないままである。濱谷正晴は、今ようやく「〈心の傷〉(トラウマ)としての原爆の姿」が注目されるようになったとみる(前掲濱谷、二〇〇五年、vii頁)。この分野で最も重要な先行研究はリフトンの『死の内の生命』である。また、精神医学や心理学のアプローチではないが、被爆者の精神的被害を考える上で、一連の社会科学研究の重要性は指摘しておかなければならない。濱谷によると、広島の原爆被災者を対象として一九五〇年から社会調査に取り組んだ中野清一をはじめ、山手茂、伊東壮、石田忠らが被爆者の心の傷に関する考察を展開している(前掲濱谷、一九九四年)。その特徴は、精神医学や心理学的な調査に比べ、社会・政治の複合的な文脈のなかで心の傷を捉えていることである。近年になって、PTSD診断基準を参照しながら被爆者の精神的被害について論じる調査や研究が増えつつある(西本実苗・松本和雄「原爆投下五五年目における広島・長崎原爆災害の精神医学的・心理学的研究の概要」『教育学科研究年報』二七号、二〇〇一年、三九―四四頁、太田保之「原子爆弾被爆住民の長期経過後の精神的影響」『臨床精神医学』増刊三一号、二〇〇二年、一四六―一五一頁)。

(3) 近年では「トラウマ」や「心的外傷」が「心の傷」と同一視される傾向にあるが、「心の傷」は「トラウマ」に比してあいまいで広範な意味を含む。第五章で検討した、残された者の悲哀も「心の傷」であるといえるが、本書では「トラウマ」概念を踏まえることで、両者を区別する。

(4) ジョゼ・ブルンナー「傷つきやすい個人の歴史――トラウマ性障害をめぐる言説における医療、法律、政治」多賀健太郎訳『思想』九七二号、二〇〇五年、五―四三頁、森茂起『トラウマの発見』講談社、二〇〇五年、アラン・ヤング『PTSDの医療人類学』中井久夫他訳、みすず書房、二〇〇一年。

(5) 近年その功績が再評価されている心理学者のジャネは、解離論からトラウマを考察した。あまりに激越な感情を引き起こした出来事は、認知の枠組みに組み込むことができず意識から切り離される。その記憶が「意識下の固着観念」、すなわち「トラウマ記憶」となり、ヒステリーの病因として作用する。記憶とは本質的に言語表現だと考えるジャネにとって、「意識下の固着観念」を持つ人は出来事を記憶しているとはいえない。それは非言語的な症状として表出するからである。したがって、便宜上「記憶」という言葉を使用しているが、「トラウマ記憶」という概念は、厳密には出来事についての記憶を持っていない忘却状態を指す

(ピエール・ジャネ『神経症』高橋徹訳、医学書院、一九七四年、『心理学的医学』松本雅彦訳、みすず書房、一九八一年)。精神分析という学知を切り拓いたフロイトも、ブロイアーとの共著の中でジャネの理論を支持している。初期ヒステリー研究では、トラウマを引き起こした性的体験と症状との因果関係を直接的にとらえている節がみられる。同時に、ヒステリーの病因として作用するのは、出来事そのものというよりも、引き起こされた情動と記憶との結びつきだとも断っている。記憶に目を向けた点が、後にラカン、ラプランシュなどによって注目される「事後性」概念として展開されていく。膨大なフロイトの論考のなかで、「ヒステリー研究」(一八九五年)の他「快原則の彼岸」(一九二〇年)、「制止、症状、不安」(一九二六年)がトラウマに関する重要文献である。

(6) ジュディス・ハーマン『心的外傷と回復 増補版』中井久夫訳、みすず書房、一九九九年、前掲森、前掲ヤング。

(7) 前掲ハーマン、Didier Fassin and Richard Rechtman. *The Empire of Trauma: An Inquiry into the Condition of Victimhood*. Translated by Rachel Gomme (Princeton: Princeton University Press. 2009)。六〇年代から七〇年代にかけて、ベトナム戦争帰還兵たちが患うパニック障害や鬱などの症状は、戦争体験の影響による精神疾患であることを認めて補償の対象にすべきであると、リフトンらをはじめとする精神科医たちが帰還兵に協力しながら運動を展開した。また七〇年代には、フェミニズム運動の広がりのなかでレイプやＤＶなど女性への暴力に関する社会認識が変化していった。被害者ではなく加害者に責任があることが認識されるようになり、被害者支援のセラピーの中で、精神的な後遺症に注目が集まったのである。こうした運動の盛り上がりによって、ＰＴＳＤは一九八〇年に初めてアメリカ精神医学会の『精神障害の診断と統計の手引き』に登録されて公式診断名となった。詐病として疑われていた症状が「ＰＴＳＤ」として社会的に認知されるようになったのである。

(8) たとえば、性的虐待を受けた子どもたちや兵士の「慰安婦」にされて性暴力を受けた女性たちなどが該当する。

(9) 前掲ハーマン、Ann Cvetkovich, *An Archive of Feelings: Trauma, Sexuality, and Lesbian Public Culture*. Durham, (North Carolina: Duke University Press, 2003)。

(10) 前掲ヨネヤマ、一〇頁。

(11) Shoshana Felman. "Education and Crisis, or the Vicissitudes of Teaching." Shoshana Felman and Dori Laub eds. *Testimony: Crises of Witnessing in Literature, Psychoanalysis, and History* (New York: Routledge. 1992). p. 15. 米山のような人類学者が「原住民」

に視線を返されてきたように、精神分析学者も「患者」の症状に感染するのである。

(12) フロイトの理論のなかにも、このような傾向を見出すことは可能である。

(13) 別の場所や別の時間と結びつくことで、出来事がトラウマとして主体に迫ってくるとフロイトは考えた。ラプランシュもトラウマの「事後性」に着目しながら、ある出来事がトラウマとなるには、第二の契機を必要とすることを強調している(Jean Laplanche. "Notes on Afterwardsness." in *Essays on Otherness* (New York: Routledge. 1999). pp. 260-265)。

(14) 経験上の出来事を必ずしも重視しない精神分析の洞察は、トラウマという苦しみに言葉を与えることができる反面、その苦しみを否認するために悪用されることもある。アメリカ合衆国における「偽りの記憶症候群論争」にみられるように、フロイトが論じたトラウマ記憶の不確かさを(意図的に)誤読して、幼少時虐待に関する記憶を、セラピストによって植えつけられた「偽りの記憶」として否定する事態も起こっている。

(15) キャシー・カルース「トラウマと経験」キャシー・カルース編『トラウマへの探究――証言の不可能性と可能性』下河辺美知子監訳、作品社、二〇〇〇年、一一二―二八頁。

(16) 一九七四年にNHK広島放送局が「被爆直後の様子を絵で残そう」と呼びかけ、翌年も合わせて二千二百余枚の絵が届けられた。集まった絵をもとに、NHKが「市民が描いた原爆の絵」という番組を制作し、図録も刊行したことから「原爆の絵」と呼ばれてきた。二〇〇二年には、広島平和記念資料館とNHK、中国新聞社とが共催して絵の募集を行ったところ、一三三八枚が集まった。絵は全て広島平和記念資料館に収蔵されており、その一部が特別展示室にて常時公開されている。筆者は二〇〇一年夏から二〇〇六年春にかけて五八人の作者に対して聴き取りを行ったが、それは全て第一回募集時に絵を描いた人である。聴き取りを行った時点では、作者の大半は既に亡くなっていた。

(17) 岡崎秀彦への聴き取り、二〇〇三年一一月二〇日、広島市。

(18) 拙著『「原爆の絵」と出会う――込められた想いに耳を澄まして』岩波ブックレット、二〇〇四年。

(19) Dori Laub. "Bearing Witness, or the Vicissitudes of Listening." Shoshana Felman and Dori Laub eds., *Testimony: Crises of Witnessing in Literature, Psychoanalysis, and History* (New York: Routledge, 1992). p. 69.

(20) フロイト「快感原則の彼岸」『自我論集』中山元訳、ちくま学芸文庫、一九九六年、一二二―一四〇頁。

(21) Hal Foster. *The Return of the Real: The Avant-Garde at the End of the Century* (Cambridge: The MIT Press. 1996). p. 131. フロイトは、「不安」を形成

できずに「驚愕」に襲われることによってトラウマが生じると考え、不安を形成することでトラウマの衝撃を克服しようとする心的な働きとして「反復」を位置づけた。

(22) 石川文恵への聴き取り、二〇〇一年八月一四日、広島市。

(23) 高蔵信子への聴き取り、二〇〇三年一〇月二四日、広島市。

(24) 原田知恵への聴き取り、二〇〇四年四月一五日、広島市。

(25) 〈モノとしての死〉という言葉は、石田忠による(石田忠『原爆体験の思想化――反原爆論集I』未来社、一九八六年、二四五頁)。

(26) ジョルジョ・アガンベン『アウシュヴィッツの残りのもの――アルシーヴと証人』上村忠男他訳、月曜社、二〇〇一年。

(27) 大田洋子「8月6日8時15分――ヒロシマ」『改造』一九四九年八月号。

(28) 前掲濱谷、二〇〇五年、二一一三頁。

(29) Michael Rothberg. *Traumatic Realism: The Demands of Holocaust Representation* (Minneapolis: University of Minnesota Press. 2000). p. 136.

(30) ロスバーグは触れていないが、フロイトの「不気味なもの」という概念こそが、トラウマを構成する〈地獄〉と日常世界の二重性を的確に表現しているといえる。

(31) キャシー・カルース『トラウマ・歴史・物語――持ち主なき出来事』下河辺美知子訳、みすず書房、二〇〇五年、九三頁。

(32) 原爆投下直後の「ヒロシマ」では「主体の抹消」が生じており、世界に対する主体の支配は無効になったと西谷は論じる(西谷修『戦争論』講談社学術文庫、一九九八年、一一二頁)。精神分析を重視するトラウマ理論は、トラウマを蒙る主体はそもそも「主体」として確立されていないと主張する。トラウマとは、客体との分離が成立した後に経験することではなく、主体が形成される以前の出来事であり、催眠的模倣や同一化の一種として考察される。トラウマとは、ある出来事によって自我が粉砕することではなく、いかなる同一性よりも前の「主体」における解離や脱臼なのである(Ruth Leys. *Trauma: A Genealogy* (Chicago: University of Chicago Press. 2000). pp. 32-33)。だからこそ、「主体」はトラウマ的出来事を想起することが出来ず、認識もできないまま、行動化という形で脅迫的にその場面を反復することになる。それに対して、PTSD診断に代表されるトラウマ論では「トラウマ」はすでに確立している主体を外部から襲うものだと考えられている。トラウマによって主体は損傷を受け、混乱に陥りはするが、トラウマの場面を目撃することができるし、原理的には思い出すこともできる。

主体は「目撃者」「体験者」「生存者」などとして再確立されるのである(*ibid.*, p. 299; Foster 1996, P. 168)。

(33) 前掲カルース、二〇〇五年、一三三頁。

(34) Cathy Caruth, "Trauma and Experience: Introduction," in Cathy Caruth ed., *Trauma: Explorations in Memory* (Baltimore: Johns Hopkins University Press, 1995), p. 16. 臨床医を含む多くの論者はカルースに同意するが、厳しい反論も出されている。代表的なものとしてLeys(2000)を参照されたい。

(35) 前掲カルース、二〇〇〇年、一七頁。カルースは、外傷夢やフラッシュバックは出来事の「直写」であり、象徴性がないと主張するが、外傷夢は夢作業を経ているし、フラッシュバックも出来事のそのままの写し絵ではない(Jean Laplanche in Cathy Caruth, "An Interview with Jean Laplanche," in Linda Belau and Peter Ramadanovic eds., *Topologies of Trauma: Essays on the Limit of Knowledge and Memory* (New York: Other Press, 2002), pp. 101-125; Leys, 2000, pp. 241-250)。

(36) 遅延性という点においては、放射線による被害もその特徴を共有している。精神科医の中澤正夫は、被爆者の「心の傷」が治癒しない最大の原因として放射線被害の特性を挙げている(前掲中澤)。

(37) フロイトのトラウマ論は時期によって変化しており、その解釈をめぐっては論争があるが、カルースは主に「快感原則の彼岸」と「モーセと一神教」に依りながら議論を進めている。

(38) 被爆者の言葉には「異常な直接性が感じられる」とリフトンは「直写性」に類似した言葉を使って、その特徴を指摘している(前掲リフトン、四四〇頁)。

(39) Lawrence Langer, *Holocaust Testimonies: The Ruins of Memory* (New Haven: Yale University Press, 1991), 前掲酒井、一九九七年、二五三―二八一頁、James Young, *Writing and Rewriting the Holocaust: Narrative and the Consequences of Interpretation* (Bloomington: Indiana University Press, 1988)。

(40) 前掲カルース、二〇〇〇年、二三一頁。

(41) 前掲酒井、一九九七年、二五九頁。

(42) 宮地尚子『トラウマの医療人類学』みすず書房、二〇〇五年、前掲森、下河辺美知子『歴史とトラウマ――記憶と忘却のメカニズム』作品社、二〇〇〇年、ヴァン・デア・コルク他編『トラウマティック・ストレス――ＰＴＳＤおよびトラウマ反応の臨床と研究のすべて』西澤哲監訳、誠信書房、二〇〇一年。この傾向はホロコースト研究において顕著である(Langer, 1991, Laub and Felman, 1992, Young, 1988)。

(43) 体験者が直面する表象の困難性は「表象の危機」といわれる認識論的状況に無縁ではないが、それに解消されうるものではない。たしかに、表象は現実の反映(reflection)ではなく、意味作用を経ているために、出来事や体験そのものを映し出すことはできない。また、人が言語の中で生きる限り、体験の主体と証言の主体が一致することは原理的にありえない。「深い傷跡(トラウマ)を残す強烈さをもった体験」が「歴史的な語り」に変容するときには、体験者が語りの発話主体として一般化され、「個物=個人(インディヴィジュアル)と主体とが分裂」すると酒井直樹が喝破した通りである(前掲酒井、一九九七年、二五八—九頁)。体験について権威的な知を所有すると想定される「体験者」は、体験を証言するというその行為によって、体験の所有者という位置から滑り落ちるのである。アウシュビッツの証言を考察するなかで、ジョルジョ・アガンベンも「証言の所有者」は存在しないと主張する(前掲アガンベン)。酒井とアガンベンの論考は生存者の証言を考察するうえで示唆に富むが、主体と言語構造の一般理論を論じることに重きが置かれる傾向にあり、生き残りたちが何とかして証言しようとする姿をつかみ損ねているともいえる。

(44) LaCapra 2001. pp. 43-85.「構造的トラウマ」の代表的な論者はスラヴォイ・ジジェクである。「トラウマ」を「現実界」とほぼ同義にとらえながら、ジジェクは「外傷的出来事は究極的には、象徴的構造における空無を埋める幻想的構築物にすぎず、したがってその構造の遡及的効果である」と断じる(スラヴォイ・ジジェク『イデオロギーの崇高な対象』鈴木晶訳、河出書房新社、二〇〇一年、二五七頁)。

(45) トラウマ体験の「表象不可能性」を乗り越えようとする一つの試みとしてトラウマ論を受け止めることもできるが、その多くがポスト構造主義理論や精神分析理論に傾倒しており、経験的データを検討することのないまま議論が進められる傾向にあるために、「構造的トラウマ」の隘路に陥ってしまう。

(46) 前掲リフトン、二一一頁。

(47) 前掲リフトン、二一六頁。

(48) 前掲リフトン、四六三—四六四頁。

(49) 第一章でみたように、原爆による攻撃を大型爆弾による空爆と捉えた者は多かった。

(50) 「リフトンとのインタビュー」前掲カルース、二〇〇〇年、二〇六頁。

(51) 前掲カルース、二〇〇〇年、二一〇—二一一頁。

(52) 「ふと、私はあの原子爆弾の一撃からこの地上に新しく墜落して来た人間のような気持がするのであった」と原民喜は「廃墟から」の作中人物に言わせている。

(53) 前掲リフトン、三〇頁。

(54) 原爆体験記や「原爆の絵」などの証言には、見知らぬ人から助けを求められながらも、「見捨てて」逃げた場面を描いたものは多い。

(55) 前掲リフトン、四六一頁。

(56) 石田忠『原爆被害者援護法——反原爆論集2』未来社、一九八六年、前掲濱谷、二〇〇五年。

（57） 前掲石田『原爆被害者援護法』四三頁。

（58） 沖本茂子への聴き取り、二〇〇四年二月三日、広島市。

（59） 平川壽子への聴き取り、二〇〇三年一〇月一五日、広島市。

（60） その対象となる「無縁の死者」には朝鮮人が含まれているであろう。しかし、客死した朝鮮人を慰めるために絵筆をとった作者がいたかどうかは疑わしい。

（61） Laub 1992, p. 67.

（62） 前掲リフトン、九頁。

（63） Eric Santner, "History beyond the Pleasure Principle: Some Thoughts on the Representation of Trauma," Saul Friedlander ed. *Probing the Limits of Representation: Nazism and the "Final Solution,"* (Cambridge. Massachusetts: Harvard University Press. 1992). pp. 143-154. 第二部でみた原爆体験記の受容のされ方を「物語フェティシズム」として読み解くこともできるだろう。

（64） 「原爆の絵」を「トラウマ・アート」として捉えることもできる。「トラウマ・アート」と呼ばれる作品群は、単に過去に起きたトラウマを表現しているのではなく、トラウマの情動を身体的に伝染させ、見る者にトラウマを疑似体験させるのである（Jill Bennett, *Empathic Vision: Affect, Trauma, and Contemporary Art*（Stanford: Stanford University Press. 2005）。

（65） 「原爆の絵」の影響を「トラウマの感染」として論じた拙稿「暴力の跡と情動という知――〈ヒロシマ〉の跡を辿りながら」（浜日出夫編『戦後日本における市民意識の形成――戦争体験の世代間継承』慶應義塾大学出版会、二〇〇八年、一三一―五一頁）、Naono Akiko, "Transmission of Trauma, Identification, and Haunting: A Ghost Story of Hiroshima," (*Intersections: Gender and Sexuality in Asia and the Pacific*, No. 24, 2010 (http://intersections.anu.edu.au/issue24/naono.htm)）を参照されたい。

［終章］

（1） 前掲山代編『この世界の片隅で』一九六五年、ii頁。

（2） 林哲佑「歴史、そして記憶すること」（「五・一八光州民衆抗争三〇周年・二〇一〇年特別シンポジウム「抵抗と平和」」での報告（二〇一〇年四月三〇日、全南大学校））による。

あとがき

被爆五〇年が終わった後、マスメディア関係者の間で「被爆六〇年はないだろう」とささやかれていましたが、いま「被爆七〇年」を迎えようとしています。七〇年という長い年月が過ぎてもなお「記憶への意志」が形成され続けてきたからでしょう。残された時間があとわずかという年齢に差し掛かった被爆者が、体験を語り始めたことも「記憶への意志」を持続させてきたといえます。同時に、「戦争前夜」を思わせる政治状況が、今世紀を迎えようとする頃から顕在化してきたことも、戦争や被爆の記憶を呼び起こさせる大きな一因となっています。

「自分たちは、今までいったい何をしてきたんだろうか」

生涯にわたって被爆者の同伴者として生きた知人が呟いた言葉を、今も忘れることができません。一九九九年、周辺事態法など「ガイドライン関連法」の成立を受けてのことでした。同じような言葉を「被爆体験」を形成してきた世代の被爆者と、その同伴者たちから何度も聞き、そのたびに胸が痛む思いをしてきました。私たちを「被爆者」にしないために闘ってきた先達に、その人生の終着点を前に、そう言わせてしまっていることを申し訳なく思ったからです。その後、事態は悪化の一途をたどっています。

〈原爆〉との遭遇は、祖父の不在に気づいた幼少期に遡りますが、生き残りたちの〈原爆後〉と関わり始めたのは「被爆五〇年」の頃からだったと思います。米国での原爆展開催のあと大学院に進んだ私は、広島に焦点を当てながら「被爆の記憶」をテーマに研究を開始しました。その後、ほぼ二〇年をかけて、ようやく本書を送り出すことができたことになります。

原爆展の開催から院生時代にかけて、被爆者と、被爆者と共に歩んできた同伴者との数多くの出会いを通して、広島の戦後と生き残りたちの〈原爆後〉の一端に触れることができました。なかでも、大牟田稔さん、平岡敬さん、松元寛先生、舟橋喜恵先生と豊永恵三郎先生からは、戦後の日本と広島のなかで原爆体験が形成された歴史を被爆者に寄り添いながら批判的に捉えるという視点を教わりました。

大牟田さんは、広島の知識人として培ってきた視座とネットワークを、少し大きすぎる「孫娘」に対して惜しみなく「手渡して」くれました。大牟田さんを通して、「被爆体験」を形成してきた多くの方々と出会うことになりましたが、なかでも、中島竜美さんと栗原淑江さんと知り合えたことで、戦後日本において原爆体験が占めてきた位置、そして生き残りたちの〈原爆後〉に対する理解が深まりました。

栗原さんを通して繋がりを持つようになった日本原水爆被害者団体協議会（日本被団協）のみなさん、特に、岩佐幹三さん、吉田一人さん、工藤雅子さん、山田拓民さん、田中熙巳さん、山口仙二さん、木戸季市さん、また、日本被団協とともに歩んできた中澤正夫先生、内藤雅義さん、濱谷正晴先生、院生時代からお世話になっている原爆被害者相談員の会の三村正弘さん、相良カヨさん、塚本弥生さん、田村和之先生、そして、生き残りたちの〈原爆後〉を証言してくれた樽本叡さん、原時彦さん、卞連玉さんをはじめとする幾人もの被爆者との関わり合いなくして、本書が生まれることはありませんでした。

「被爆体験の戦後史」の第一人者である宇吹暁先生には、院生時代から多くの助言をいただいてきましたが、ご自身が発掘された貴重な資料の数々を貸してくださるなど、研究者としての最大限の寛大さをもって、私の原爆研究を導いてくださいました。

右にお名前を挙げた方々を含め、韓国の原爆被害者を救援する市民の会、原爆被害者相談員の会、日本被団協、ワークショップ「原爆被害と国家補償」、ノーモア・ヒバクシャ九条の会、ノーモア・ヒバクシャ記憶遺産を継承する会での活動を通して、世代を超えた「仲間」と語り合い、時には激しい議論を交わしながら、「ふたたび被爆者をつくらない」という信念を共に作り続けてきたことは、時に「原爆いやいや病」にかかりながらも研究を継続するうえで大きな支えとなりました。

資料やデータの収集に関しては、木下直子さん、古賀琢磨さん、小田智敏さん、四條知恵さん、広島平和記念資料館学芸担当の落葉裕信さん、広島平和記念資料館情報資料室、広島大学原爆放射線医科学研究所附属被ばく資料調査解析部、中国新聞社編集局、九州大学附属図書館伊都図書館参考調査係のみなさんに大変お世話になりました。

なお、本書の調査と執筆を進めるうえで、日本学術振興会科学研究費補助金・若手研究(B)(課題番号18730326「「原爆被害」の系譜」及び課題番号23730482「受忍と犠牲」)、九州大学研究活動基礎支援制度「研究補助者雇用支援(教授・准教授育児期支援)」の助成を受けています。

編集を担当してくださった岩波書店編集部の吉田浩一さんとは、岩波ブックレット(『「原爆の絵」と出会う——込められた想いに耳を澄まして』)以来のお付き合いですが、構想が固まるまでに長い時間がかかったうえ、出産と育児で大幅に執筆が遅れるなか、長年にわたり励ましていただきました。「論文集ではなく」という吉田さんの注文に応えるべく、これまでに書いた論文と重なる部分はあるにせよ、本書は新たに書き下ろしたものです。

本書を書き上げるうえでも、日々を生きるうえでも、大きな支えとなってくれている家族に最大の感謝の気持ちを捧げたいと思います。毎日あふれる笑顔を運んでくれる浩大朗、あなたのおかげで未来に目を向けることができました。ありがとう。誰よりも、父・直野博光と母・直野裕子の支えなくして、私が原爆体験と格闘し続けることはありえませんでした。こうと決めたら太平洋の向こうまで飛んでいってしまう娘を、ハラハラしながらも愛情深く見守り、「何でこんなにやねこい〔しんどい〕仕事を……」とため息をつきながらも、大切なことだからと常に励ましてくれました。

振り返ってみれば、原爆で父親を失った母と、平和記念式典を放送するテレビの前で黙とうを捧げるという我が家の「原爆忌の儀式」にこだわった父も、被爆者とその同伴者であったのだと思います。父をはじめ、ここに名前を挙げた方々のうち、本書を読んでもらうことの叶わない方が幾人もいるのですが、未来への希望を灯し続けてきてくれたことへの深い感謝と「遺産」を引き継ぐという決意を込めて、本書を被爆者とその同伴者たちに捧げたいと思います。

命の連なりを思いながら

被爆七〇年を前に

直野章子

分析対象手記一覧

発行年	タイトル	筆者・編者	発行所
1946	『不知火』追悼号	第七高等学校造士館理科二年甲類五組	
	『世界』3月号		岩波書店
	『中国文化』創刊号(原子爆弾特集)		中国文化発行所
	『長崎戦没学友追悼文集』	第七高等学校造士館	
	『泉 第1集——みたまの前に捧ぐる』	広島興産文化部編	広島興産株式会社
	『月刊中国』8月号	京極務修編	中国新聞社
	『瀬戸内海』8月号		濱根汽船出版部
	『最新医学』9月		最新医学社
	『言霊』10月号		言霊社
	『志願囚——囚人とともに三十年』	正木亮	朝日新聞社
	『子供の世界』創刊号		広島県児童文化協会
1947	『歌集・麗雲』	山本康夫	真樹社
1948	『犯罪少年の手記』	坪田譲治・平間孝三編	鎌倉文庫
	『ロザリオの鎖』	永井隆	ロマンス社
	『キング』4月-12月号		大日本雄弁会講談社
	『広島貯金支局戦災復旧事務史』	広島貯金支局編	
	『この子を残して』	永井隆	大日本雄弁会講談社
	『絶後の記録 広島原子爆弾の手記——亡き妻への手紙』	小倉豊文	中央社
1949	『長崎の鐘』	永井隆	日比谷出版社
	『長崎原子爆弾記——雅子斃れず』	石田雅子	婦人タイムズ社
	『天よりの大いなる声——広島原爆体験記』	日本基督教青年会同盟編	東京トリビューン社
	『ロザリオの鎖(増補版)』	永井隆	ロマンス社
	『花咲く丘』	永井隆	日比谷出版社
	『ひろしま——原子爆弾の体験を	衣川舜子	丁子屋書店

分析対象手記一覧

発行年	タイトル	筆者・編者	発行所
1949	めぐりて』		
	『原子雲の下に生きて――長崎の子供らの手記』	永井隆編	大日本雄弁会講談社
	『雄鶏通信』臨時増刊号(特選記録文学)	雄鶏通信編集部編	雄鶏社
	『改造』8月号		改造社
	『婦人倶楽部』8月特大号		大日本雄弁会講談社
	『長崎精機原子爆弾記』	三菱重工業株式会社長崎精機製作所編	同左
	『雅子斃れず――長崎原子爆弾記』	石田雅子	表現社
	『週刊朝日』8月14日号		朝日新聞社
	『平和のともしび――原爆第一号患者の手記』	吉川清	京都印書館
	『警察文化』8月号		広島管区警察学校
	『平和を守る闘い――パリ＝プラーグ，東京平和大会記録』	民主主義擁護同盟・アカハタ国際部共編	ナウカ社
	『長崎――二十二人の原爆体験記録』	長崎文化連盟編	時事通信社
	『天よりの大いなる声――広島原爆体験記(改定増補版)』	日本基督教青年会同盟編	東京トリビューン社
	『太白』10月号		太白発行所
	『働く婦人』10月号	日本民主主義文化連盟編	日本出版
	『街娼――実態とその手記』	竹中勝男･住谷悦治編	有恒社
	『サロン』臨時増刊号(大日本帝国始末記第1集)		銀座出版社
	『世紀の閃光――ヒロシマ最後の日』	稲富栄次郎	広島図書
1950	『東洋工業株式会社三十年史』	東洋工業株式会社三十周年記念事業委員会	東洋工業
	『トルー・ストーリィ』5月号		主婦と生活社
	『歌集・閃光』	須田巌	香蘭短歌会
	『戦争はいやだ』	山口健次郎編	暁明社
	『ヒロシマの十字架を抱いて』	谷本清	大日本雄弁会講談社
	『ヒロシマを忘れるな――No	中村武雄編	自由青年出版社

発行年	タイトル	筆者・編者	発行所
1950	More Hiroshimas』		
	『原爆記――千代紙の小箱』	星野春雄	広島女子高等師範学校物理学教室原爆五周年刊行会
	『キング』8月特大号		大日本雄弁会講談社
	『新女苑』8月号		実業之日本社
	『長崎文化』第6集		長崎文化社
	『原爆体験記』	広島市民政局社会教育課編	広島平和協会
	『原子力と私――仁科博士還暦記念出版』	仁科芳雄	学風書院
	『モダンテラピー』3巻8号		モダンテラピー社
	『新都市』4巻8号		都市計画協会
	『新女性』10月号(創刊号)		新女性社
	『愛になやみ死をおそれるもの』	理論編集部編	理論社
	『財政』15巻8号		大蔵財務協会
1951	『新潮――人生読本』別巻1号		新潮社
	『一郎――幼き生命の訴え』	林芳郎	東和社
	『聖火』御復活祭号		広島カトリック教会・カトリック文化部
	『私は戦争に生きのこったそして……――15人の戦争記録』	山口健次郎編	暁明社
	『聖火』イエズスの聖心の月号(9号)	吉田宰治編	広島カトリック教区・カトリック文化部
	『逓信医学』2巻1号-4巻4号	逓信医学協会編	通信教育振興会
	『世界』8月号		岩波書店
	『新女性』8月号		新女性社
	『婦人画報』8月号		婦人画報社
	『晩鐘』8月号(ひろしま特集号)		晩鐘社
	『文藝春秋』8月号		文藝春秋社
	『如己堂随筆』	永井隆	中央出版社
	『ひろしま教育』27号(平和問題		広島県教職員組

分析対象手記一覧

発行年	タイトル	筆者・編者	発行所
	特集)		合文化局
	『翼なき操縦士』	奥宮正武	日本出版協同
	『原爆を浴びて』	那須秀雄	下関水産振興協会
	『原爆詩集』	峠三吉	新日本文学会広島支部われらの詩の会
	『われらの詩』12号(平和特集)	峠三吉編	われらの詩の会
1951	『白夾竹桃の下――女学生の原爆記』	吉松祐一編	社会科学研究社
	『原爆の子――広島の少年少女のうったえ』	長田新編	岩波書店
	『われらかく育てり――戦災児童の手記』	積惟勝編	新興出版社
	『長崎の鐘』	永井隆	三笠書房
	『われら母なれば――平和を祈る母たちの手記』	平塚らいてう・櫛田ふき監修	青銅社
	『婦人公論』1月号		中央公論社
	『お父さんを生かしたい――平和を叫ぶ子らの訴え』	さがわ･みちお編	青銅社
	『いとし子と耐えてゆかむ――戦争未亡人の叫び』	植村環・平林たい子・田辺繁子編	主婦之友社
	『藤野七蔵氏追懐録』	藤野七蔵氏追懐録編纂委員会編	
	『日本週報』208号		日本週報社
	『大本営発表』	松村秀逸	日本週報社
1952	『原爆詩集』	峠三吉	青木書店
	『ひろしま』47号		広島鉄道管理局
	『郵政』8月号		郵政弘済会
	『婦人画報』8月号		婦人画報社
	『広島郵政』8月号		広島郵政編集部
	『警友ひろしま』8月号		広島市警察本部機関誌出版部
	『原爆の子(特作映画シリーズ第4集)』	近代映画協会編	三到社
	『福音と世界』8月号		新教出版社
	『原爆の子 見よ！戦争の惨苦を！	日本労働組合総評議	日本労働組合総

発行年	タイトル	筆者・編者	発行所
1952	──広島の少年少女・魂の叫び』	会編	評議会情報出版部
	『週刊朝日』8月10日号		朝日新聞社
	『サンデー毎日』8月10日号		毎日新聞社
	『原爆第1号──ヒロシマの写真記録 NO MORE HIROSHIMA』	田島賢裕・梅野彪編	朝日出版社
	『記録写真・原爆の長崎』	北島宗人編・山端庸介撮影	第一出版社
	『私たちは長崎にいた──原爆生存者の叫び』	永井隆編	大日本雄弁会講談社
	『改造』11月増刊号(この原爆禍)		改造社
	『不死鳥の子──原爆乙女巣鴨来訪記念文集』	広島県人会·信友会·文学研究会·白蓮会	同左
	『新潮』12月号		新潮社
1953	『原爆に生きて──原爆被害者の手記』	原爆被害者の手記編纂委員会編	三一書房
	『広島の原爆雑話』	蜂谷道彦	逓信医学協会
	『花の命は短かくて──原爆乙女の手記』	小島順編	協同出版社
	『世界』8月号		岩波書店
	『文藝春秋』8月号		文藝春秋社
	『婦人画報』8月号		婦人画報社
	『夕凪』8月号		夕凪社
	『秘録大東亜戦史 原爆国内篇』	田村吉雄編	富士書苑
	『中国配電株式会社十年史』	山本勇編	中国配電株式会社清算事務所
1954	『風のように炎のように──峠三吉追悼集』	峠三吉追悼集出版委員会・われらの詩の会編	峠三吉追悼集出版委員会
	『ちび筆 画文集』	丸木位里・赤松俊子	室町書房
	『追憶』	広隆群編	広島一中遺族会
	『新編広島県警察史』	広島県警察史編修委員会編	広島県警察連絡協議会
	『文藝春秋』4月号		文藝春秋社
	『婦人朝日』5月号		朝日新聞社
	『日本医師会雑誌』32巻1号		日本医師会
	『歌集・炎』	白木裕	関西アララギ会

分析対象手記一覧

発行年	タイトル	筆者・編者	発行所
1954	『週刊朝日』8月1日号		朝日新聞社
	『世界』8月号		岩波書店
	『星は見ている――全滅した広島一中一年生・父母の手記集』	秋田正之編	鱒書房
	『夕凪』8月号		夕凪社
	『中国電気工事株式会社十年史』	中国電気工事株式会社編	同左
	『太白』10月号		太白社
	『文藝春秋』10月号		文藝春秋社
	『新女性』10月号		新女性社
	『平和祈念像――平和祈念像が出来上るまで』	平和祈念像建設協賛会・長崎県教職員組合共編	長崎市
	『広島教育』46号		広島県教職員組合
	『日本談義』136号		日本談義社
	『広島教育』47号		広島県教職員組合
1955	『8時15分――原爆広島10年の記録』	世界平和集会広島世話人会編	
	『原爆と母たち――付・原爆をこうして避けた』	星野春雄編	泰文堂
	『週刊朝日』8月14日号		朝日新聞社
	『週刊サンケイ』8月14日号		扶桑社
	『原子力と文学』	小田切秀雄編	大日本雄弁会講談社
	『原爆の実相』	柴田重暉	文化社
	『原爆十年』	広島県社会保険診療報酬支払基金編	同左
	『文藝春秋』8月号		文藝春秋社
	『ヒロシマ日記』	蜂谷道彦	朝日新聞社
	『平和』9月号		大月書店
	『婦人朝日』10月号		朝日新聞社
1956	『写真でみる「原爆の記録」』	手島毅編	原水爆資料保存会
	『世界のすみずみまで――被爆者を囲む懇談会と原爆展の記録』	横須賀三浦原水爆禁止懇談会編	同左
	『中央公論』8月号		中央公論社
	『もういやだ――原爆の生きてい	長崎原爆青年乙女の	原水爆禁止世界

発行年	タイトル	筆者・編者	発行所
1956	る証人たち』	会編	大会長崎実行委員会
	『文藝春秋』8月号		文藝春秋社
	『婦人画報』8月号		婦人画報社
	『福音と世界』9月号		新教出版社
	『生活と文学』10月号		百合出版
	『婦人公論』10月号		中央公論社
	『母のヒロシマ原爆戦史——あの日から今もなお』	副島まち子	東都書房
1957	『天よりの火』	川野正七	タブレット社
	『新女苑』6月号		実業之日本社
	『流燈——広島市女原爆追悼の記』	広島市女原爆遺族会編	同左
	『短歌研究』8月号		日本短歌社
	『婦人画報』8月号		婦人画報社
	『新女苑』11月号		実業之日本社
	『婦人公論』12月号		中央公論社
1958	『政治経済セミナー』8月号		政治経済研究会
	『週刊大衆』8月25日号		双葉社
	『主婦と生活』8月号		主婦と生活社
	『三児に遺す——わが家の原爆記録』	村上敏夫	広島市職員労働組合
	『原子爆弾』	加納節尋	北海道大学八・六平和の会
1959	『ひき裂かれて——母の戦争体験』	鶴見和子・牧瀬菊枝編	筑摩書房
	『婦人公論』8月号		中央公論社
	『婦人公論』10月号		中央公論社
1960	『マドモアゼル』3月号		小学館
	『実録太平洋戦争6 銃後篇』	伊藤正徳・富岡定俊・稲田正純監修	中央公論社
	『犯罪と捜査——続検事物語』	樫田忠美	石崎書店
	『思想の科学 第4次』21号		中央公論社
1962	『昭和二十年八月六日 原子爆弾投下 倒壊校舎脱出手記(元広島一中生徒)』	数田猛雄編	
1963	『戦争と私——主婦たちの第二次	草の実会第七グルー	同左

分析対象手記一覧

発行年	タイトル	筆者・編者	発行所
1963	世界大戦体験記』	プ編	
	『ヒロシマ 原爆と被爆者』	日本原水爆被害者団体協議会	同左
	『世界』10月号		岩波書店
1964	『静岡県原水爆被害者白書 第2集』	静岡県原水爆被害者の会編	
	『世界』8月号		岩波書店
1965	『いわての被爆者は願う 第2集』	岩手県原爆被害者団体協議会編	
	『原爆体験記』	広島市原爆体験記刊行会編	朝日新聞社
	『炎と影――被爆者二十周年の手記』	長崎被爆者の手記編集委員会編	原水爆禁止長崎県協議会
	『昭和戦争文学全集13 原子爆弾投下さる』	昭和戦争文学全集編集委員会編	集英社
	『文藝春秋』8月号		文藝春秋社
	『婦人公論』9月号		中央公論社
1966	『近代日本の名著9 戦争体験』	山田宗睦編	徳間書店
	『ヒロシマの証人 たたかう被爆者――北海道被爆者の手記(第1集)』	笹田実編	琴似被爆者の会
	『美しい十代』8月号		学習研究社
	『長崎原爆記――被爆医師の証言』	秋月辰一郎	弘文堂
1967	『わたしがちいさかったときに』	長田新他著・岩崎ちひろ画	童心社
	『青春の記録第1 あしたの墓碑銘――戦争と人間』	安田武編	三一書房
	『婦人之友』8月号		婦人之友社
1968	『動員学徒誌』	広島県動員学徒誌編集委員会編	広島県動員学徒犠牲者の会
	『戦後思想の出発』	日高六郎編	筑摩書房
	『世界』8月号		岩波書店
	『暮しの手帖』8月号		暮しの手帖社
	『時』8月号		旺文社
	『子どものしあわせ』8月号		草土文化

発行年	タイトル	筆者・編者	発行所
1968	『高一時代』8月号 『朝日ジャーナル』8月11日号		旺文社 朝日新聞社
1969	『炎のなかに――原爆で逝った級友の25回忌によせて』 『週刊読売』8月15日号 『父が語る太平洋戦争3 燃える日本列島』	旧比治山高女第5期生の会編 来栖良夫・古田足日・堀尾青史共編	 読売新聞社 童心社
1970	『見捨てられた在韓被爆者――日・韓両政府は彼らを見殺しにするのか』 『婦人公論』12月号	竹中労編	日新報道 中央公論社
1971	『週刊朝日』4月増刊号 『文藝春秋』8月号 『婦人公論』9月号		朝日新聞社 文藝春秋社 中央公論社
1972	『潮』7月号 『週刊読売』8月26日号 「朝鮮人被爆者孫振斗さんに治療と在留を！」	 孫振斗さんを守る東京市民の会編	潮出版社 読売新聞社
1973	『長崎に生きる』 『朝鮮・ヒロシマ・半日本人――わたしの旅の記録』 『妹たちのかがり火 第2集――戦死した兄さんを悼む』	渡辺千恵子 朴寿南 仁木悦子編	新日本新書 三省堂 講談社
1974	『ゆうかりの友』 『鎮魂の海峡――消えた被爆朝鮮人徴用工246名』 『週刊読売』12月14日号	広島県立一中被爆生徒の会編 深川宗俊	 現代史出版会 読売新聞社
1975	『ドキュメント昭和五十年史4 太平洋戦争』 『被爆韓国人』 『おもかげ――炎と瓦礫の中に生きて』	中村新太郎編 朴秀馥・郭貴勲・辛泳洙編 広島女高師附属山中高等女学校安浦一期	汐文社 朝日新聞社

分析対象手記一覧

発行年	タイトル	筆者・編者	発行所
		会編	
	『しらうめ――原爆三十周年を記念して』	広島第二高等女学校同窓会編	
	『無名戦士の手記――声なき声いまも響きて』	鶴見俊輔・安田武・山田宗睦編	光文社
1975	『1億人の昭和史4 空襲・敗戦・引揚』	毎日新聞社編	毎日新聞社
	『婦人公論』9月号		中央公論社
	『ヒロシマを持って帰りたい』	崔英順著，韓国の原爆被害者を救援する市民の会広島支部編	
	『戦後三十年の歩み』	広島県動員学徒犠牲者の会編	同左
1976	『母たちの昭和史』	全国地域婦人団体連絡協議会編	読売新聞社
	『早く援護を！』18号		韓国の原爆被害者を救援する市民の会
	『聞き書 丹波の庶民史』	奥谷松治	平凡社
1977	『続 流燈』	広島市女原爆遺族会・広島市女同窓会編	同左
	『鎮魂』	旧制広島市立中学校同窓会編	旧制広島市立中学校同窓会・旧制広島市立中学校原爆死没者遺族会
1978	『ドキュメント女の百年1 女の一生』	もろさわようこ編	平凡社
	『婦人公論』8月号		中央公論社
	『追憶の便り――ヒロシマで逝ったわが子へ』	藤野としえ	未来社
1979	『早く援護を！』25号-27号		韓国の原爆被害者を救援する市民の会
	『白いチョゴリの被爆者』	広島県朝鮮人被爆者	労働旬報社

発行年	タイトル	筆者・編者	発行所
1979		協議会編	
	『語りつぐ戦争体験3 骨壺』	日本児童文学者協会・日本子どもを守る会編	草土文化
	『語りつぐ戦争体験5 神の子たち』	日本児童文学者協会・日本子どもを守る会編	草土文化
	『世界』8月-10月号		岩波書店
	『婦人公論』10月号		中央公論社
	『朝鮮人被爆者の実態報告書』	広島・長崎朝鮮人被爆者実態調査団編	広島・長崎朝鮮人被爆者実態調査団事務局
1980	『アイゴ! ムルダルラ――広島・長崎被爆朝鮮人の35年』	吉留路樹編	二月社
	『別冊人生読本・戦争体験』		河出書房新社
	『日本の空襲8 九州』	日本の空襲編集委員会編	三省堂
	『日本の空襲7 中国・四国』	日本の空襲編集委員会編	三省堂
	『韓国の被爆者』	富村順一編	JCA出版
1982	『原爆と朝鮮人 長崎朝鮮人被爆者実態調査報告書第1集』	長崎在日朝鮮人の人権を守る会編	
	『被爆朝鮮・韓国人の証言』	鎌田定夫編	朝日新聞社
	『早く援護を!』38号		韓国の原爆被害者を救援する市民の会
1983	『原爆と朝鮮人 長崎朝鮮人被爆者実態報告書第2集』	長崎在日朝鮮人の人権を守る会編	
1984	『原爆と朝鮮人 長崎朝鮮人被爆者実態調査報告書第3集』	長崎在日朝鮮人の人権を守る会編	
	『婦人公論』9月号		中央公論社
	『世界』9月号		岩波書店
1985	『追悼記――一冊の貯金通帳番号控より』	広島女子高等師範学校附属山中高等女学	

分析対象手記一覧

発行年	タイトル	筆者・編者	発行所
1985	『もうひとつの被爆碑――在日韓国人被爆体験の記録』 『暮しの手帖』97 『婦人公論』9月号	校原爆死没者追悼文集編集委員会編 創価学会青年部反戦出版委員会編	第三文明社 暮しの手帖社 中央公論社
1986	『イルボンサラムへ――40年目の韓国被爆者』 『世界』5月号 『原爆と朝鮮人 長崎朝鮮人被爆者実態調査報告書第4集』	鎌田定夫編・伊藤孝司写真 長崎在日朝鮮人の人権を守る会編	広島・長崎の証言の会 岩波書店
1987	『ヒロシマへ……――韓国の被爆者の手記』 『戦争――血と涙で綴った証言(上)』 『流燈 第三編』 『戦争――血と涙で綴った証言(下)』 『写真記録・原爆棄民――韓国・朝鮮人被爆者の証言』	韓国の原爆被害者を救援する市民の会編 朝日新聞テーマ談話室編 広島市高等女学校・広島市立舟入高等学校同窓会編 朝日新聞テーマ談話室編 伊藤孝司著・鎌田定夫解説	朝日ソノラマ 同左 朝日ソノラマ ほるぷ出版
1989	『戦争を知っていますか――語り継ぐ女性たちの体験1』 『戦争を知っていますか――語り継ぐ女性たちの体験2』 『朝鮮人被爆者――ナガサキからの証言』	NHKおはようジャーナル制作班編 NHKおはようジャーナル制作班編 長崎在日朝鮮人の人権を守る会編	日本放送出版協会 日本放送出版協会 社会評論社
1993	『追悼記 増補――ヒロシマの願い』	広島女子高等師範学校附属山中高等女学校原爆死没者追悼文集編集委員会編	

直野章子
九州大学大学院比較社会文化研究院准教授．2002年，カリフォルニア大学サンタクルーズ校にて社会学博士号取得．主要著作に，『被ばくと補償――広島，長崎，そして福島』(平凡社新書)，『「原爆の絵」と出会う――込められた想いに耳を澄まして』(岩波ブックレット)，*Toward a Sociology of the Trace*(共著，University of Minnesota Press)，『戦後日本における市民意識の形成――戦争体験の世代間継承』(共著，慶應義塾大学出版会)，『図録 原爆の絵 ヒロシマを伝える』(共監修・解説，岩波書店)，『ヒロシマ・アメリカ――原爆展をめぐって』(渓水社，第3回平和・協同ジャーナリスト基金賞奨励賞受賞)など．

原爆体験と戦後日本――記憶の形成と継承

2015年7月24日　第1刷発行

著　者　直野章子（なおのあきこ）

発行者　岡本　厚

発行所　株式会社 岩波書店
〒101-8002 東京都千代田区一ツ橋2-5-5
電話案内 03-5210-4000
http://www.iwanami.co.jp/

印刷・三陽社　カバー・半七印刷　製本・牧製本

ISBN 978-4-00-061058-2　Printed in Japan